基于协商行政的
自愿性环境协议研究

Research on Voluntary Environmental Agreement Based on
Deliberative Administration

王 勇 著

中国社会科学出版社

图书在版编目（CIP）数据

基于协商行政的自愿性环境协议研究／王勇著 . —北京：
中国社会科学出版社，2018.9
（中国社会科学博士后文库）
ISBN 978 - 7 - 5203 - 3105 - 0

Ⅰ.①基… Ⅱ.①王… Ⅲ.①行政法—法律行为—研究
Ⅳ.①D912.104

中国版本图书馆 CIP 数据核字(2018)第 204730 号

出 版 人	赵剑英	
责任编辑	王 琪	
责任校对	冯英爽	
责任印制	王 超	

出　　版	中国社会科学出版社
社　　址	北京鼓楼西大街甲 158 号
邮　　编	100720
网　　址	http://www.csspw.cn
发 行 部	010 - 84083685
门 市 部	010 - 84029450
经　　销	新华书店及其他书店

印刷装订	北京君升印刷有限公司
版　　次	2018 年 9 月第 1 版
印　　次	2018 年 9 月第 1 次印刷

开　　本	710×1000　1/16
印　　张	15
字　　数	254 千字
定　　价	65.00 元

凡购买中国社会科学出版社图书，如有质量问题请与本社营销中心联系调换
电话:010 - 84083683

第六批《中国社会科学博士后文库》编委会及编辑部成员名单

序　言

　　博士后制度在我国落地生根已逾30年，已经成为国家人才体系建设中的重要一环。30多年来，博士后制度对推动我国人事人才体制机制改革、促进科技创新和经济社会发展发挥了重要的作用，也培养了一批国家急需的高层次创新型人才。

　　自1986年1月开始招收第一名博士后研究人员起，截至目前，国家已累计招收14万余名博士后研究人员，已经出站的博士后大多成为各领域的科研骨干和学术带头人。这其中，已有50余位博士后当选两院院士；众多博士后入选各类人才计划，其中，国家百千万人才工程年入选率达34.36%，国家杰出青年科学基金入选率平均达21.04%，教育部"长江学者"入选率平均达10%左右。

　　2015年底，国务院办公厅出台《关于改革完善博士后制度的意见》，要求各地各部门各设站单位按照党中央、国务院决策部署，牢固树立并切实贯彻创新、协调、绿色、开放、共享的发展理念，深入实施创新驱动发展战略和人才优先发展战略，完善体制机制，健全服务体系，推动博士后事业科学发展。这为我国博士后事业的进一步发展指明了方向，也为哲学社会科学领域博士后工作提出了新的研究方向。

　　习近平总书记在2016年5月17日全国哲学社会科学工作座谈会上发表重要讲话指出：一个国家的发展水平，既取决于自然科学发展水平，也取决于哲学社会科学发展水平。一个没有发达的自然科学的国家不可能走在世界前列，一个没有繁荣的哲学社会科学的国家也不可能走在世界前列。坚持和发展中国特色社会主义，需要不断在实践和理论上进行探索、用发展着的理论指导发展着的实践。在这个过程中，哲学社会科学具有不可替代的重要地位，哲学社会科学工作者具有不可替代的重要作用。这是党和国家领导人对包括哲学社会科学博士后在内的所有哲学社会科学领域的研究者、工作者提出的殷切希望！

中国社会科学院是中央直属的国家哲学社会科学研究机构，在哲学社会科学博士后工作领域处于领军地位。为充分调动哲学社会科学博士后研究人员科研创新积极性，展示哲学社会科学领域博士后优秀成果，提高我国哲学社会科学发展整体水平，中国社会科学院和全国博士后管理委员会于 2012 年联合推出了《中国社会科学博士后文库》（以下简称《文库》），每年在全国范围内择优出版博士后成果。经过多年的发展，《文库》已经成为集中、系统、全面反映我国哲学社会科学博士后优秀成果的高端学术平台，学术影响力和社会影响力逐年提高。

下一步，做好哲学社会科学博士后工作，做好《文库》工作，要认真学习领会习近平总书记系列重要讲话精神，自觉肩负起新的时代使命，锐意创新、发奋进取。为此，需做到：

第一，始终坚持马克思主义的指导地位。哲学社会科学研究离不开正确的世界观、方法论的指导。习近平总书记深刻指出：坚持以马克思主义为指导，是当代中国哲学社会科学区别于其他哲学社会科学的根本标志，必须旗帜鲜明加以坚持。马克思主义揭示了事物的本质、内在联系及发展规律，是"伟大的认识工具"，是人们观察世界、分析问题的有力思想武器。马克思主义尽管诞生在一个半多世纪之前，但在当今时代，马克思主义与新的时代实践结合起来，愈来愈显示出更加强大的生命力。哲学社会科学博士后研究人员应该更加自觉坚持马克思主义在科研工作中的指导地位，继续推进马克思主义中国化、时代化、大众化，继续发展21世纪马克思主义、当代中国马克思主义。要继续把《文库》建设成为马克思主义中国化最新理论成果的宣传、展示、交流的平台，为中国特色社会主义建设提供强有力的理论支撑。

第二，逐步树立智库意识和品牌意识。哲学社会科学肩负着回答时代命题、规划未来道路的使命。当前中央对哲学社会科学愈发重视，尤其是提出要发挥哲学社会科学在治国理政、提高改革决策水平、推进国家治理体系和治理能力现代化中的作用。从2015年开始，中央已启动了国家高端智库的建设，这对哲学社会科学博士后工作提出了更高的针对性要求，也为哲学社会科学博士后研究提供了更为广阔的应用空间。《文库》依托中国社会科学院，面向全国哲学社会科学领域博士后科研流动站、工作站的博士后征集优秀成果，入选出版的著作也代表了哲学社会科学博士后最高的学术研究水平。因此，要善于把中国社会科学院服务党和国家决策的大智库功能与《文库》的小智库功能结合起来，进而以智库意识推动品牌意识建设，最终树立《文库》的智库意识和品牌意识。

第三，积极推动中国特色哲学社会科学学术体系和话语体系建设。改革开放30多年来，我国在经济建设、政治建设、文化建设、社会建设、生态文明建设和党的建设各个领域都取得了举世瞩目的成就，比历史上任何时期都更接近中华民族伟大复兴的目标。但正如习近平总书记所指出的那样：在解读中国实践、构建中国理论上，我们应该最有发言权，但实际上我国哲学社会科学在国际上的声音还比较小，还处于有理说不出、说了传不开的境地。这里问题的实质，就是中国特色、中国特质的哲学社会科学学术体系和话语体系的缺失和建设问题。具有中国特色、中国特质的学术体系和话语体系必然是由具有中国特色、中国特质的概念、范畴和学科等组成。这一切不是凭空想象得来的，而是在中国化的马克思主义指导下，在参考我们民族特质、历史智慧的基础上再创造出来的。在这一过程中，积极吸纳儒、释、道、墨、名、法、农、杂、兵等各家学说的精髓，无疑是保持中国特色、中国特质的重要保证。换言之，不能站在历史、文化虚无主义立场搞研究。要通过《文库》积极引导哲学社会科学博士后研究人员：一方面，要积极吸收古今中外各种学术资源，坚持古为今用、洋为中用。另一方面，要以中国自己的实践为研究定位，围绕中国自己的问题，坚持问题导向，努力探索具备中国特色、中国特质的概念、范畴与理论体系，在体现继承性和民族性，体现原创性和时代性，体现系统性和专业性方面，不断加强和深化中国特色学术体系和话语体系建设。

新形势下，我国哲学社会科学地位更加重要、任务更加繁重。衷心希望广大哲学社会科学博士后工作者和博士后们，以《文库》系列著作的出版为契机，以习近平总书记在全国哲学社会科学座谈会上的讲话为根本遵循，将自身的研究工作与时代的需求结合起来，将自身的研究工作与国家和人民的召唤结合起来，以深厚的学识修养赢得尊重，以高尚的人格魅力引领风气，在为祖国、为人民立德立功立言中，在实现中华民族伟大复兴中国梦征程中，成就自我、实现价值。

是为序。

中国社会科学院副院长
中国社会科学院博士后管理委员会主任
2016 年 12 月 1 日

摘　要

　　自愿性环境协议在各国（地区）尽管名称、内涵、范围、性质、效力等均不尽相同，但无一例外以自愿性（合意性）为显著标志，以预防沟通、公众参与、规范填补、经济高效等强大功能受到广泛重视，被视为走出传统的命令—控制型环境行政困境的重要政策工具与手段。域外已经在不同程度、不同范围内应用这一新型的环境政策工具，并取得不错的成效；我国也开始了自愿性环境协议实践的探索，但历经十多年的发展，仍囿于"个案""试点"，始终未能得到普遍性的应用。个中原因值得法学界人士从背景与条件、政策与策略、规范与制度、程序与实体、权利与救济等多方面展开充分的探讨。然而，我国法学界对自愿性环境协议的研究十分薄弱，关于其体系定位、法律性质、法律依据、法律效力、法律程序、法律救济等基本问题均未展开深入的研究，诸多实践中遭遇的法律问题仍悬而未决。当前学界通常将自愿性环境协议的性质认定为一种行政合同。但是，自愿性环境协议的实践样态十分复杂，不仅包含着类型化行政行为，还可能表现为未类型化行政行为、行政事实行为、非正式行政行为等多种归属于行政的行为，很难将之对应为某一类型化的行政行为。协商行政作为一种在现代民主"协商"理念引领下有别于传统高权行政的行政活动方式可以为自愿性环境协议提供更为契合的理论解释与体系基础，构建基于协商行政的自愿性环境协议框架体系能够更好地回应现代环境行政实践的需要。

　　基于此，本书总共分为五章。

　　第一章绪论部分通过日本公害防止协定超出预期大获成功与我国被寄予厚望的自愿性环境协议实施效果不甚理想的鲜明对比，

摆出了一系列发人深思的问题。带着对这些问题的思考及研究前景的展望，笔者对"自愿性环境协议"和"协商行政"两个研究课题的已有研究成果做了较为全面细致的梳理，对现有研究未曾覆盖或者相对不足的未尽课题进行了精确定位。

第二章主要分析了自愿性环境协议在我国应用的必要性与可行性。对于必要性，笔者从环境问题的爆发及其本质、传统环境行政方式之局限、环境规制实践对新的环境行政方式的需求以及自愿性环境协议的功能优势等方面予以论证；对于可行性，笔者通过域外自愿性环境协议及相关应用成果的借鉴和对我国已有的自愿性环境协议及相关实践与案例的分析，分析我国实施自愿性环境协议的基础条件与系统短板，特别指明了短板补强的可能性和我国现阶段"自愿"可能存在的空间。

第三章基于行政行为形式论，将目光投放于与自愿性环境协议具有共同的契约理念内核因而具有最大相似性的现有类型化行政行为——行政合同，尝试以环境行政合同吸纳自愿性环境协议。作为一种双方行政行为，环境行政合同较之传统的单方性高权行政行为具有鲜明的特点和卓越的功能，能最大限度地包容自愿性环境协议，但二者仍然存在一些不可兼容之处，不应将自愿性环境协议简单地认定为环境行政合同。为自愿性环境协议创设一种新的类型化行政行为既无条件，亦无必要，毋宁将其作为类型化行政行为的一个例外，留待进一步观察。

第四章承接第三章，继续为自愿性环境协议的应用寻找量身定制的理论基础——协商行政。笔者首先介绍了协商行政的产生背景、理论基础、体系定位、概念界定及其与相关概念的异同。接着，分析了协商行政与自愿性环境协议之关联，自愿性环境协议内含的"协商"特质与现代环境行政对协商行政的迫切需求、实践探索使基于协商行政的自愿性环境协议呼之欲出。最后，基于协商行政，从多元主体的地位保障与动机激励、开放的行为与灵活的程序、以协商为核心的制度优化与以行政任务为导向的功能拓展、协议实效性之确保与多元争端解决和权利救济机制等方面为自愿环境协议搭建体系框架，为其在实践中实现自身价值铺平道路。

　　第五章作为全书的总结，总览现代公共行政发展之大局，阐发自愿性环境协议和协商行政的理论与实践意义，尤其是其作为现代行政活动方式对于传统高权行政的突破与超越，并简要勾勒出了行政活动方式的发展趋势。

　　关键词：自愿性环境协议；协商行政；行政行为；行政合同；自愿；协商

Abstract

Although its name, content, scope, nature and effectiveness varies from country to country, with the significant factor of desirability and its advantage in communication, public participation, complementing regulation, economic efficiency, voluntary environmental agreement gets popularity and is regarded as an important tool and means to improve the traditional command – control environment administrative pattern. While it has been adopted in many other countries and brought out good results, China also started the research on the practice of voluntary environmental agreement. But even after more than ten years' work, its application is rather limited. In order to solve this problem, it is important to study voluntary environmental agreement from its background and condition, policy and strategy, standard and regulation, procedure and entity, right and remedy. However, the research about the voluntary environmental agreement is not mature in China yet, for there is not enough study on its legal nature, legal basis, legal effect, legal procedure and legal relief. The nature of the voluntary environmental agreement is usually considered as a kind of administrative contract. But it is even more complicated in practice including formal administrative act, informal administrative act, formalized administrative act, un – formalized administrative act, administrative fact act and so on. Thus it cannot be considered as a certain administrative act. As an administrative act pattern which is beyond the traditional administrative law, deliberative administration could apply a better theoretical interpretation and systematic foundation. And based on that, the framework of voluntary environmental agreement can better respond to the need of modern environmental administration.

As the introduction part, Chapter 1 posed a series of thought provoking questions, by the contrast between the great success of Japanese public nuisance prevention agreement and the poor outcome of Chinese voluntary agreement. With the consideration of these problems and outlook of future research, the author studied the existing research of "Voluntary agreements" and "Deliberative administration", and proposed some area that has not been covered.

Chapter 2 is mainly about the necessity and feasibility of the practice of voluntary environmental agreement in China. For necessity, the author analyzed from the reason of the environmental problems and its essence, the limitation of traditional environmental administrative pattern, environmental regulation practice for new way of environment administration, as well as the functional advantages of voluntary agreement argument; and for the feasibility, by studying the application of voluntary environmental agreement in other countries and analyzing the practice of voluntary environmental agreement in China, the author pointed out the disadvantage in China and possibility to improve it.

In Chapter 3, based on the theory of administrative act pattern, the author compared voluntary environmental agreement and administrative contract, which is a kind of formalized administrative act that shares the same contract nature with voluntary environmental agreement. Comparing with other traditional mutual administrative act, administrative contract has its own distinct characteristic and outstanding effect. However, after studying the difference between voluntary environmental agreement and environmental administrative contract, we could notice the significant divergence and come to the conclusion that they cannot be equated. Furthermore, there is neither possibility nor necessity to create a new kind of formalized administrative act.

In Chapter 4 , the author continued to search the available theory for the application of voluntary environmental agreement and introduced deliberative administration. First, the author gave introduction of it's background, theoretical basis, system, definition and comparison with relevant conception. Then, the author analyzed the relevance of deliberative administration and voluntary environmental agreement, and found the nature of deliberative administration could meet the need of voluntary environmental agreement. At last, based on the theory of deliberative administration, the author built a framework of voluntary environmental agreement by analyzing its subject and motivation, act and procedure, regulation and function, responsibility and remedy.

In Chapter 5—the conclusion of this book, regarding the overall situation of development of the modern public administrative, the author introduced the theory of voluntary environmental agreement and deliberative administration, and revealed the importance of its application. Especially, as a modern way to break and surpass the traditional administrative act, voluntary environmental agreement shows the trend of the development of administrative act patterns.

Key words: Voluntary Environmental Agreement; Deliberative Administration; Administrative Act; Administrative Contract; Voluntary; Deliberation

目　录

Contents

第一章 绪论

第一节 问题的提出

美国当代著名行政法学者斯图尔特先生在其所著的《二十一世纪的行政法》一文中一针见血地指出："今天我们正面对不断增加的管制疲劳问题。公众需要越来越高水平的管制保护，但是管制政府似乎越来越无力以快速有效的方式提供这些保护"，且"这些毛病主要可归结于过度依赖于命令和控制的管制方法"[1]。显而易见，答案就在于"运用新的管制方法和工具来减轻由于对集中化的命令和控制方法过度依赖所导致的问题"[2]。环境管制作为典型的社会性管制[3]较早且充分地暴露出斯氏所指的这种"疲

---

[1] ［美］L. B. 斯图尔特：《二十一世纪的行政法》，苏苗罕译，毕小青校，《环球法律评论》2004 年夏季号。

[2] 同上。

[3] "规制"一词是由英文"regulation"翻译过来的，在我国学术界与之对应的中文词语还有"管制"和"监管"。一般来说，法学界的学者常使用"规制"，经济学界则多使用"管制"。这或许是因为，对法学界人士，"规制"强调通过法律规则进行管理，从字面上就能突出法在规制中的作用与意义，而"管制"一词多让人联想到我国计划经济时代对经济的全面"管制"，多少带有负面的或者消极的意义，因而尽量避免使用；对经济学界的人士而言，则没有上述的包袱，在他们看来，"政府规制（管制）"都是政府对原属市场自发调节的事项或者领域进行干预或者管理，且"管制"一词更符合中国的语言习惯，"规制"则略显生僻，因而用"管制"者居多。至于"监管"则多用于实务中，指称具体的规制（管制）活动。本书只是在部分章节中借鉴政府管制（规制）理论，笔者无力也无必要深究三者之间的细微区别，因而对其不作区分，更多的是根据具体语境采用约定俗成的用法，在没有特定语境的情况下，则倾向于使用"政府规制"。通常认为，政府规制是具有法律地位的、相对独立的政府规制者（机构），依照一定的法规对被管制者（主要是企业）所采取的一系列行政管理与监督行为。根据

劳"，相应地也较早地作出了应对，并日益成为新的管制工具的试验场。有学者总结，与政府管制改革相适应，自 20 世纪 70 年代以来，环境管制的发展经历了三个时代：从以命令—控制型手段为主导，到市场经济手段的介入，再到合作型等多元手段的参与。① 在第三代环境管制工具中，自愿性环境政策的兴起缓解了环境管制成本与效果冲突的困境，被认为是未来环境政策的一个重要方向。② 自愿性环境协议（Voluntary Environment Agreements，简称 VEAs）③ 正是一种典型的自愿性环境政策工具。通常认为，自愿性环境协议发端于 20 世纪 50—60 年代的日本公害防止协定，至 20 世纪 70 年代以后逐渐为欧美发达国家环境规制领域采用，迄 20 世纪 90 年代末为我国所引入。

（接上页）政府规制的特点，可以将其大致划分为经济性规制和社会性规制两大类。社会性规制，简单地说，就是政府关于环境保护、公民工作场所和日常生活的生命安全和健康的规制。显然，环境规制是社会性规制最为重要的领域之一，是指由于环境污染具有负外部性，政府通过制定相应的政策与措施，对企业的经济活动进行调节，以达到保持环境和经济发展相协调的目标。参见文学国主编《政府规制：理论、政策与案例》，中国社会科学出版社 2012 年版，第 1 页及第 271—272 页；朱新力、唐明良等《行政法基础理论改革的基本图谱——"合法性"与"最佳性"二维结构的展开路径》，法律出版社 2013 年版，第 92 页；王俊豪《政府管制经济学导论——基本理论及其在政府管制实践中的应用》，商务印书馆 2004 年版，导言及第 31 页；张红凤、张细松《环境规制理论研究》，北京大学出版社 2012 年版，第 13 页。

① 李挚萍：《20 世纪政府环境管制的三个演进时代》，《学术研究》2005 年第 6 期。

② 马小明、赵月炜：《环境管制政策的局限性与变革——自愿性环境政策的兴起》，《中国人口·资源与环境》2005 年第 6 期。

③ 自愿性环境协议在各国有不同的名称，如又称为环境合同（契约）（contract）、环境协议（EA）、自愿性协议（VA）或环境伙伴（EPs）、公害防止协定、环境保护协定等。本书采"自愿性环境协议"，理由在于：契约范围失之过窄，自愿性协议又过宽（未限定为环境行政领域），环境协议也似乎涵盖了非自愿性或者半自愿性的协议，环境伙伴更适合作为具体的自愿性环境协议项目名称，公害防止协定局限于污染防治，不利于与环境保护、生态保育相衔接，环境保护协定中"协定"通常是指内部主体之间，如行政机关相互之间缔结的协议，而自愿性环境协议，首先将适用领域限定于环境行政；其次，旗帜鲜明地突出"自愿"性质；最后，"协议"较合同（契约）为广，较协定为宽，且可适用于外部行政法律关系。

一　超出预期目标的日本公害防止协定

通常认为，发端于日本的公害防止协定是最早的采用自愿性环境规制工具的实例。20 世纪六七十年代，面对日益严峻的公害问题，日本地方政府尝试与企业缔结契约，促使其自愿执行严于国法规定的环境排放标准。这种带有自愿性的协议式管制方式就是公害防止协定的雏形。1952 年岛根县与山阳纸浆公司以及大和纺织公司所签订的公害防止备忘录，被认为是公害防止协定的先驱。1964 年，横滨市政府在与东京电力公司所辖的火力发电厂签订土地买卖契约的同时规定了受让人的公害防止义务，被认为是第一个正式的公害防止协定。① 此后，公害防止协定逐渐为日本各地方政府和自治团体所认可，其内容也不断地丰富、发展。② 所谓公害防止协定，是指污染性或生态破坏性设施者或行为者，与厂址地或行为涉及地的环境行政机关或当地的居民团体，就环境影响的设施或行为在有关的技术规范、标准、补偿措施、社区关系以及环境纠纷处理等事项，共同约定并遵守的书面协议。③ 从其产生的社会原因来看，在日本，只有法令尚未涉及的公害规制领域，才是地方公共团体可以立法限制的。公害防止条例只能补充法律的规定，仅在以国法上未规定的公害为控制对象时才是有效的。在公害法制尚不健全的情况下，在法令已作限制的范围内，地方政府为避免自行规定比中央立法严格的条例而与之相抵触，便采取积极和企业缔约的方式来补充公害规制的不足。在地方的自治立法得到广泛承认和拓展时，地方政府可以并且应当通过制定条例对企业课以更高的公害防止义务。从理论上讲，此时公害防止协定似乎已没有存在的必要，它的内容可以被地方政府制定的条例所吸收。正因如此，公害防止协定的前景在其产生之初并不被看好。可事实上，公害防止协定不仅没有因为条例的完备而消失，相反却以其毋庸置疑的独特性和应然性，牢牢扎根于日本防止公害

---

① 李玲：《日本公害防止协定制度研究及其借鉴》，中国政法大学 2007 年硕士学位论文，第 1—2 页。
② 胡云红：《日本自愿式环境协议实施评析及对我国环境保护管理的启示》，《河北师范大学学报》（哲学社会科学版）2012 年第 2 期。
③ 台湾研究基金会：《环境保护与产业政策》，前卫出版社 1994 年版，第 118 页，转引自李超《环境治理与地方政府——以日本公害防止协定为例》，《中国环境管理干部学院学报》2013 年第 5 期。

的实践土壤中，并不断发展壮大。① 自 1964 年第一份公害防止协定问世，到 1977 年协定数已经达到 13000 份，到 20 世纪 80 年代末则突破 3 万份。据日本环境厅 2000 年出版的《环境白书》统计，截至 1999 年，日本地方政府和企业共签订了 54379 个公害防止协定。② 另据统计，整体而言，日本地方自治团体中有九成以上的都道府县与政令中核市、五成以上的市町村都曾缔结公害防止协定，且平均每一地方自治团体缔结的件数约为 18.2 件。③ 进入 20 世纪 90 年代后，日本的环境政策逐渐向防止温室效应转变，于 1998 年制定了《温室效应对策推进法》，2002 年修订，确定完成京都议定书目标计划。在推进温室效应对策的过程中，又先后出现了一些以节能减排为目标的新型自愿性环境协议。2007 年，随着环境政策基本理念由原来的被动防止环境受到损害到采取措施积极保护环境转变，公害防止协议更名为"环境保全协议"。④ 据日本学者早稻田大学畠山武道教授的说法，现在有效存在的协定是 3 万个左右，且每年都有 1000 件左右的新协定缔结。⑤ 正如日本著名的环境法学者原田尚彦教授所言："公害防止协定与法律和条例并列，成为第三种公害防止行政上的强有力的控制手段"，"与专家们的预测相反，公害防止协定不但没有丝毫减少反而逐渐得到更加广泛的利用"⑥。

二 未达预期效果的我国自愿性环境协议

我国自愿性环境协议的产生和发展与我国环境保护的历史进程大体是同步的。20 世纪 70—80 年代，是我国自愿性环境协议的孕育时期。这一时期中国环境保护工作刚刚启动。1973 年召开的第一次全国环境保

---

① 吴霞：《探析环境行政领域中的契约方式——以日本公害防止协定为进路》，《法制与社会》2007 年第 5 期。
② 李超：《环境治理与地方政府——以日本公害防止协定为例》，《中国环境管理干部学院学报》2013 年第 5 期。
③ 刘宗德主持：《99 年度"环境保护协定推广及辅导签订"专案工作计画成果报告》，2010 年印制，第 384 页。
④ 胡云红：《日本自愿式环境协议实施评析及对我国环境保护管理的启示》，《河北师范大学学报》（哲学社会科学版）2012 年第 2 期。
⑤ ［日］畠山武道：《行政法在环境保护中的作用》，邱昌茂译，《法学思潮》2015 年第 1 期。
⑥ ［日］原田尚彦：《环境法》，于敏译，法律出版社 1999 年版，第 114—115 页。

护工作会议将环境保护列入国家重要的议事日程，标志着中国政府环保意识的觉醒。① 但此时，企业和公众的环保意识尚处于启蒙阶段，企业基本还不能符合法规标准，把环境管理看作与其正常运营相对立的事，政府的政策主要是基于不信任状态下的强制管理。② 自愿性环境协议无论是理念上还是实践上几乎都是一片空白。及至 20 世纪 90 年代，随着清洁生产、环境标志认证、企业环境信息公开等政策的推行，以及以环境保护和治理为内容的行政合同的大量运用，自愿性环境协议开始萌芽。进入 21 世纪，我国对环境与经济关系的认识进一步深化，2003 年我国政府提出了"科学发展观"，2005 年颁布的《关于落实科学发展观加强环境保护的决定》提出，要加快从重经济增长轻环境保护向保护环境与经济增长并重转变，从环境保护滞后于经济发展向环境保护和经济发展同步推进转变，从主要用行政办法保护环境向综合运用法律、经济、技术和必要的行政办法解决环境问题转变。③ 这便为自愿性环境协议的诞生奠定了政治理论基础，加之，清洁生产的进一步推行④与循环经济的实施为自愿性环境协议的运用开辟了道路，企业界环境管理从符合法规向设置超过法规以外的目标和任务的战略转型，公众环保意识也逐步形成，2003 年 4 月 22 日，在国家发改委的指导和美国能源基金会的支持下，山东省经贸委和济南钢铁集团总公司、莱芜钢铁集团有限公司签署了节能自愿协议，这被认为是我国第一个自愿性环境协议。⑤ 此后，自愿性环境协议逐步为我国各级政府和企业界所认识，不断出现尝试自愿性环境协议的探索，自愿性环境协议的应用范围不断扩大。同

---

① 国合会"中国环境保护与社会发展"课题组：《中国环境保护与社会发展》，《环境与可持续发展》2014 年第 4 期。

② 秦颖、徐光：《环境政策工具的变迁及其发展趋势探讨》，《改革与战略》2007 年第 12 期。

③ 国合会"中国环境保护与社会发展"课题组：《中国环境保护与社会发展》，《环境与可持续发展》2014 年第 4 期。

④ 2003 年 1 月 1 日颁布实施的《中华人民共和国清洁生产促进法》第三十条明确规定，企业在污染物排放达到国家和地方规定的排放标准的基础上，可以自愿与有管辖权的经济贸易行政主管部门和环境保护行政主管部门签订进一步节约资源、削减污染物排放量的协议，为自愿性环境协议的实施提供了明确的法律依据。2012 年，全国人大常委会对该法进行了修改，进一步明确了企业自愿与主管部门签订进一步节约资源、削减污染物排放量的协议的范围。

⑤ 方雪萍：《节能"自愿"在我国方兴未艾 钢铁业成为节能自愿协议试点》，《中国冶金报》2006 年 5 月 30 日第 8 版。

年，国家环保总局决定在全国开展"国家环境友好企业"创建活动，其中一项重要指标为"企业自愿继续削减污染物排放量"，即承诺持续遵守国家环保法规，在污染物排放全面达标的基础上，与所在省级环保部门签订协议，自愿不断采取措施，减少污染物排放量。①至 2005 年 11 月，全国已经有 32 家企业获得正式命名，1 家通过了验收。②

有研究者认为，现阶段，具有中国特色的自愿性环境管理体系初步形成，并具备了以下主要特点：首先，企业认识有限，多为政府主导推动；其次，形式单一，多为政府与企业间的企业自行参与型协议，且节能减排的协议占多数；再次，实施范围有限，具有明显的领域性和行业性；最后，实施配套的监督与保障机制不健全，协议的透明度不够，缺乏协议执行的连续性信息披露，公众及 NGO 组织的第三方监督作用无从发挥。③上述特点与我国现阶段环境管理的总体状况是相对应的。目前我国环境管理仍处在以管制手段为主逐渐向以市场经济为基础的经济调节和更多采用自愿手段的过渡中，政府在社会生活的各个方面仍然处于主导的地位，纯粹的自愿性环境协议在我国还缺少良好的发展环境；即使是对企业本身能带来利益的自愿性环境协议，也必须由政府出面推动，很少有纯粹来自工业企业内部的自愿性环境协议。④有学者总结，从试点类型来看，目前主要是政府与企业谈判型的自愿环境协议，政府作为协议参与的主要一方，通过给予参与企业一定的政策优惠来吸引企业参与，而且初始促成企业参与自愿协议的主因往往源自政府对企业的"邀请"，企业积极主动参加的较为少见。⑤换言之，节能自愿协议也好，其他类型的自愿协议也罢，并未像其发起者预言的那样，"步入发展的黄金时代"。整体来看，我国自愿性

① 国家环保总局《关于开展创建国家环境友好企业活动的通知》（环发〔2003〕92 号）及其附件 2。
② 李忠浩：《环境协议制度研究》，中南林业科技大学 2008 年硕士学位论文，第 27 页。
③ 纪子千：《论自愿式环境协议行政法方向的立法框架》，安徽大学 2014 年硕士学位论文，第 3 页；葛察忠等编著：《自愿协议：节能减排的制度创新》，中国环境科学出版社 2012 年版，第 32—33 页。
④ 郑亚南：《自愿性环境管理理论与实践研究》，武汉理工大学 2004 年博士学位论文，第 98 页。
⑤ 董战峰等：《环境自愿协议机制建设中的激励政策创新》，《中国人口·资源与环境》2010 年第 6 期。

环境协议经过十余年的发展，仍处于起步与摸索的试点阶段①，在实践中仍多以"第一个（批）""试点"等个案形式出现，远未达到预期的规模化应用与制度推广效果。

三　问题点与研究意义

自愿性环境协议在各国（地区）尽管名称、内涵、范围、效力等均不尽相同，但无一例外地以其自愿性（合意性）为显著标志，以预防沟通、公众参与、规范填补、经济高效等强大功能受到广泛重视，被视为解决传统的命令—控制型环境行政困境的重要政策工具与手段。日本公害防止协定从诞生之初广受争议、不被看好，到后来广为接受、不断扩展、成效显著，这个过程本身值得法学界人士从背景与条件、政策与策略、规范与制度、程序与实体、成本与效益等多方面展开充分的探讨，同时也为各国环境规制（包括污染防治与环境保护两大方面）提供了可资参考、学习和借鉴的蓝本。欧美发达国家兴起的自愿性环境协议无疑受到了日本公害防止协定的影响，但显然，基于不同的政治、经济、社会背景，它们并不是日本模式的简单移植，而是立基于自身深厚的法治传统之上，以开放包容的心态、灵活务实的态度，面对全球环境治理课题，顺应行政民主化的潮流，演绎出自愿性协议、契约、环境协议、志愿协议、环境伙伴等各式各样的具体制度形式，虽不及日本公害防止协定那么应用广泛、功能卓著，但其作为命令—控制型和基于市场的经济激励型规制工具之外又一新型环境规制工具之地位已确立无疑。

反观我国的自愿性环境协议，历经十余年的发展，似乎仍囿于"个案""试点"的尴尬状态，始终未能得到普遍性的应用。即便这些"个案""试点"再典型、再成功，亦不具有制度层面上的说服力。有鉴于此，我们不得不反思：日本的公害防止协定何以先抑后扬，大获成功，是偶然的机会，还是必然的结果？欧美发达国家为何兴起自愿性环境协议，其与日本的公害防止协定有何联系和区别，其对于现代行政法的发展又将产生怎样的影响？我国引入自愿性环境协议之后，"试点"似乎很成功，但为

---

① 葛察忠等编著：《自愿协议：节能减排的制度创新》，中国环境科学出版社2012年版，第30页。

何得不到推广，是制度实施的环境和条件不具备，还是实施过程中障碍重重推行不力？针对我国当前的生态环境形势和环境行政现状，自愿性环境协议是否有存在与发展的必要？如果有，那么我们到底需要什么样的"自愿性环境协议"？为了得到这样的"自愿性环境协议"，我们需要做些什么？如果没有，实践中又为何涌现出那么多类似"自愿性环境协议"的现象，如何看待和解释这些现象，自愿性环境协议和这些现象背后隐藏的基本理念或者"藏镜人"① 又是什么？

现代意义的环境行政始于美国20世纪70年代的环境立法，自那时起，政府环境管理职能逐步强化，职能分工趋于合理，环境管理体制初步明确，政府的环境行政机制应运而生，改变了过去由于环境行政管理薄弱而不得不倚重司法控制的现状，全面的、经常的环境行政监管代替了偶然的、个案的环境诉讼而成为控制环境污染的主要途径。② 我国环境行政管理体制自1982年组建城乡建设环境保护部（内设环境保护局）至2008年成立环境保护部（由国务院直属机构变成国务院组成部门），历经四次大的变革，确立了以政府为主导的统一监督管理与分级、分部门监督管理相结合的环境管理体制。③ 政府主导型的环境行政必然借助以国家强制力为后盾的行政职权的运用，命令—控制型的管理工具和手段大行其道。客观而言，在特定时期，政府强制性行政权的运用在推动落实国家环境保护政策、改善总体环境质量、推进环保科技成果产业化与完善市场运行机制等方面发挥过积极的作用，但是，政府在直接干预和强制执行中不可避免地存在着手段单一、缺乏灵活性和主动性、区域协调不足、决策和实施中存在时滞等一系列问题，因而相应地出现了环境管理的"政府失灵"现象。④

---

① 叶俊荣：《行政法案例分析与研究方法》，三民书局股份有限公司1999年版，第53页。

② 杜群：《中外环境行政管制之比较》，《太平洋学报》1997年第3期。

③ 侯佳儒：《论我国环境行政管理体制存在的问题及其完善》，《行政法学研究》2013年第2期。2018年2月28日，中国共产党第十九届中央委员会第三次全体会议通过的《中共中央关于深化党和国家机构改革的决定》明确提出，改革自然资源和生态环境管理体制，构建政府为主导、企业为主体、社会组织和公众共同参与的环境治理体系，设立国有自然资源资产管理和自然生态监管机构，推进"多规合一"。据此，《国务院关于提请审议国务院机构改革方案的议案》（国函〔2018〕53号）对国务院组成部门进行调整，组建自然资源部和生态环境部。2018年3月17日，第十三届全国人民代表大会第一次会议通过了该方案。此可谓我国环境行政管理体制的第五次重大变革。

④ 乌兰：《论政府环境管理职能的有效发挥》，《学术交流》2006年第9期。

自 20 世纪 70 年代起，西方国家兴起了新公共管理运动，提出"改革政府、重塑政府职能"的口号，以公共服务供给为中心，以公众满意度为追求的目标与评价标准，推动政府职能由"管制型"向"服务型"转变。1992 年 6 月召开的联合国环境与发展大会通过的《21 世纪议程》提出，"政府在制定经济、社会、财政、能源、农业、交通、贸易及其他政策时，要将环境与发展问题作为一个整体来考虑"。我国紧接着发布了《中国 21 世纪议程——中国 21 世纪人口、环境与发展白皮书》，指出由于经济基础差、技术水平低、资源消耗量大、污染严重、生态基础薄弱，各种矛盾相互交织和激化，通过高消耗追求经济数量增长和"先污染后治理"的传统发展模式已不再适应当前和未来发展的要求，必须努力寻求一条人口、经济、社会、环境和资源相互协调的，既能满足当代人的需求又不对后代人满足其需求的能力构成危害的可持续发展的道路，并强调我国目前仍在沿袭传统的非持续性的发展模式，现有的发展战略、政策、计划和管理机制难以满足可持续发展的要求，迫切需要在制定总体发展战略、目标和采取重大行动中，充分体现可持续发展的思想，实现人口、经济、社会、生态和环境的协调发展。① 按照西方发达国家对环境管理阶段规律性的认识，政府强制手段的制度作用将随着环境问题的复杂化递减，所需的制度成本却随着人们解决环境问题所需信息的增加而递增。当企业的环境行为超过政府强制标准时，要继续减少污染负荷，强制手段不是失去作用就是单一地统一提高标准，从而造成不同企业、区域因边际治理成本差异出现的福利净损失。此外，对资源的保护、循环经济的政策都很难靠强制性手段实现。因此，要推动可持续发展，改变现存的生产和消费方式，必须寻求更有效的经济与环境协调的环境管理手段。② 自愿性环境协议正是在这样的背景下应运而生。就环境行政而言，自愿性环境协议与可持续发展理论相辅相成：可持续发展催生了自愿性环境协议，而自愿性环境协议成为实现可持续发展的重要工具。实现可持续发展，建设生态文明已被确立为我国的基本国策。自愿性环境协议的引入、推广与应用效果直接关系到可持续发展基本国策的实现，其实践意义不可估量。

---

① 中国 21 世纪议程管理中心：《中国 21 世纪议程——中国 21 世纪人口、环境与发展白皮书》，中国环境科学出版社 1994 年版，第 1 页。
② 郑亚南：《自愿性环境管理：经济与环境协调发展的创新》，《环境经济杂志》2004 年第 5 期。

放眼整个行政领域，类型化（模式化、型式化）行政行为一直以来都是我国行政法学研究与行政立法的共同立基点，然而，自服务型政府的目标确立以来，即便是传统的干预行政领域，也涌现了大量融合协商的新型行政行为。[①] 我国传统的行政管理模式过于注重行政治理的威权性，忽视了公民的主体性，难以适应现代行政治理的发展诉求。而行政协商是一种注重行政治理过程中行政主体与公民间的交往对话，凸显行政过程的公众参与以及主体间良性互动的行政方式。它的兴起反映了人们对我国传统单方性、命令性和封闭性的行政模式的弊病的反思，回应并诠释了合作行政、柔和行政与开放行政等现代行政模式的发展要求。[②] 自愿性环境协议无论是作为一种新型的环境行政活动抑或是环境行政方式，其自愿性与合意性的特质无疑都可与协商行政互动或者行政协商方式无缝衔接。在复杂多变的环境行政领域，自愿性环境协议的应用可作为协商行政发展的开路先锋和先行试验，其发展过程中的点点滴滴都可为其他行政领域的协商提供借鉴，为协商行政整体理论的形成和发展提供助力；对协商行政的研究则为自愿性环境协议的实践提供及时的指引，为我国的生态环境保护和可持续发展提供知识增量。

第二节　已有研究整理

一　关于自愿性环境协议

（一）域外相关研究成果

自愿性环境协议起源于 20 世纪 60 年代的日本，并逐渐为欧美诸发达国家所广泛采用。其在日本和欧美经过几十年的实践发展，相应的理论研究也相对全面和深入。但是，需要说明的是，各国实践中自愿性环境协议的具体形式多种多样，对自愿性环境协议的名称、内涵、外延并未达成明确而统一的共识。要对各国自愿性环境协议的研究做一个系统的整理并不

---

① 郑春燕：《行政任务取向的行政法学变革》，《法学研究》2012 年第 4 期。
② 蔡武进：《行政治理视野下的行政协商》，《北方法学》2014 年第 3 期。

容易，后文将有专门章节从比较借鉴的视角对主要国家的经验做法逐一介绍，在此，仅概括性地点明相关制度与理论发达的日本和欧美等国家和地区的主要特色。

在日本，公害防止协定在公害规制立法还不完善的时代，主要用来弥补公害规制的不足，随着法制走向完善，则成为对企业科处制定法没有规定或者比制定法之规定更严格的义务的一种契约，但是，以契约的手段对企业科处比法令规定更为严格的义务，有违背法治主义原则之虞，① 并由此对行政法学乃至整个公法学带来挑战。围绕着这一挑战，日本公法学界从公害防止协定可否存在、缔结主体、缔结要件与程序、基本内容、法律性质、意义与构造、法律效力、可能存在的问题与防范等方面展开了多种观点的交锋与碰撞，且不同时期、不同观点在理论界与实务界得到认同与接受的程度各不相同，如关于公害防止协定的性质就有君子协定说、综合性行政指导说、民事契约说、行政契约说、特殊契约说等不同学说，行政法学界一度以行政契约说作为自治体为一方当事人的协定的通说，但现在普遍认为：在进行实际的法律争论时如果脱离具体规定则毫无意义，因此，应当对协定的各个条款进行判断，缺乏具体性、明确性的条款的法律约束力不应被承认。②

与日本法学界严格遵循大陆法系体系性解释与精细化的理论构建不同，美国关于自愿性环境协议的研究似乎更注重实用，侧重其经济和社会效益，因而从经济学、公共管理学等视角探讨企业参与自愿性环境协议的动因，回答企业为何选择参与自愿性环境协议，如何激励企业参与自愿性环境协议，企业是否通过参与自愿性环境协议提高了它们的环境绩效，如何设计自愿性环境协议项目以提高企业参与的环境绩效等成为学者们研究的重点，而且与日本主要以定性研究为主有所不同，美国的学者更注重实证研究，成本效益分析是他们广为采用的研究方法。③ 在美国，自愿性环境协议的动因探究吸引了诸多的研究者，概括而言，影响企业参与自愿性环境协议的因素主要有：政府管制的威胁、影响未来的政府管制以及获取

① ［日］盐野宏：《行政法》，杨建顺译，姜明安审校，法律出版社1999年版，第138页。
② ［日］木佐茂男：《公害防止协定的行政法分析》，牟宪魁、张荣红译，《上海政法学院学报》（法治论丛）2013年第4期。
③ 秦颖、王红春：《企业参与自愿环境协议的驱动力探析》，《生态经济》2013年第4期；尹海涛、王峰：《自愿性环保项目：动机和绩效》，《复旦公共行政评论》2009年第5辑。

市场竞争优势，如马克斯·韦尔（Max Well）等人的研究表明企业明智的自我规制会成为政府规制的替代物；① 霍夫曼（Hoffman）认为，企业必须积极参与环境立法的决策过程，否则就会遭遇"笔尖上的风险"（stroke of the pen）：环境管制部门或者立法部门签署一项环境法规可能使企业的资产一夜之间发生天翻地覆的变化，如果企业知道环境法规出台的可能性已经很大，就会努力为自己在政策制定过程中赢得一席之地；② 安德鲁（Andrews）等以及江和班索尔（Jiang & Bansal）发现，企业参与自愿性环保项目是在公众和利害相关者面前塑造"环保企业"形象的一种战略。③ 而且，不同学者针对不同的自愿性环境协议项目或者同一项目的绩效的实证研究结论并不一致，如有研究表明责任生产项目（Responsible Care），气候挑战项目（Climate Challenge）和永远滑雪场（Sustainable Slopes）项目，并未有效地促使参与企业提高他们的环境绩效，有些研究甚至显示，参与自愿性环保项目的企业，其环境绩效改善的程度，比没有参与的企业更差；④ 又如卡纳和戴蒙（Khanna & Damon）以及萨姆和英尼斯（Sam & Innes）的研究表明，参加 33/50 项目⑤的企业在参加该项目后有效减少了

① Maxwell, J. W., Lyon, T. P., Hackett, S. C., "Self – Regulation and Social Welfare: The Political Economy of Corporate Environmentalism", *Journal of Law & Economics*, Vol. 43, No. 2, 2000, pp. 583 – 618.

② Hoffman, A., "If You're Not at The Table, You're on The Menu", *Harvard Business Review*, October, 2007, pp. 34 – 35.

③ Andrews, R. N., Charm, J., Habicht, H., Knowlton, T., Sale, M., Tschinkel, V., "Third – Party Auditing of Environmental Management Systems: U. S. Registration Practices for ISO 14001", Retrieved February 25, 2007, from http://www. ndol. org/documents/emsreport. Pdf; Jiang, R. J., Bansal, P., "Seeing the Need for ISO14001", *Journal of Management Studies*, Vol. 40, No. 4, 2003, pp. 1047 – 1967.

④ Darnall, N., Sides., "Assessing the Performance of Voluntary Environmental Programs: Does Certification Matter?", *The Policy Studies Journal*, Vol. 36, No. 1, 2008, pp. 95 – 117; Lyon, Thomas P. and Kim, Eun – Hee, "Greenhouse Gas Reductions or Greenwash? The Doe's 1605b Program", Retrieved June 18, 2018, from http://ssrn. com/abstract = 981730; Lave, L., Hendrickson, C., "Environmental Management Systems: Informing Organizational Decisions (Final Report)", Retrieved June 18, 2018, from https://cfpub. epa. gov/ncer_ abstracts/index. cfm/fuseaction/display. highlight/abstract/1758/report/F.

⑤ 系美国环保局于 1990 年开始实施的有毒化学物质削减计划，是专为配合"污染预防法"而发展起来的第一批环境合作计划之一，计划总目标设定为削减 1988 年上报的有毒物质排放清单（TRI）中的 17 种首要污染物：在 1992 年之前减少 33%，在 1995 年之前减少 50%。参见温东辉《美国新环境管理与政策模式：自愿性伙伴合作计划》，《环境保护》2003 年第 7 期。

有毒物质的排放，而维多维克和卡纳（Vidovic & Khanna）以及甘珀－拉宾德兰（Gamper–Rabindran）则得出了相反的结论。[1]

在欧洲，法国是行政合同的母国，其行政合同制度独具特色，这或许为法国成为欧洲最早使用环境协议的国家奠定了基础。早在 1971 年，法国政府就以"部门协议"这种协商鼓励的形式推行环境政策，[2]"河流协议"即是法国的发明。[3] 虽然其早期的协议带有较浓的强制意味，一度被弃用，但随着环境问题日益复杂化，自愿性环境协议重新为法国政府所重视并得到应用，相关的理论研究随之复兴。德国拥有世界上最完备、最详细的环境保护法律体系，[4] 且该体系建立在"合作原则"的基础上，即要求政府、企业界、社会团体、公众参与解决有关环境与发展的各种问题，并且规定联邦政府、各州以及各部门在公众参与的技术和人力资源上给予支持与合作，已有的环境政策给予了自愿协议优于法规的特权，协议在环境政策制定过程中的影响越来越大。[5] 被认为代表了欧洲最先进的环境管理模式的则是荷兰政府和企业通过协商共担责任的环境管理模式，这种模式创造了一种新型环境管理——在政府和企业间分担责任—协商合作，其基础是企业建立了可以信任的自愿性环境管理体系，企业与政府之间的关系从被动、消极、抵触到基于信任基础的管理，变化的根本原因在于企业自愿实施了有效的环境管理体系，建立了替代政府的内部约束机制，从而为双方的信任关系提供了基础，企业的自愿性环境管理只是开始，只是企业单方面的行动，它需要政府在条件成熟时适时互动作出调整，改变传统

---

[1] Khanna, M., Damon, L. A., "EPA's Voluntary 33/50 Program: Impact on Toxic Releases and Economic Performance of Firms", *Journal of Environmental Economics and Management*, Vol. 37, No. 1, 1999, pp. 1–25; Vidovic, M., Khanna, N., "Can Voluntary Pollution Prevention Programs Fulfill Their Promises? Further Evidence From the EPA's 33/50 Program", *Journal of Environmental Economics and Management*, Vol. 53, 2007, pp. 180–195; Gamper–Rabindran, S., "Did the EPA's Voluntary Industrial Toxics Program Reduce Emissions? A GIS Analysis of Distributional Impacts and By–Media Analysis of Substitution", *Journal of Environmental Economics and Management*, Vol. 52, 2006, pp. 391–410.

[2] ［法］维拉希尔·拉克霍、埃德温·扎卡伊：《法国环境政策 40 年：演化、发展及挑战》，郑寰、潘丹译，《国家行政学院学报》2011 年第 5 期。

[3] 李忠浩：《环境协议制度研究》，中南林业科技大学 2008 年硕士学位论文，第 20 页。

[4] 孙宇飞等：《日本与德国环境政策的比较》，《环境保护》2009 年第 1 期。

[5] 廖红、朱坦：《德国环境政策的实施手段研究》，《上海环境科学》2001 年第 12 期。

的命令—控制模式，过渡到基于相互信任的政府与企业的关系。① 值得注意的是，欧盟作为一个整体也在倡导自愿性环境协议，其 1996 年发布的《委员会给议会和欧洲议会关于环境协议的通讯》中明确肯定了环境行政合同这种调整方法，2002 年 7 月，欧洲委员会又发布了《关于"简化和改善环境管制"行动计划框架下欧盟层次的环境协议》，针对环境协议在欧洲委员会层次上被采用的形式、条件、评估标准、程序等提出了具体建议，要求环境协议内容应符合欧洲公约和欧洲加入的其他与环境有关的国际公约，并在国内法中确保协议的义务和承诺得到履行。② 欧盟的相关建议和决议对其成员国产生了重要的影响，各成员国先进的治理工具也得以通过欧盟这个平台向盟国推广。因此，欧盟在实施自愿性环境协议方面的实践成为欧洲国家自愿性环境协议研究的一个重要领域。

我国台湾地区自 1988 年起公害纠纷剧增，引发民众自力救济事件层出不穷，乃借鉴日本公害防止协定制度，于 1992 年制定《公害纠纷处理法》，明确规定了环境保护协定制度。实务界亦有运作的成功案例，但数量有限，总体效果不甚理想。理论界大多对环境保护协定持积极之态度，一方面，介绍日、美及欧盟等国家和地区相关制度，并与台湾地区作比较研究；另一方面，立足于台湾本土环境公害纠纷频发的实际状况和《公害纠纷处理法》的实施与完善，对环境保护协定之概念、名称、种类、性质、功能、缔结之容许性等进行了全面的探讨，甚至草拟环境保护协定书范本，协助政府推广协定书之签订。③ 但随着我国台湾地区公害防止及纠纷解决情况的好转，理论界和实务界对环境保护协定的需求和兴趣逐渐减弱，相关研究也渐趋平静。但值得关注的是，中国台湾地区公法学界对"公私协力""自主规制""软法治理"等研究领域日趋重视，④ 对行政层

---

① 郑亚南：《自愿性环境管理理论与实践研究》，武汉理工大学 2004 年博士学位论文，第 80 页以下。

② 龙著华：《论环境保护行政合同在广州生态文明建设中的适用》，《区域发展战略》2012 年第 4 期。

③ 刘宗德主持：《99 年度"环境保护协定推广及辅导签订"专案工作计画成果报告》，2010 年印制，第 397 页以下。

④ 刘宗德：《公私协力与自主规制之公法学理论》，《月旦法学杂志》2013 年第 6 期。

面协商性、合意性手法的运用关注度不断提高，① 这些研究在一定程度上可以看作环境保护协定的拓展和延伸。

（二）我国的研究现状

我国关于自愿性环境协议的研究，尤其是法学视角的研究相对滞后：一是起步晚，进展慢，远远落后于发达国家；二是滞后于实践的需要，未能为自愿性环境协议的实践提供充足的、具有前瞻性的理论指导。从法学领域来看，以笔者目力所及，专门研究自愿性环境协议的专著、博士论文尚付阙如，相关的硕士论文虽为数不少，如李程的《自愿环境协议制度研究》、范佳琪的《我国推进节能减排自愿环境协议的对策研究》、纪子千的《论自愿式环境协议行政法方向的立法框架》、肖静的《节能自愿协议法律问题研究》、郭红欣的《环境保护协定制度的构建》、周鑫的《环境保护执法中的行政合同》、费媛媛的《环境行政合同法律问题研究》、陈景明的《环境行政合同法律问题研究》、李玲的《日本公害防止协定制度研究及其借鉴》等，但大多数限于对域外相关制度的一般性介绍和制度框架的大致勾勒，失之于泛泛而论，难以见到有理论深度和实践厚度的力作，为数不多的较有参考价值的论文往往并非从纯正的公法学的视角直面问题，而是借助"市场失灵""政府（规制）失灵"及"环境支付能力"等经济学、公共管理学等学科范畴进行理论解释。② 期刊论文方面，也存在类似的问题，从法学角度论述的为数不多，少量从法学角度论述的，如李程的《论自愿环境协议的法律性质及其合法要件》《我国适用自愿环境协议的合理性探讨》《我国自愿环境协议的第三方主体选择及其职能安排刍议》，王平的《论环境协议的合法性基础》等，基本上停留在对自愿性环境协议的概念界定、合法性基础论证等方面，在广度和深度上都远远不够。可以说，自愿性环境协议尚未进入我国法学研究主流视野。现有的关于自愿性环境协议的研究成果更多的是经济学、公共管理学等领域的，如郑亚南的博士论文《自愿性环境管理理论与实践研究》应用环境经济学和制度经济学的原理，借助最优污染水平、外部性理论、交易费用和信息不对称等经济学工具对自愿性

---

① 刘宗德：《中华民国环境保护之法制与手法》，1997 年 5 月 3 日于韩国汉城召开的东亚行政法学会第二届学术大会之报告；黄俊凯：《环境行政之实效性确保》，台湾政治大学 2000 年硕士学位论文，第 171—209 页。

② 李程：《自愿环境协议制度研究》，华东政法大学 2011 年硕士学位论文，第 22 页以下。

环境管理进行评价，并运用数学方式构建了关于自愿性环境管理对 MAC 边际治理成本影响的模型；曹景山的博士论文《自愿协议式环境管理模式研究》对自愿协议式环境管理模式与传统的命令控制型、基于市场的环境管理方法进行比较，通过经济分析和实证研究探讨了企业自愿参与协议背后的驱动因素及作用机理；秦颖的专著《新的环境管理政策工具——自愿协议（VAs）的理论实践与发展趋势》对 VAs 及 VAs 式环境管理的概念进行了重新界定，构建了纯威胁式与威胁—补贴式两种 VAs 模型，分析了政府与企业在 VAs 达成上的博弈关系和产生机理，基于效用最大化原则构建了一个企业参与 VAs 的理论模型，并用 Binary Logistic 模型对其驱动因素进行了验证。此外，尚有一批论文从生态治理工具的演进及比较与选择角度对自愿性环境协议作了介绍，对其背后动因、优势与缺陷、在我国适用的可行性及推广前景和措施等作了进一步的探讨，如马小明等的《环境管制政策的局限性与变革——自愿性环境政策的兴起》、秦颖等的《环境政策工具的变迁及其发展趋势探讨》、明正东等的《西方国家的一种新环境政策——自愿性环境协议及其思考》、生延超的《环境规制的制度创新：自愿性环境协议》、牛锐的《我国生态治理中自愿性环境政策工具的运用研究——以浙江省为例》、夏申等的《自愿性环境管理手段的研究进展综述》、郑亚南的《自愿性环境管理：经济与环境协调发展的创新》、王惠娜的《自愿性环境政策工具在中国情境下能否有效》及《自愿性环境政策工具与管制压力的关系：来自经济模型的验证》、尹海涛等的《自愿性环保项目：动机和绩效》、龙风等《中国环境管理引进自愿手段的法律基础分析》、冯效毅等的《在中国尝试自愿协议式环境管理方法的必要性与可行性》等。此外，亦有一些实务部门或者接近实务部门的人员对我国自愿性环境协议试点情况进行了介绍，并试图从中总结提炼理论性的指导意见，构建相关制度体系，如江华等的《行业协会实施自愿性环境治理的温州经验》、韩絮等的《基于环境协议的工业园区环境管理模式研究》、马品懿等的《环境管理自愿协议的法律思考》、徐海的《有效的节能管理体制——节能自愿协议》等。

二　关于协商行政

（一）关于名称

以笔者有限的阅读视野，当前我国法学界直接以"协商行政"① 来定义其研究对象的著述并不多见，但与之近似的论述却为数不少，如"行政协商"② "行政协调"③ "协商式行政"④ "协商性行政执法"⑤ "参与式行政"⑥ "柔性行政"⑦ "非强制行政"⑧ "合作行政"⑨ 等。应该说这些论著都或多或少地触及"协商行政"这一广袤的研究领域，但各自的研究目的、研究视角、研究方法、研究内容和研究结论均大相径庭。

（二）关于定位

从研究选题的立意来看，有的将其定位为一种理念，如有学者认为，行政法制度的变革首先是行政法理念的变革，这种变革要求我们对行政法理念进行反思，重塑体现民主、正当、协商、合作等当代公共行政基本精神要求的参与式行政理念；⑩ 有的视其为一种范式，如有学者引入库恩的"范式"理论，并将协商行政与范式理论对接，认为作为行政民主化语境

---

① 如相焕伟的博士学位论文《协商行政：一种新的行政法范式》（山东大学 2014 年）和郑春燕申报的 2007 年度国家社会科学基金青年项目"协商行政的原理与制度设计"都是直接以"协商行政"命名。

② 如蔡武进《现代行政法治理念下的行政协商——一种诠释现代行政法治理念之行政方式》，武汉大学 2013 年博士学位论文，及 2011 年度教育部"博士研究生学术新人奖"资助项目"行政协商法律机制研究"。

③ 如陈新民《和为贵——论行政协调的法制改革》，《行政法学研究》2007 年第 3 期。

④ 如丁保河《论协商式行政——一种新行政法治主义理念》，北京大学 2008 年博士学位论文；孙兵、黎学基"和谐社会与协商式行政执法机制研究"（2010 年重庆市教委一般项目课题）。

⑤ 如卢剑锋《试论协商性行政执法》，《政治与法律》2010 年第 4 期。

⑥ 如方世荣、邓佑文《"参与式行政"视域下行政法理念的反思与重塑》，《理论探讨》2012 年第 2 期。

⑦ 如莫于川等《柔性行政方式法制化研究——从建设法治政府、服务型政府的视角》，厦门大学出版社 2011 年版。

⑧ 如李宝君《非强制行政行为制度化研究——寻求政府柔性执法的制度规约》，中国政法大学出版社 2012 年版。

⑨ 如毕洪海《合作行政法：现代公共治理的一种法律框架》，北京大学 2009 年博士学位论文；宋国《合作行政的法治化研究》，吉林大学 2009 年博士学位论文。

⑩ 方世荣、邓佑文：《"参与式行政"视域下行政法理念的反思与重塑》，《理论探讨》2012 年第 2 期。

下的一项科学成果，协商行政已经构成了区别于高权行政、传统参与行政的一种新的行政法范式;① 有的以其为一种模式，如有学者总结，现代行政客观上存在两种不同的治理模式:"命令—服从"模式和"协商—合作"模式，后者的兴起与前者的局限性日益显著相关，其以社会平和为价值取向，以"沟通"作为最核心的机制，需要行政机关与个人之间改变传统单向式的意见交流方式，代之以互动式的"沟通";② 有的认其为一种机制，如有学者认为，行政中的协商机制既是一种决策机制、管理机制，更是一种治理机制;③ 有的当其为一种制度，将其定义为行政主体为了实现特定的行政目的，节约行政成本，提高行政相对人对行政活动的认可度，在法定职权范围内，在部分行政立法与行政执法等行政活动中进行协商、沟通，以实现行政目标的活动，并从概念、特征、效力、定位等方面对其进行系统构建;④ 有的则将其坐标对应为一种行政行为，如有学者尝试在我国的行政法学中建构一种新的行政行为——行政协商行为，即行政主体为实现特定行政目的，在第三方的参与或监督下，就行政处理的结果与行政相对人进行交流、沟通达成合意后再作出行政处理决定的行为;⑤ 有的则将其将其认定为一种将协商理念贯穿于行政行为之中的行政程序，而非与行政立法、行政执法等并列的行政协商行为。⑥

（三）关于理论基础

从研究的具体内容来看，既有基于行政法学总论的理论性研究，也有偏重某一部门行政法的分论式研究，在总论中既有关于理论基础等基础性的研究，也有关于具体理论与制度的应用性研究。当然，这些只是笔者基于研究的方便而硬性作出的人为划分，事实上，总论与分论、理论与应

① 相焕伟:《协商行政:一种新的行政法范式》，山东大学 2014 年博士学位论文，摘要。
② 章剑生:《现代行政法基本理论（第二版）》（上卷），法律出版社 2013 年版，第 125—129 页。
③ 该机制具体包括以下四大要素:一是建立在尊重公共行政权的基础上，以不影响行政行为公定力、确定力、拘束力、执行力四大法律效力为前提;二是行政主体和相对人居于相对平等的法律地位，双方非对立者而是合作者，共同拥有对公共事务的治理权威，在维护公共利益的前提下最大限度地实现合法合理的个人利益;三是协商机制的实现方式是通过平等的协议和协商达成共识与合意;四是贯穿于行政管理活动的整个过程。参见杨临宏、马琼丽《行政中的协商机制初论》，《思想战线》2013 年第 2 期。
④ 徐博嘉:《行政协商制度基本问题分析》，《行政与法》2013 年第 10 期。
⑤ 王学辉:《行政协商的兴起与治理逻辑》，2015 年 2 月 8 日（http://www.aisixiang.com/data/68997.html）。
⑥ 徐博嘉:《行政协商制度基本问题分析》，《行政与法》2013 年第 10 期。

用、理念与制度等是紧密相关的，在学者的著述中往往是互相交织的。就协商行政的理论基础而言，绝大部分学者都认同协商民主、公共治理理论、软法与平衡论等，如有研究者认为主体间性理论、协商民主理论、治理理论以及平衡理论为协商行政提供了多学科的理论基础；① 也有学者认为，哲学的契约论、政治学的协商民主理论、公共管理学的公共治理理论、法学的平衡论为行政中的协商机制奠定了坚实的理论基础。② 总体来看，法学界关于协商行政的研究受政治学、公共管理学等学科理论的影响较大，就行政法学内部而言，平衡论及软法与公共治理理论③、行政过程中的公众参与理论④、研究行政主体与行政相对方之间互动关系的理论⑤、

---

① 相焕伟：《协商行政：一种新的行政法范式》，山东大学 2014 年博士学位论文，第 46 页以下。

② 杨临宏、马琼丽：《行政中的协商机制初论》，《思想战线》2013 年第 2 期。

③ 平衡论被誉为国内关于行政法基础理论研究最有影响的主张，据其首倡者罗豪才先生所言，该论的重要内涵应该是设计出一些机制以实现动态平衡，实现平衡的机制，一个是激励，另一个是制约，后来随着理论的发展，人们认识到行政主体与行政相对人双方虽然有对立，但是也可能有合作，因此又有了协商机制；软法是一个相对于硬法——依赖国家强制力保障实施——而存在的概念，是指原则上没有法律约束力但有实际效力的行为规则，其与社会治理是紧密连接在一起的，社会治理应该是硬性治理与柔性治理相结合的，提倡研究软法，是要研究柔性治理，或者是硬性与柔性相结合的混合治理方式。参见罗豪才《公域之治中的软法》，《法制日报》2005 年 12 月 15 日第 9 版；罗豪才《为了权利与权力的平衡》，2015 年 2 月 9 日（http://www.aisixiang.com/data/76223.html）。

④ 如王锡锌从行政过程中公众参与的角度拓展出通过协商而进行的行政。详见王锡锌《公众参与和行政过程——一个理念和制度分析的框架》，中国民主法制出版社 2007 年版，第 262 页以下。周佑勇认为，行政权在行政主体与行政相对人之间的运行方式经历了由单方专制、压服向双方协商的转变过程，行政参与是指受行政权力运行结果影响的利害关系人有权参与行政权力的运行过程表达自己的意见，并对行政权力运行结果的形成发挥有效作用，该理念与制度的确立使行政相对人的地位在行政权的实际运行过程中由被动的服从者转变为主动的参与者。详见周佑勇《作为过程的行政调查——以食品卫生领域为观察》，《法商研究》2006 年第 1 期。

⑤ 如程建以行政主体与行政相对人之间主观意愿之间的关系、行政相对人在行政行为过程中的参与程度和对行政行为结果与行政行为目的的影响、行政行为对行政相对人权益的影响等因素为切入点，提出了"互动性行政行为"的概念，即为实现公共利益与公民、法人或者其他组织的私利益的平衡，行政主体与行政相对人通过在行政行为过程中积极为对方提供信息，为对方采取对应活动创造条件，使彼此能够通过交涉过程获取各自所需要的资源与信息，从而在不同程度上对行为的成立、行为的内容及行为目的的实现发挥作用而形成的行政行为，并按照行政行为中行政主体与行政相对人之间主观意愿对行政行为成立、在行为过程中作出行为的影响力、行政行为最终效果的实现，将其分为合意型互动性行政行为、激励型互动性行政行为和过程型互动性行政行为。参见程建《互动性行政行为研究》，苏州大学 2008 年博士学位论文，第 53 页以下。

非强制行政（行为）理论①等亦可提供相应的支持或者佐证。

    （四）关于作为行政法总论的各具体制度中的协商

    就具体制度来看，有关注行政立法的，如有研究者运用协商民主研究的理论成果，联系中国行政立法的实际运行状况，结合多学科的研究方法与视角，尝试构建关于我国行政立法中协商民主的实现形式、运行程序以及监督体制；②有学者较为系统地介绍美国《协商制定规章法》，分析了支持发展协商制定规章程序的理由及其存在的困境与遭受的质疑，以期对我国相关程序与制度的建设有所启发；③有学者更进一步深入研究了美国规制性协商（受规制影响的利益主体通过建立协商委员会来促进共识方案达成的程序机制）的基本内涵和特点、实施背景、运作机制与操作流程、实施状况及启示意义。④

    与立法相比，行政执法似乎吸引了更多关注的目光，如有学者明确提出"协商性行政执法"的概念，即在行政执法过程中放弃传统的命令或直接强制执行，采用商谈、说服、诱导、劝诫等方法，谋求行政相对人的理解、同意和配合，从而达到行政目的的一种执法方式，认为其具有合作性、平等性、参与性、服务性等特点，可通过合理的制度设计使其与传统执法方式相兼容；⑤类似的，有人将"协商执法"定义为在具体行政执法活动中，当法律规定由行政主体自由作出裁量或行政主体对拟作出的行政决定所依据的事实或法律关系不明时，为了顺利完成行政执法任务，行政主体与行政相对人遵循自愿、自主和平等原则开展充分沟通交流与协商，力求在双方达成共识的基础上作出双方合意的行政决定的一种执法活动，

① 如刘福元认为，行政权与强制并不存在必然联系，按照是否具有强制性可将行政行为划分为强制性行政行为和非强制性行政行为，后者是指行政主体在行政活动中针对相对人所实施的不带命令性或强制性的行为，它具有权利、义务的协商性、非对应性和行为的双向互动性、自觉履行性等要素。参见刘福元《政府柔性执法的制度规范建构——当代社会管理创新视野下的非强制行政研究》，法律出版社 2012 年版，第 26—33 页。

② 杨帆：《行政立法程序新探——协商民主理论为视角》，华东师范大学 2009 年硕士学位论文，第Ⅵ页。

③ 沈岿：《关于美国协商制定规章程序的分析》，《法商研究》1999 年第 2 期。

④ 蒋红珍：《治愈行政僵化：美国规制性协商机制及其启示》，《华东政法大学学报》2014 年第 3 期。

⑤ 卢剑峰：《试论协商性行政执法》，《政治与法律》2010 年第 4 期。

并对其正当性、机制功能和制度构建等提出自己的观点;① 有学者主张,行政执法协商是行政和解的一种,所达成的协议是行政契约,应该在自由裁量领域,依据合法、自愿、利益均衡等原则进行,且协商中的权力应该受到有效的控制;② 还有学者注意到行政执法协商作为一种柔性的执法方式在有效弥补强制性执法不足的同时存在着协商交易、假意协商、违法协商等滥用的风险,应进一步从执法裁量权、协商执法程序、执法人员素质、监督机制等方面予以完善。③

也有学者重点探讨了行政听证制度中的协商,如有学者指出,行政听证所内含协商功能,可通过沟通、透明、合意的方式,消解行政主体和行政相对人之间的行政争议,使行政秩序产生持久性的稳定;④ 有学者认为我国行政决策听证制度的功能定位于听取意见,实质上只规范了"听",而对行政机关如何"取"则缺乏规制,协商则有助于充实公众参与权,促进"权利制约权力"机制的生成、促成平衡各方诉求的决策结构形成,使公众参与主体得到肯定与张扬,从而修复听证中失落的民主性;⑤ 有学者进一步聚焦听证笔录和听证议题形成中的公民话语权保障,认为听证笔录效力提供了交往权利制约行政权力的通道,从立法上确立听证笔录的法律地位,建立政府对决策听证的回应机制,是推进和完善我国行政决策听证制度的一项重要基础性工作,而听证议题设置中的公民话语权不仅是对给定议题的发言权,更是提出议题的发起协商权,应通过听证议题设置的程序规定赋予公民程序性权利,用程序正义排除权力和资本的干扰,以保障公民在议题设置中的话语权得以真实兑现。⑥

在具有双向性的行政合同(契约)领域和以非强制性为特征的行政指

---

① 张忠、陈伏淋:《协商执法:行政执法新模式初探》,《宁波大学学报》(人文科学版)2013 年第 5 期。

② 孙兵、黎学基:《理念重述与制度重构:行政执法协商研究》,《西南民族大学学报》(人文社会科学版)2012 年第 3 期。

③ 陈应珍、申浩:《行政执法协商的滥用及其防范》,《三明学院学报》2014 年第 3 期。

④ 章剑生:《作为协商性的行政听证——关于行政听证功能的另一种解读》,《浙江社会科学》2005 年第 4 期。

⑤ 肖北庚:《行政决策听证制度之民主性困境及突围》,《广东社会科学》2010 年第 5 期。

⑥ 薛冰、孙录见:《行政决策的功能定位与听证笔录的效力——基于商谈理论的视角》,《北京行政学院学报》2012 年第 4 期;薛冰、岳成浩:《行政决策听证议题形成中的公民话语权保障——基于协商民主理论的视角》,《西北大学学报》(哲学社会科学版)2013 年第 5 期。

导等领域，协商本就是其制度构成的有机组成部分，协商行政无疑为其制度的拓展与完善提供了契机，敏锐的研究者当然不会放过，有学者从行政程序协调的视角探讨了行政约定、行政承诺、行政合同和行政指导中的协商，① 也有学者将行政合同、行政指导等作为柔性执法方式的重要内容详加解析；② 即便是作为传统的高权行政和单向性行政的典型代表的行政强制，也仍存有协商的空间，有学者提出"行政让渡"这一概念作为行政强制执行和解制度存在的法理基础，认为行政主体在实施已经决定好的行政强制执行时可在一定条件下对行政强制的内容、量度和相关社会效果进行处置，以利于保护行政相对人的合法权益和行政强制执行的实施，③ 更有学者呼吁重视参与型行政或互动型行政的理念，认为能动法治主义更有利于公共利益与个人利益的协调，只要法律法规赋予行政主体一定幅度或范围的行政裁量权，相关权利、义务就有变动的可能性，就应该是可以"和解"的，因此，应从立法政策层面的和解设置、执法阶段的和解实施和争讼阶段的和解应用三个层面推进行政强制中的和解。④

在行政救济阶段，无论是行政复议、行政诉讼抑或是行政赔偿，和解已成为学界热议和课题，即便是"作为特殊行政救济的信访救济"⑤ 也引入了协商，有学者提出以行政协商作为构建和谐社会的行政救济法基础，行政复议法和行政诉讼法修改时应当建立行政救济程序中的协商机制；⑥ 有学者论证协商民主的兴起是行政和解的政治理论基础，行政法的发展是其法治理论基础；⑦ 也有学者以交往正义诠释行政诉讼协调和解机制，力

---

① 陈新民：《和为贵——论行政协调的法制改革》，《行政法学研究》2007 年第 3 期。
② 李宝君：《非强制行政行为制度化研究——寻求政府柔性执法的制度规约》，中国政法大学出版社 2012 年版；莫于川等：《柔性行政方式法制化研究——从建设法治政府、服务型政府的视角》，厦门大学出版社 2011 年版；莫于川等：《法治视野中的行政指导》，中国人民大学出版社 2005 年版。
③ 张淑芳：《行政强制执行中的行政让渡》，《社会科学辑刊》2013 年第 5 期。
④ 杨建顺：《行政强制中的和解——三环家具城案的启示》，《南通师范学院学报》（哲学社会科学版）2002 年第 1 期。
⑤ 语出应星，详见应星《作为特殊行政救济的信访救济》，《法学研究》2004 年第 3 期。
⑥ 张玉录：《行政协商：构建和谐社会的行政救济法基础——兼论法律移植与本土资源的对接》，《聊城大学学报》（社会科学版）2005 年第 3 期。
⑦ 温辉：《论行政和解的理论基础》，《法学杂志》2008 年第 3 期。

图证明应以行政诉讼协调和解机制作为实现交往正义平台的现实路径;①
还有学者认为，行政争议的和解或调解并非基于也不必纠缠于行政权的可
处分性，而是基于公众参与所发展起来的一项为处理各种行政争议进行的
事后协商和沟通;② 有研究者注意到行政复议法和国家赔偿法的协商转
向;③ 有学者认为，我国 2010 年《国家赔偿法》反映了行政赔偿程序的协
商走向，但存在诸多不足，有必要建立健全我国行政赔偿先行处理程序与
行政赔偿诉讼程序中的行政协商程序机制，以凸显行政赔偿过程中相对人
的主体性和主动性，弘扬纠纷双方的主体间性;④ 有学者提出以凸显公民
主体性、弘扬行政主体与公民间协商理性为核心将我国行政信访制度建构
为彰显并强化行政协商的制度平台，并以之为目标导向，推进我国行政信
访组织制度与处理制度之法治化改革。⑤ 此外，行政裁量为协商行政提供
了空间，反过来，协商行政也为行政裁量权的规制展示了新思路，二者的
结合可以想见会擦出如何美妙的火花。有研究者在借鉴西方协商民主制度
的基础上，结合中国具体行政实践，抽象出了"协商行政自由裁量"的概
念，即所有受裁量影响的公民、团体组织及政府为达善治目标，在裁量决
定作出之前，采用相互沟通、商讨、合作的方式参与裁量，在不违背法律
基本原则的情况下，对作为或不作为以及怎样作为进行选择的过程，其本
质是一种具有主体的非单向性、表现形式为复数主体的交往行为的协商性
程序。⑥

（五）关于部门行政法领域的协商

就部门行政法的研究来看，协商行政的实际应用已十分广泛，除前文
所述的自愿性环境协议等环境行政领域的协商实践之外，公安行政、税务
行政、水务行政、城管执法、征收拆迁、反垄断执法、交通行政等领域也

---

① 王学、邓蔚:《价值的超越:以交往正义的新视角诠释行政诉讼协调和解机制》,《理论与改革》2012 年第 1 期。
② 叶必丰:《行政和解和调解:基于公众参与和诚实信用》,《政治与法律》2008 年第 5 期。
③ 相焕伟:《协商行政:一种新的行政法范式》,山东大学 2014 年博士学位论文,第 137 页以下。
④ 蔡武进:《我国行政赔偿程序的协商图景》,《甘肃政法学院学报》2012 年第 5 期。
⑤ 蔡武进:《法治与善治:我国行政信访制度的改革图景——以行政协商为视角》,《甘肃政法学院学报》2012 年 6 期。
⑥ 芦丹:《论协商民主理论下的行政自由裁量权》,河北师范大学 2011 年硕士学位论文,第 25 页以下。

深受协商行政的影响，相关的研究亦有所跟进。

在公安行政领域，有学者指出，随着公安行政向服务行政、说理行政和指导行政的转变，运用行政指导、行政契约、行政调解等类型的非权力行政方式成为公安行政改革的一个重要举措；① 更有学者论证，民主协商性公安执法范式充分体现了当事人之间的利益互惠，能够有效地实现公安机关与当事人之间权力与权利的平衡，较好地实现执法公平与效率的平衡；② 还有研究者深入探讨了通过引入听证程序并细化相关程序设计来拓展公安行政复议的协商性功能，以求增强公安行政复议的公开性、透明性和公正性。③

在税务行政领域，有学者认为，税收的本质是人民与国家间的"契约"，而协商正是契约的重要理念，它体现出一种双向交流与沟通的精神，能弥补习惯于单向度思考和单方意志决定的权力行政的不足，让纳税人参与到优化税务行政的过程中，并分析了税务行政中协商的具体体现：税务行政参与、方式选择的协商、税额征收基数的协商和处罚中违法事实的协商；④ 有学者表达了类似的观点，认为税务行政中引入合作理念能够使征税主体与纳税主体之间的对抗关系变为合作信任关系，对服务型政府建设理论的创新和建立现代和谐税收关系理论意义重大。⑤

在水务行政领域，有研究者以上海市水务行政执法为实证对象，以协商性政府规制以及由此衍生的新型程序观和执法方式类型的相关理论为基础，分析了以协商规制为机理的柔性执法方式的运作，并对协商性政府规制在实践中的应用作进一步探讨，提出柔性执法的实施困境和柔性执法方式完善的构想。⑥

---

① 余湘青：《公安行政法维度内的非权力行政方式》，《江苏警官学院学报》2006 年第 1 期。

② 廖文升：《民主协商机制在公安执法中的语义、功能及运用》，《中国人民公安大学学报》（社会科学版）2010 年第 1 期。

③ 鄢伊文：《公安行政复议的协商性功能研究——以听证程序为拓展机制》，上海交通大学 2012 年硕士学位论文，第 7—11 页。

④ 赖超超、蔺耀昌：《税务行政中的契约理念及其体现——以平等、协商为中心》，《行政法学研究》2006 年第 1 期。

⑤ 任红梅：《税务行政合作理念探析》，《广西财经学院学报》2011 年第 5 期。

⑥ 丁曜：《协商规制视野下的柔性执法方式研究——以上海市水务行政执法为实证对象》，上海交通大学 2010 年硕士学位论文，第 29 页以下。

在城管行政领域，有学者提出在城管执法中引入市民群体，构建城管人员、流动摊贩和市民三方共同参与的协商治理模式，即一种强调政府、公民和社会组织等在平等自由基础上，就共同关注的话题进行理性商谈从而达成共识的治理模式，以期更好地解决城管执法困境。①

反垄断执法因其与协商行政的高度契合性而受到多位学者的关注，学者们认为，以经营者承诺制度②为主要载体的反垄断执法协商是一种有助于提升执法效率的制度安排，但是因相关依据不明，配套机制未建立，承诺制度在适用中可能面临诸多操作难题，承诺制度的替代性、灵活性特征决定了其在一定程度上是以牺牲法的其他价值为代价来获得效率提升的，因此，一方面，应从承诺程序的适用范围、启动方式、公开机制、承诺履行以及承诺监督等方面保证承诺制度适用的有效性与统一性；另一方面，应通过建立强制性的信息披露制度、承诺评论制度、健全纠纷解决机制等程序约束来保持协商进程的透明性、程序参与的充分性和纠纷处置的有效性。③

此外，有研究者考察了协商性行政执法的基本理论，探讨了征收拆迁领域引入协商性行政执法的可行性和运用的路径；④还有研究者从协商民主理论的研究视角，以"重庆出租车事件"为例证，构建了出租车行业政策制定的协商对话模式。⑤

---

① 董艳春：《构建城管执法的协商治理模式》，《北京航空航天大学学报》（社会科学版）2013年第6期。

② 可理解为一种执法和解制度，根据我国《反垄断法》第45条的规定，它是指在反垄断执法调查中，被调查的经营者如果承诺在反垄断执法机关认可的期限内采取具体措施消除涉嫌垄断行为的消极后果，反垄断执法机关可作出中止调查决定；在经营者履行承诺后，反垄断执法机构可作出终止调查决定，从而结束执法程序的垄断行为处理方式。

③ 刘桂清：《反垄断执法中的和解制度研究》，《当代法学》2009年第2期；焦海涛：《我国经营者承诺制度的适用与完善》，《当代法学》2012年第2期；游钰：《论反垄断执法协商的程序约束》，《法学评论》2013年第4期；焦海涛：《反垄断法承诺制度适用的过程控制》，《法学家》2013年第1期。

④ 瞿慧：《协商性行政执法在征收拆迁领域的运用研究》，湖南师范大学2012年硕士学位论文，第3—9页及第20页以下。

⑤ 杜亚霏：《基于协商民主理论视角的政策制定研究——以"重庆出租车事件"为例》，《云南行政学院学报》2010年第5期。

（六）关于域外相关研究进展的管窥

限于外语水平和时间与精力，笔者无力对国外关于协商行政的研究进行系统的阅读与梳理，但通过有限的外文资料和中文译著，还是认识到国外这一领域研究成果的丰富性。在此，仅以美国学者朱迪·弗里曼的研究为代表略窥一斑。朱氏敏锐地捕捉到诸如民营化、政府/私人契约等私人和公共主体共同承担管理和提供服务责任的新行政法现象及其对传统的政府管制和公私法二元划分及责任分担机制等带来的冲击，并试图从理论上对这些问题进行合理的解释，从而为协商行政实践的更好发展铺平道路，[①] 在此基础上，朱氏试图提供合作治理的规范愿景以评价改革的建议，并通过其擅长的环境规制等领域的规制实践例示诸如协商行政立法与协商许可等革新性的行政过程如何体现合作模式的要素，同时努力超越人们所熟悉的关于控制行政机关裁量权的争辩，试用非传统的责任形式。[②] 朱氏的研究在相当程度上代表了国外尤其是美国对这一领域研究的方法、研究的进展及未来研究的方向，值得学习与借鉴。

三　已有研究之未尽

（一）亟待大力开垦的自愿性环境协议

如前所述，自愿性环境协议自引进我国之后，就备受经济学、公共管理学等领域学者和实务工作者的关注，相关的著述和报道为数不少，对于企业参与自愿性环境协议动因的探究等领域的研究已颇为深入，相关理论模型的建构也颇具规模，但对于其理论基础尚缺乏深入的探讨，对于其内涵与外延尚没有清晰的提炼与界定；对于类型划分的研究亦不够精细化；对于激励措施的研究停留于表面化；对于负面效应的规避研究尚未给予足够的重视；对于域外研究成果的借鉴大部分处于一般性介绍，缺少利用本土资源进行理论再创造和制度适应性矫正的力作。

细究其中的原因，至少有如下几点：一是自愿性环境协议在全球范围

---

① ［美］朱迪·弗里曼：《契约国家》，参见氏著《合作治理与新行政法》，毕洪海、陈标冲译，商务印书馆 2010 年版，第 493 页以下。

② ［美］朱迪·弗里曼：《行政国家的合作治理》，参见氏著《合作治理与新行政法》，毕洪海、陈标冲译，商务印书馆 2010 年版，第 16 页以下。

内亦是一项制度创新，即便是发达国家，关于自愿性环境协议的实践也还处于不断的创制、调整和发展之中，加之各国不同的政治经济文化与法制背景及环境规制状况，并没有统一的模式，表现出来的多样性和复杂性超出一般的程度，相应理论研究也显得比较零散，缺乏体系性和规律性，这就给作为引进者的我国带来困扰，容易形成盲人摸象和只见树木不见森林的局面；二是囿于环境议题的公共性、广泛性与学者知识结构专业性、限定性的矛盾，各学科领域的学者的研究往往基于本学科的基本理论展开，可能会在某一点或某一方面深挖下去，形成突破，但很难准确概括自愿性环境协议的全貌，难以进行全局性的理论抽象与制度建构；三是就我国现阶段环境规制的体制而言，仍以政府主导甚至大包大揽为典型特征，远未达到企业自制及企业与政府基于信任的合作阶段，自愿性环境协议项目的试点受到政府意志的绝对影响，政府不去推动，往往难以在社会上自发推行；政府一旦介入又容易形成强制大过合意、管理多于合作的局面，失去"自愿"的本来意义，由此造成这样一种尴尬局面：政府推行的自愿性环境协议项目进展顺利，成果丰硕，但推行的过程中可能已或多或少地变味，真正民间发动和组织的自愿性环境协议项目又受到客观条件的限制，实施起来困难重重，多处于"试点"摸索阶段，难以形成规模效应，研究者不得不面对这样的困局，在政府与企业、强制与自愿之间反复纠结。

在法学界，自愿性环境协议还远远地游离于主流研究视野之外。在主流的法学期刊上只能检索到极其少量的关于自愿性环境协议的文章，其中大部分作者为环境法专业的学者，行政法学界对自愿性环境协议进行专门研究的学者难觅踪影，由此带来的直接后果便是自愿性环境协议相关研究成果的极度匮乏，具体表现在：自愿性环境协议的名称各异，概念不确定，内涵外延均不清晰；在现有法学体系中的定位不明，不能从法学角度为其提供理论基础和体系支撑，相关的制度框架虽有轮廓，但过于粗糙，关于自愿性协议的法律性质、法律依据、法律效力、法律程序、法律救济等基本问题均未展开深入的研究，诸多实践中遭遇的法律问题仍悬而未决。

个中缘由，除上述域外和其他学科学者研究共同存在的问题之外，尚可从以下几个方面去解释：首先，自愿性环境协议大体上属于方兴未艾的新行政法①范畴，目前学界总体上处于传统行政法学向新行政法学过渡的阶段，对于偏重传统行政法②的学者而言，自愿性环境协议不在行政法学研究的范围之内，其存在的理论与实践问题大可由经济学、公共管理学、行政学、环境政策学等领域的学者去研究和解决，法学的介入既无必要，又无优势可言；对于关注新行政法的学者而言，行政法学的研究疆域大为拓展，展现在他们面前的新课题如繁星般应接不暇，自愿性环境协议只是在行政法学体系中处于弱势地位的部门行政法的一个分支环境行政法领域的一个并不太耀眼的小行星，吸引不到学者们的注意力，再正常不过。其次，在行政法学现有的主流理论体系中，行政合同（契约）、行政指导、行政承诺、行政奖励等行政行为的理论研究相对成熟，自愿性环境协议面临的许多法律问题或可参照上述类型化行政行为的理论与制度加以解决，多篇关于环境行政合同的硕士论文都有将自愿性环境协议纳入行政合同体系的尝试，也许在大部分研究者的主观认识中，如此处理已经足够。最后，对于自愿性环境协议研究的深入从大的方面来看，需要运用经济学、公共管理学、环境政策学等学科和领域的专业知识，从法学内部来看，亦处于行政法学与环境法学的交界区域，这不仅要求

---

① 有学者总结，当前学界明确提出"新行政法"概念的观点主张基本上可以分为两种倾向：一种是法制度和法现象意义上的，其从公共行政变迁的视角探索行政法的新变化，观察"行政法的原则、精神和控制技术努力地不断地向接手传统公共行政的私法领域扩张、渗透"；另一种是法学研究进路和方法论意义上的，或者说是作为一种认知模式的，其主要基于对传统行政法模式的反思，采取一种制度功能主义的论证对传统行政法进行改良（而非革命）、扩展（而非颠覆），亦即行政法如何在行政状况发生本质性变化（从消极到积极）的情况下提供一种新的、能够使行政过程合法化的解释框架。完整的"新行政法"视野应该包括"合法性"和"最佳性"两个考虑基点——以确定行政活动边界、规范公权力行使、保障相对人合法权益为指向的合法性考虑与以探索良好行政的制度设计、促动行政改革提高行政效能为基本指向的最佳性考虑。参见朱新力、唐明良《行政法总论与各论的"分"与"合"》，《当代法学》2011 年第 1 期，序言。
② 是相对"新行政法"而言的，其以法解释学为基础，围绕职权法定、行政行为形式论、程序控权、司法审查和权利救济等的合法性展开，其中，又以行政行为形式论为核心，以司法审查和权利救济为最终落脚点，在对行政行为进行形式化和类型化锻造的基础上，就每一种行为形式从"权限""程序""法律效果"以及诉讼类型上进行规范化对接，以图某一行政主体在某一行政过程中能够采取何种行为形式、在采取该种行为形式之后应当遵循何种行为程序、由此带来何种法律效果以及诉讼权利义务等问题均能在严密的"规范洪水"之下获得"唯一正解"。参见朱新力、唐明良等《行政法基础理论改革的基本图谱——"合法性"与"最佳性"二维结构的展开路径》，法律出版社 2013 年版，第 4—6 页。

研究者付出更多的时间和精力进行相关学科领域的知识储备，而且打破学科界限往往使研究者产生自我怀疑甚至否定，况交界也就意味着边缘，遭受冷遇也在情理之中。

根据笔者长期的观察与思考，传统行政法学已有的类型化行政行为，如行政合同（契约）虽与自愿性环境协议有部分重合，但并不能完全解决其遭遇的所有法律问题。我们有必要以法学为主视角从整体上对自愿性环境协议进行全面的研究，建立相关的理论与制度体系；并通过对这一新行政法现象的研究来反哺行政法学总论的内容。这正是笔者接下来要进行的工作。

（二）仍须深入挖掘的协商行政

与自愿性环境协议遭遇的冷落不同，协商行政似乎已经受到诸多行政法学者的重视，主流期刊上的相关著述已然蔚为可观。但正如笔者在已有研究整理部分所描述的，学界对于协商行政的定位大相径庭，对于其理论基础的阐释庞杂而凌乱，在这两个基础性、方向性的大问题未深入探讨、争鸣未达成共识的前提下，行政立法、行政执法、行政救济等各环节、各阶段，行政听证、行政合同、行政强制等具体制度以及公安行政、税务行政、水务行政等各部门法领域关于协商行政的应用性研究虽然看起来百花齐放、欣欣向荣，但实则杂乱无章、缺乏后劲。因此，对于协商行政的研究首要的是明确其在行政法学理论体系的定位，实现其与传统行政法学体系的无缝对接，同时，理清头绪，打好理论基础，为后续的应用性研究提供坚实的理论后盾。当然，这并不是要等到理论定位和理论基础完全解决之后再进行关于各环节、各具体制度和部门行政法领域的研究，而是说在进行后续研究时必须考虑前述课题，一方面从中吸收知识养分，更好地做好应用研究；另一方面，以具体理论和制度的研究反哺基础理论，使基础理论不断修正和完善。打一个比方，学者们都知道协商行政这座大山里有金矿，都想去山里淘金，于是在不同的地点、采用不同的方法开挖、冶炼，虽然偶尔也能得到少量的金子，但因为对整座山的脉络缺乏把握，始终未能找到蕴藏最丰富的矿井所在，也未能集合众人的智能，形成合力，产生规模化效应，结果看似有所收获，但得到的只是九牛之一毛。

（三）尚待空白填补的基于协商行政的自愿性环境协议

虽然学界不乏对环境行政合同①、环境行政公众参与②等相关问题的研究，还有学者注意到美国环境行政执法中的协商机制，并试图引进我国，③ 但是将自愿性环境协议与协商行政直接联系起来探究的著述还难得一见，将自愿性环境协议的研究上升到协商行政的高度，以协商行政理论来指导自愿性环境协议制度的建设，更是有待后来者去填补的空白。

第三节　研究思路与框架结构

本书的总体思路是由分到总、由部分到整体、由具体到抽象层层递进。由自愿性环境协议到环境行政，由环境行政到公共行政，由行政合同

---

① 有学者较为全面地阐述了环境保护行政合同的概念、分类、实质、发展的理论和现实基础、作用、缔约根据和缔约目的、主要内容、效力、变更和解除等基本问题，探讨了我国环境保护行政合同制度存在的问题及其对策，参见常纪文、黎菊云《环境保护行政合同基本问题研究（上）》，《河南公安高等专科学校学报》2004 年第 1 期；《环境保护行政合同基本问题研究（下）》，《河南公安高等专科学校学报》2004 年第 2 期。有学者对环境行政合同的概念、特征、作用、种类进行了探讨，并对我国环境行政同法律制度的立法完善提出了建议，详见钱水苗、巩固《论环境行政合同》，《法学评论》2004 年第 5 期。

② 有研究者总结发现环境保护是我国开展公众参与实践最早、最活跃的领域，在公众参与制度化方面得到相当的关注和发展，并认为环境行政公众参与在适用领域、具体形式、协商代表的界别和组成和强化政府保障公众参与义务的程序设计等方面为协商民主在实践中完善作出了贡献。详见朱狄敏《建立环境保护协商民主机制》，《中国社会科学报》2014 年 5 月 28 日第 A07 版。有学者通过对嘉兴公众参与环境共治实践经验的研究探讨以灵活多样的方式开放政府行政决策过程，有效地激励公众参与环境治理的积极性，确保公众能够有效地参与环境治理的行政决策过程，从而构建环境治理对话协商机制。详见朱海伦《环境治理中有效对话协商机制建设——基于嘉兴公众参与环境共治的经验》，《环境保护》2014 年第 11 期。

③ 冯昌梅：《论美国环境法执行协商机制的引进——社会管理创新背景下行政执法模式的新选择》，《湖北函授大学学报》2011 年第 2 期；胡静：《美国环境执法中的协商机制和自由裁量》，《环境保护》2007 年第 24 期。

到类型化（模式化、型式化）行政行为，由行政行为到行政活动（作用）①，无不体现了这一思路。本书的基本命题是自愿性环境协议的实践样态十分复杂，不仅包含着类型化行政行为，还可能表现为未类型化行政行为、行政事实行为、非正式行政行为等多种归属于行政的行为，很难将之

---

① 在行政行为之外引入"行政活动"或"行政作用"这一概念是借鉴德国和日本行政法学的结果。在德国行政法学中，行政活动（方式）从大的方面分为法律行为和事实行为，法律行为又分为私法行为和公法行为，公法行为又可分为内部行为和外部行为两种，后者又细分为具体和抽象两类，具体行政行为又有单方的（即狭义的行政行为）和双方的（即行政合同）两类。参见［德］哈特穆特·毛雷尔《行政法学总论》，高家伟译，法律出版社2000年版，第179—180页。也有德国学者在其教材中，介绍了行政活动的多样性和类型化，并重点介绍了"行政行为"（相当于我国大陆地区行政法学上所指的"具体行政行为"，台湾地区则称为"行政处分"）、其他行政法律活动（包括非单方性的行政法律行为、行政法上的合同、其他行政法上的债务关系和行政法上的计划等）和行政事实行为及非正式行政活动。参见［德］汉斯·J.沃尔夫、奥托·巴霍夫、罗尔夫·施托贝尔《行政法》（第二卷），高家伟译，商务印书馆2007年版，第1页以下。在日本，行政作用根据其目的可以分为三种类型：秩序行政作用（主要有防卫、警察、财政）、整序行政作用（主要有环境整序、经济整序和空间整序）和给付行政作用（主要有供给行政、社会保障行政和助成行政）。参见［日］南博方《行政法》（第六版），杨建顺译，中国人民大学出版社2009年版，第25页。也有日本学者称为"行政活动的手法"（行政手法），并认为传统型行政手法已发生本质性变化，具体体现在行政行为功能的变化、环境影响评价机制的引进、对备案程序的广泛应用、对私人的活用以及行政规则的外部化等；而合意形成的新的行政活动形式（手法）也已出现，具体表现为行政指导的支配、国土建设程序（为规划间的调整而进行的基础程序）、对行政合同与行政协定的活用、纠纷调停人和计划管理人的选任、诱导型手法、对市町村条例关注的提高和非正式规划的增加等。参见［日］大桥洋一《行政法学的结构性变革》，吕艳滨译，中国人民大学出版社2008年版，第1—18页。我国也有学者明确提出了"行政活动"这一概念，用以指称行政主体作出的能够影响相对人合法权益的公法活动，包括行政行为及行政事实行为。参见应松年、王成栋主编《行政法与行政诉讼法案例教程》，中国法制出版社2003年版，第98页。也有学者主张仍使用"行政行为"概念，但扩大它的内涵、增加它的容量，不再将其限缩为强制性的、单方性的行政法律行为，而从更广泛意义上来阐释行政行为，即具有公共管理职能的机关、组织及其工作人员实施的与行使行政职权有关的影响行政相对人权益的全部行为，构建国家行政主体实施的行为与社会行政主体实施的行为互补、强制性行为与非强制性行为并举、行政法律行为与行政事实行为共存的行政行为体系。详见石佑启《论公共行政变革与行政行为理论的完善》，《中国法学》2005年第2期。笔者也赞同以"行政行为"指称行政权作用，统辖行政事实行为和行政法律行为，行政法律行为又分为单方行政行为和双方行政行为，但是，鉴于我国行政法学界对"行政行为"一词多有不同理解，尚未形成定论，加之为了与德、日等大陆法系国家交流之方便，在学理上仍有使用"行政活动""行政作用"以概称行政权作用的必要。在本书中，笔者即在此意义上使用"行政活动"和"行政作用"，且如无特殊说明，对二者不作区分，对"行政行为"一词则尽量避免在此意义上使用，如有使用则根据上下文和不同的语境取不同的含义。

对应为某一类型的具体行政行为。协商行政作为一种在现代民主"协商"理念引领下有别于传统高权行政的行政活动方式可以为自愿性环境协议提供更为契合的理论解释与体系基础，构建基于协商行政的自愿性环境协议框架体系能够更好地回应现代环境行政的需要；而自愿性环境协议作为一种协商行政方式的实践可反过来为后者的演进提供素材和试验。协商行政发展的趋势是突破传统高权行政的垄断，成为更好地达成行政目标和任务的一种广为应用的行政方式。

基于上述思路，本书总共分为五章。

第一章绪论部分通过日本公害防止协定超出预期地大获成功与我国被寄予厚望的自愿性环境协议实施效果不甚理想的鲜明对比，摆出了一系列发人深思的问题。这些问题的解决或许不仅有助于自愿性环境协议相关法理论的成熟与法制度的完善，从而推动自愿性环境协议在我国的实践拓展，更是突破传统的命令—控制型环境行政方式，发展以协商—合作为特征的新型环境行政方式，丰富环境行政手法，更好地达成环境行政任务，乃至超出环境行政领域之外，推动行政法总体上从以行政行为形式化为核心的形式合法性模式向面向行政任务和行政过程的兼顾合法性与最佳性的协商行政模式转变。带着对这些问题的思考及研究前景的展望，笔者对"自愿性环境协议"和"协商行政"两个研究课题的已有研究成果做了较为全面细致的梳理，对现有研究未曾覆盖或者相对不足的未尽课题进行精确定位，进而结合自己的研究目的，初步形成了研究思路，搭建了整体框架。

我国的自愿性环境协议在理论和实践两方面均面临着诸多问题，但首先要弄清楚的是我国有无引入或者发展自愿性环境协议的必要，是否具备适用自愿性环境协议的基础条件和推广应用的可能性。因此，第二章主要分析了自愿性环境协议在我国应用的必要性与可行性。对于必要性，笔者从环境问题的爆发及其本质、传统环境行政方式之局限、环境规制实践对新的环境行政方式的需求以及自愿性环境协议的功能优势等方面予以论证；对于可行性，笔者通过对域外已有的自愿性环境协议及相关的应用成果的借鉴、我国已有的自愿性环境协议及相关实践和案例的分析，揭示我国实施自愿性环境协议的基础条件与系统短板，特别指明了短板补强的可能性和我国现阶段"自愿"可能存在的空间。

论证了自愿性环境协议在我国应用的必要性和可行性之后，接下来要做的就是为其应用提供理论指导和制度支持。在第三章中，笔者鉴于部分学者将自愿性环境协议的性质界定为行政合同，也将目光投放于与自愿性环境协议具有共同的契约理念内核因而具有最大相似性的现有类型化行政行为——行政合同。尝试以环境行政领域的行政契约——环境行政合同吸纳自愿性环境协议，以作自愿性环境协议类型化的尝试。作为一种双方行政行为，环境行政合同较之传统的单方性高权行政行为具有鲜明的特点和卓越的功能，但是，它与自愿性环境协议仍然存在着不容忽视的差异和不可兼容之处，因此，不应将自愿性环境协议简单地认定为环境行政合同。为自愿性环境协议创设一种新的行政行为类型既无条件又无必要，毋宁将其作为现有行政行为形式论体系的一个例外，予以特别的关注和进一步的观察。

第四章承接第三章，继续为自愿性环境协议的应用寻找量身定制的理论基础——协商行政。笔者首先介绍了协商行政的产生背景、理论基础、体系定位、概念界定及其与相关概念的异同。接着，分析了协商行政与自愿性环境协议之关联，自愿性环境协议内含的"协商"特质与现代环境行政对协商行政的迫切需求与实践探索使基于协商行政的自愿性环境协议呼之欲出。最后，基于协商行政，从理念与动机、行为与程序、制度与功能、责任与救济等方面为自愿环境协议搭建体系框架，为其在实践中实现自身价值铺平道路。

环境行政领域之自愿环境协议是协商行政理论应用的一个范例，然综观现代行政发展的大势，协商行政的意义绝不仅限于此。第五章作为全书的总结，总览现代公共行政发展之大局，阐发协商行政的理论与实践意义，尤其是作为现代行政活动方式对于传统高权行政的突破与超越，描绘行政活动方式的发展趋势：由目标条件式规范到任务式规范；由规范调控到资源调控；由形式化到非形式化；由高权命令到合作互动；由固定式到选择式；由行政规制到自我规制；由完备的正当性到充分的正当性。①

---

① 黄俊凯：《环境行政之实效性确保》，台湾政治大学2000年硕士学位论文，第296页以下。

第四节　研究方法

人文社会科学领域的研究方法在很大程度上具有共性，且往往互相关联，主要的研究方法从大的方面讲皆可吸纳至归纳法和演绎法两大哲学方法的旗帜之下，稍加细分的话则无外乎案例分析法、规范分析法、实证分析法、历史分析法、比较分析法等几种，端赖于研究者在具体运用过程中针对不同研究对象、研究条件的演化和发挥。鉴于本书的两大主题自愿性环境协议和协商行政的复杂性，笔者在研究方法的选择上将侧重于以下几种。

一　归纳与演绎相结合的逻辑分析法

自愿性环境协议的一大特性便是灵活性，采用这一环境行政方式的各国基于不同的政治经济社会背景和法治传统具体做法各有千秋，即便是一国之内，其自愿性环境协议项目的类型、模式亦多元而善变。我国自愿性环境协议虽然处于起步阶段，但各类试点层出不穷且各显神通。这无疑为我们的研究提供了丰富的素材，但同时也要求我们具备高超的归纳技巧，删繁就简，去伪存真，透过表象抓住本质，从一个个"试点"和个案中总结出共性的特征，抽象出一般性的理论和命题。

本书遵循从实践到理论与以理论指导实践相结合的原则。在实践层面，以作为部门行政法的环境行政中的一项新兴的具体行政方式——自愿性环境协议为研究起点，以小见大，由浅入深，逐步将研究对象扩展到行政活动（作用）方式这一较为宏大的论题，并进入行政法学理论的腹地——行政行为形式化理论，遵循由简到繁、由易到难、由局部到整体、由部门行政法到行政法总论、由具体到抽象的原则，逐步勾勒出"协商行政"的恢宏画卷和行政活动方式的未来图景；反之，在理论层面则体现从行政法总论到分论，从行政活动到行政行为再到具体行政行为，从行政行为形式到类型化行政行为，再到一类具体的类型化行政行为，遵循大前提、小前提、结论的三段论式逻辑推理。

二　多维度比较分析法

比较是认识、区别和确定事物异同关系的最常用的思维方法。根据研究任务的需要，按照不同的标准对研究对象进行多维度的比较将贯穿全书。如通过自愿性环境协议与环境行政合同的综合比较发现传统的行政合同理论无法为自愿性环境协议提供足够的理论支持，借由自愿性环境规制与传统的命令—控制型环境规制达成规制目标效果的单项比较，自愿性环境协议的优越性显露无遗；通过我国自愿性环境协议与日本公害防止协定的横向比较，探寻日本取得成功的原因和我国改进的方向；借由环境规制工具历史演变过程中先后出现的三种主要类型（命令—控制型、基于市场型和自愿型）的纵向比较，揭示环境规制工具演变的规律；通过我国自愿性环境协议与域外类似理论与制度的求同比较，提取最大公约数，得出自愿性环境协议的本质特征，借由协商行政与参与型行政之间区别的求异比较，论证协商行政的重要理论意义。

三　规范实证分析法

规范分析方法是法学最基本且独有的方法，法学领域的实证分析方法主要有三种，即价值实证、社会实证和规范实证，这三种实证各自从价值、实施和技术的维度发挥着充实法律分析的功能。[①] 如果单从形式法治的视角观之，自愿性环境协议和协商行政作为新兴的法现象和法概念在现行法律体系中并不显赫，甚至付之阙如，但是，如果从实质法治的视域考察，则二者所引领的法治实践及其背后的政治经济社会文化基础、产生的效果等为法学研究提供了丰富的素材和研究对象，笔者所要做的不仅是通过法律解释寻求关于自愿性环境协议和协商行政等的有限的法律文本的字面意义及字面意义背后可能隐藏的含义，更是在第一种规范实证的基础之上，"对法律进行精深加工，提升法律的规范命题，创造法律知识的学术基础和概念根据"[②]。

---

① 　谢晖：《论规范分析方法》，《中国法学》2009 年第 2 期。
② 　同上。

四 沟通作为事实的行政与作为应然的行政法学的方法

学科分类本意在于推进科学研究的精细化和深入化，却不期然带来了思维上的隔阂，近现代科学进步很大程度上依赖于学科交叉综合带来的突破。面对诸如"自愿性环境协议""协商行政"等新的现象，传统行政行为理论在解释其合法性与正当性时已捉襟见肘，而经济学、行政学、公共管理学等学科的"环境支付意愿""社会成本""政府规制""公共治理""协商民主"等概念与理论能从不同角度给出更有说服力的解释或者提供理论研究的新方法、新思路。笔者力求戒除那种画地为牢、作茧自缚的僵化思维，打破学科界限的藩篱，充分吸收各学科的智识资源，在行政法学的总体框架下有效融合，产生化学反应，从而生成对现有公共行政实践更有解释力和指导力的理论与制度。对于自愿性环境协议应用的必要性论证，笔者借鉴了经济学的政府规制失灵理论；对于协商行政的理论基础的阐述，综合运用了政治学的协商民主理论、公共管理学的治理理论。不仅如此，笔者更是将打通行政学与行政法学的理念贯穿到全书的论述中，典型的表现即是特别强调分析法现象产生和法制度生成的政治经济社会和文化背景，特别重视处理行政的政策形成部分和针对行政外部经济社会条件的变迁作出及时的回应。

五 部门行政法与行政法总论互动法

行政是广泛、多样、复杂且不断形成社会生活的国家作用,[1] 行政法调整范围广泛、规范性质复杂且变化频繁。[2] 在行政作用的诸多领域和部门行政法中，环境法是当前重要的一支，环境行政和环境行政法日益成为学者们关注的焦点，这不仅有利于环境法本身的发展与繁荣，更可以作为一般性行政法理论改革的催化剂和试验场，因为行政法总论与分论之间不仅存在着一般与特别的关系，更存在着形式与实质、传送带与反向传送带

---

[1] 翁岳生编：《行政法》（上册），中国法制出版社 2009 年版，第 13 页。

[2] 林纪东：《行政法之法典立法问题》，载张剑寒等《现代行政法基本论》，汉林出版社 1985 年版，第 273 页。转引自周佑勇《行政法原论》，方正出版社 2005 年版，第 15 页。

的关系。① 本书的研究对象自愿性环境协议正是环境行政领域一种新兴的行政方式。对自愿性环境协议研究的深入不仅有助于推进环境行政法的扩展，更为行政法总论的研究提供了良好的素材，特别是将自愿性环境协议与协商行政结合起来研究，更是直接从实践和理论两个层面对传统的高权行政方式进行反思，可以弥补传统行政行为理论的不足。

---

① 朱新力、唐明良：《行政法总论与各论的"分"与"合"》，《当代法学》2011 年第 1 期。

第二章 自愿性环境协议在我国应用之必要性与可能性

如绪论部分所述，自愿性环境协议在世界范围内的兴起及其成功有着深刻的政治、经济、社会、文化背景。我国现阶段，政府对环境保护越来越重视，社会公众的环境保护意识也已觉醒并日益强烈，关于生态环境保护的法律体系日益健全，行政执法更加严格，可交易的排污许可证等基于市场的环境管理政策陆续出台、实施并逐步完善。在这样的状况下，还有没有引入自愿性环境协议的必要是我们必须首先回答的问题；与之紧密相关的第二个问题便是：我国现阶段是否具备实施自愿性环境协议的基础和条件。本章的内容便围绕着这两个问题展开。

第一节 必要性证成：环境规制及其失灵

一 环境问题的爆发及其本质

《国家环境保护"十二五"规划》（国发〔2011〕42 号）中开篇便直面环境形势：环境状况总体恶化的趋势尚未得到根本遏制，问题与矛盾凸显，压力与日俱增；法制尚不完善，投入仍显不足，执法力量薄弱，监管能力滞后。同时，随着人口总量继续增长，工业化、城镇化加速推进，能源消费总量不断上升，污染物产生量将继续增加，经济增长的环境约束日趋强化。虽然"目前环境危害的发生是与 30 年来经济快速发展、环境保护投入严重不足、环境执法不严紧密相连的，而非朝夕的事情"，但"我国环境污染危害已经到了一个集中暴发期"已是不争的事实。①

　　环境问题是人类为自身生存和发展，在利用和改造自然的过程中，对自然环境破坏和污染所产生的危害人类生存的各种负反馈效应。正如《联合国人类环境宣言》中所指出的，人是环境的产物，同时又有改变环境的巨大能力；人类改变环境的能力，如妥善地加以运用，可为人民带来福利；如运用不当，则可对人类和环境造成无法估量的损害。环境问题产生的根源在于人类的开发性活动。根据理性经济人假设，人类个体在开发活动中以自身利益最大化为目标，尽可能将由此产生的负外部效应由社会整体承担，这就必然产生负的外部性效应。由此，环境污染成为典型的外部性问题，生态环境保护相应地成为典型的公共产品。对于负外部效应的矫正和生态环境保护公共产品的提供非市场机制所能胜任，自然构成政府环境规制的主要内容。从这一角度来看，我国环境问题爆发的背后正是政府环境规制的失灵。这种失灵大致可以从立法和执法两个层面来分析。

　　首先是环境规制立法②的失灵。这主要表现在我国现行的环境规制法律依据很大程度上为因立法质量低下而导致实施困难或者社会效果恶劣的"恶法"，③ 细分如下：

　　一是法律滞后于社会发展的现实。如《排污费征收使用管理条例》制定于 2002 年，自 2003 年 7 月 1 日起颁布实施，其按照当时的经济发展状况和物价水平确定的排污收费标准，在经过多年高速经济增长之后，显然已大大低于现实需要，无法准确反映消除排污企业负外部性的成本，不能为政府实施相关污染治理项目筹集足够的资金。

　　二是法律规定不明或者相互之间存在冲突或者抵触。如关于移动通信基站建设项目环境影响评价审批权限，汕头经济特区《公众移动通信基站管理规定》第 4 条规定，无线电主管部门统一负责设置和使用基站的审批管理等工作，并未提及环保等其他部门的审批职权，而根据《上海市公用移动通信基站设置管理办法》的相关规定，环保部门的职权限于基站投入正式运行前会同有关部门对该基站的电磁辐射水平和景观等项目进行验

①　王灿发：《重大环境污染事件频发的法律反思》，《环境保护》2009 年第 17 期。
②　此处的立法作广义理解，既包括掌握国家立法权的主体依法定程序制定的与生态环境保护相关的规章以上正式法律法规，也包括各级各类行政主体在其职权范围内制定的裁量基准、实施细则、创新试点等规范性文件。
③　王学辉、张治宇：《迈向可接受性的中国行政法》，《国家检察官学院学报》2014 年第 3 期。

收，经验收合格的，颁发《电磁辐射环境验收合格证》，并无建站前的审批职责和要求，但是，浙江省等地则依据《电磁辐射环境保护管理办法》和《建设项目环境保护管理条例》等规定，要求环保部门履行建站前的环评许可和建站后的"三同时"跟踪验收等职责；又如关于公民租赁住宅楼开办个体餐馆应否执行环境影响评价制度，全国人大法工委《关于环保评价许可是否颁发个体工商户营业执照前置条件问题的复函》（国法秘函〔2006〕403号）认为："公民个人租赁住宅楼开办个体餐馆的，不属于环境影响评价法第十六条第三款关于'建设项目的环境影响评价分类管理名录'规定中的'建设项目'"，但是，环保部在《关于公民租赁住宅楼开办个体餐馆应当执行环境影响评价制度的复函》中则坚称，《建设项目环境影响评价分类管理名录》将餐饮场所纳入建设项目的环境影响评价管理，因此，公民个人租赁住宅楼开办个体餐馆应执行建设项目环境影响评价制度。如此规定，往往使基层环境行政执法人员无所适从。

三是法律规定受地方本位和部门本位的不正当影响。各级政府和环保部门是环境规制政策的制定者和执行者，其受人民之委托行使环境保护监督管理职权，本不该有自己的私心和私利，但公共选择学派的研究早已向我们揭示，政府和环保部门也可能出于"经济人理性"追求自身的组织目标或自身利益而非公共利益或社会福利，实务中，地方立法和部门立法对于有利于揽权和牟利的事项规定往往是"韩信将兵，多多益善"；反之，对无利或者棘手的事项则千方百计推出去，有多远推多远，如对不履行环境保护行政决定的行政相对人采取强制措施的权力因需要动用强制手段，可能遭遇行政相对人的激烈抵抗，各级环保部门限于自身人员和执法设备配备短缺的状况，往往有畏难情绪，通常寄希望于工商等强势执法部门采用"取缔"等手段完成，因而在各级环保部门起草的规范性文件中鲜有采取行政强制措施的规定。

四是法律缺乏可操作性。很多法律规定不符合实际情况，或者规定不合理，难以实施甚至根本不可能执行，如《中华人民共和国固体废物污染防治法》第五十七条第三款规定："禁止将危险废物提供或者委托给无经营许可证的单位从事收集、贮存、利用、处置的经营活动。"但现实情况却是，各地有资质从事收集、贮存、利用、处置的经营活动寥寥无几，其处置能力远远满足不了市场需求，即便危险固体废物产生单位愿意，也根本不可能全部委托有资质的单位处置。

五是法律规制范围存在盲点和空白。面对具有"广度的利益冲突和决策权衡"和"高度的科技背景与决策风险"①的环境规制，即使再高明的立法者也不可能巨细靡遗，面面俱到，法律的真空和空白几乎不可避免。我国的环境保护起步晚，法律体系不完善，此种情况更是大量存在。如对于商品房住宅由开发商交付业主使用后，其小区内雨污水管道等检修、维护及污水处理的责任究竟由谁来承担，当前各项法律法规尚无明文规定，实践中不少开发商、业主、物业公司和地方政府及城管、环保等部门之间存在着互相推诿的情况。

　　其次是法律执行层面的失灵，这突出地表现在环境保护行政执法中监管不力造成的"执行赤字"，详解如下：一是"选择性执法"。受制于有限的执法人员和执法手段，环境保护行政主管部门面对复杂多变的执法环境、执法形势和执法对象等，不可能真正做到"执法必严，违法必究"，尤其是面对数量庞大而又分散的中小企业和地下工厂，不可能一一查处，只能根据上级的任务、社会的呼声、自身的力量和执法对象的实际情况，选择适当的时机、适当的范围（特定行业、区域等）、适当的力度进行精确打击，以收惩一儆百之效，实务中基层环境行政执法单位开展的各种环境专项整治即是典型例证。二是违法成本低，守法成本高，逃避监管现象普遍，执法震慑力不足。这也突出表现在小型企业，尤其是东南沿海发达地区广大城乡接合部动辄数以万计的地下工厂和家庭作坊上，它们基础薄弱、设备简陋、工艺简单、成本低廉、污染分散，一方面自身缺乏污染治理的意识、信息、技术及资金，另一方面以末端治理达标为唯一评价标准，采用一刀切的强制命令式执法方式也使他们在面临查处（尤其是较大数额的罚款或者需要较大数额的资金投资于污染治理的限期整改、停产整顿）时除了关停和与执法者玩"猫捉老鼠"的游戏之外，没有其他更多的选择，质言之，它们只有以逃避负外部性效应的内化的方式才能生存下去。由于数量众多，行政执法资源有限，颇有法不责众的意味，被查处的概率并不高，即便被查处，最坏的结果也就是关门大吉，一走了之，相对于守法经营所需要付出的高额污染治理成本，"理性"的他们自然会选择铤而走险，违法经营。三是劣币驱逐良币。这是选择性执法和违法成本低

---

① 叶俊荣：《环境问题的制度因应：刑罚与其他因应措施的比较与选择》，载氏著《环境政策与法律》，中国政法大学出版社 2003 年版，第 133—136 页。

守法成本高必然造成的结果,具体有两种情况:一种是某些企业违反了现行标准或法规,但从中取得了收益,而其他企业却因遵循现有规则而事实上受到了损失,在破坏规则者、遵守规则者和管制者之间的一系列博弈之后,突破或破坏现有规则成为最佳选择;另一种是由于某些企业的非法行为导致环境管制政策更加严格,合法的企业却成了陪绑对象和主要受害者,企业生存与发展环境进一步恶化,最终导致合法企业的衰落甚至倒闭。①

二 环境规制工具之局限与自愿性环境协议的兴起

从世界范围来看,各国的环境规制先后经历了从以命令与控制政策进行规制到经济激励政策推广应用,再到以合意性为特色的规制创新三个阶段。相应地产生了三种不同类型的环境规制工具,即命令—控制型(command – and – control approach,CAC)、基于市场型(market – based instrument,MBI)以及自愿型环境规制工具。

(一)命令—控制型环境规制工具及其局限

目前,我国主要的环境管理工具依然是 CAC,即基于法规和标准的指令性控制手段,其主要通过设定污染物排放标准,并以标准为基础对排污者设定义务,实行行政许可,并设立监督机制来实现规制目标,具有强制性的特点。② 客观地分析,这种传统的环境规制手法具有直接促使污染源企业遵守环境保护义务的功能,其以国家强制力保障一体实施,对于挽回工业化初期和中期产业迅猛发展、污染治理滞后、预防与生态保护意识不强的局面是一剂猛药,也是一个紧急刹车,对于扭转污染日趋严重的趋势、遏制生态环境恶化的步伐,具有不可估量的重要作用。直到今天,CAC 仍是各国主要的规制工具之一,其地位和作用仍不可或缺。但是,随着我国市场经济的发展,环境问题趋于复杂,环境风险挥之不去,CAC 的运用充其量只是减缓了我国环境恶化的速度,并没有从根本上解决环境问

---

① 马小明、赵月炜:《环境管制政策的局限性与变革——自愿性环境政策的兴起》,《中国人口·资源与环境》2005 年第 6 期。

② 刘海滨、张明顺、冯效毅:《自愿协议式环境管理方法与实践》,中国环境科学出版社 2012 年版,第 18 页;李永林:《环境风险的合作规制——行政法视角的分析》,中国政法大学出版社 2014 年版,第 84 页以下。

题，资源节约型、环境友好型社会的建设仍然任重而道远，况且 CAC 本身需要耗费大量的社会成本，从社会总成本与总收益的角度衡量未见得合理，更谈不上是最优选择。

认真反思 CAC，其局限性昭然若揭：首先，从规制目标上分析，CAC 的目标非常明确——达标排污，但问题是以强制执法等手段监督企业遵守排放标准阻力甚大，普遍存在的以专项整治为代表的选择性执法等造成执行赤字，显然背离了其目标和初衷；而且，即便企业排污达标了，环境也不见得就能好转，潜在的环境风险更是难以消除，在我国现阶段还有居民日常生活污染等污染源无法纳入标准规制的范围，需要通过强制手段达到环保目标。从总体上看，CAC 注定只是一时的治标之策，而非长期的治本之计。其次，从规制主体与结构上看，由于完全依靠国家强制力保障实施，CAC 只能由垄断国家公权力的政府来施行，必然形成政府单极独大的环境规制结构，市场、公众、非政府组织等主体处于这一结构的边缘。这一结构中，政府的环境保护责任无限大、权力无限大，失去制约的风险也无限大，而其他主体的地位不彰、责任不明、能力不足，积极性无从发挥，无法形成全社会共同担负起环境保护义务的合力。再次，从规制成本上分析，在运用 CAC 时，政府首先要制定污染排放标准，如同计划经济时代的经济指标，它需要政府充分收集各方面信息，了解数以万计的各类污染源及其污染产生、治理、排放的情况，由于信息量巨大，耗费必然高昂，且仍然无法避免信息不对称造成的标准过严、过松、滞后、无效等一系列问题；为了保障标准的实施，政府监管机构还必须投入大量的人力、物力和财力，用于执法监督，而为了防范监管过程中的失职、渎职、串通、共谋、俘获等问题，还必须加强对监管者的监管，如此，成本叠加，实已造成社会不能承受之重。复次，从规制效果上看，由于不同企业不仅面临不同质的环境损害成本，又拥有不同量的环境整治成本，在成本一定的条件下，就实现最大化的资源、能源节约或污染排放削减这一目标而言，有效率的环境标准体系应当为不同企业设置与其"个性"相适应的不同排放标准和技术标准，但是，这样做要求政府对边际环境损害与边际整治成本的掌握精确到个别企业的程度。[1] 这显然是不可能的，因为信息总是不完备的，即便是作为规制者的政府亦无法确知如此大量而详细的控制

---

① 李程：《环境管制：从管理到治理的转变》，《经济与管理》2011 年第 3 期。

污染的边际成本与边际收益的信息。[①] 作为一种妥协，政府通常倾向于设定统一的标准，这样能减轻政府负担，便于实施，但统一标准看起来简单、便捷，却违背了等边际原则，不能以最低的成本有效地削减排污量，因而无法产生成本有效性。[②] 从实际效果来看，"一刀切"的环境标准一般而言是以大企业为模型制定的，大量中小企业受各种经济和非经济因素的制约无法适用，[③] 针对中小企业的规制目标也因此而难以实现。尤其是随着我国经济的迅猛发展，各类中小型市场主体种类和数量呈爆发式增长，而环境规制机构和人员配备却远远跟不上形势的变化，增设机构和人员又意味着规制成本的增加，在地方政府以追求经济增长为主要目标的背景下，更是难以实现。于是，我们发现，规制不足与规制过度在环境规制领域同时并存，"法不责众"再次成为规制机构"选择性执法"的借口和被规制者心存侥幸的最大理由，规制者成为被动应对环境信访投诉、奔波于环境污染事故处置与日常环保监管之间的"救火队员"，"执行赤字"无处不在，违法成本低，守法成本高，甚至出现"劣币驱逐良币"的现象。最后，CAC 缺乏刺激企业自觉控制污染的激励机制。道理很简单：就单个排污者而言，采用 CAC 时，规制者为每个排污者设定刚性的排污量或要求其执行一个统一的排污标准，排污者只需被动地执行即可，达不到这一要求或者标准，固然可能面临严厉的惩罚，超额完成或者高于标准也不能收获额外的经济或者社会收益，因为在这类机制下，排污者之间不能交易减排量，无法从发明或采用更低减污成本的污染控制技术中获益；[④] 如果从整个社会进步的视角观察，则这种激励机制的缺乏从根本上抑制了减排技术的进步，阻碍了市场对技术要素配置功能的发挥，加大了社会福利成本。

（二）基于市场型环境规制工具及其局限

正因为 CAC 的目标只是控制企业对环境的污染程度，而不能促进环境状况与经济效益总效应的改进，从实际效果来看，其在改进环境质量状况

---

① 于良春、黄进军：《环境管制目标与管制手段分析》，《理论学刊》2005 年第 5 期。

② 苏晓红：《环境管制政策的比较分析》，《生态经济》2008 年第 4 期。

③ 郭庆：《中小企业环境规制的困境与对策》，《东岳论丛》2007 年第 2 期。

④ 马士国：《环境规制机制的设计与实施效应》，复旦大学 2007 年博士学位论文，第 46 页。

的同时可能导致大量的交易成本，并且造成效率损失，[1] 为了降低规制成本、提高规制效率，在福利经济学为基础的外部性理论支撑下的排污收费和以产权为基础的外部性理论指导下的排污权交易制度应运而生，以二者为代表的 MBI 类政策工具就此风生水起。环境经济学对 MBI 和 CAC 做了大量理论和实证文献的对比，结果表明，MBI 在成本有效性和对减排技术发明与传播的激励两个方面具有明显的优势。[2]

但是，受市场本身的不完善、信息不对称、交易费用等因素的制约，MBI 也不是万能的，其作用的发挥受到很大的限制：首先，MBI，尤其是可交易的排污许可证一类高级的环境规制工具的效用要得到充分的发挥，必须是在健全的市场经济体系下方有可能。我国现阶段，社会主义市场经济体制不断完善，但还远未达到西方发达国家的水准，在发达国家普遍应用、收效良好的排污权交易在我国虽然已进行了多年的试点和推广，但排污权管理仍存在法律法规不完善、政府与市场角色错位、全国性的排污权交易市场尚未形成、交易制度不健全、市场化交易中排污主体和污染物指标覆盖有限、价格市场化信号弱、交易价格构成要素抽象等问题，[3] 从一个侧面反映了 MBI 在我国还存在着南橘北枳的风险。其次，环境资源的产权难以界定。"MBI 的本质可被描述为政府将某些资源环境的使用权从环境产权的集合中分割出来，赋予这种权利的行使以必须支付的、能够反映其被使用之社会成本的价格，或者更进一步地，允许这种权利在市场上进行交易，即通过产权的分割或新建来实现外部成本的内部化。"[4] 如果产权的界定模糊不清，则 MBI 就不具备实施的前提。我国的市场经济体制改革虽然已经确立了市场的资源配置主体方式地位，初步划分了政府经济干预的边界，摆脱了过去那种政企不分、产权不明的状态，但对于复杂的自然资源产权的明晰化，还有很长的路要走。最后，市场交易过程中契约的达成也需要成本。排污权交易市场在运作过程中，不但存在信息不充分、交易不频繁，而且存在逐案谈判的问题，有大量的实践证据表明排污权交易

① 赵红：《外部性、交易成本与环境管制——环境管制政策工具的演变与发展》，《山东财政学院学报》2004 年第 6 期。
② 马士国：《基于市场的环境规制工具研究述评》，《经济社会体制比较》2009 年第 2 期。
③ 杜群飞：《当前排污权交易市场化机制的问题及对策研究》，《生态经济》2015 年第 1 期。
④ 李程：《环境管制：从管理到治理的转变》，《经济与管理》2011 年第 3 期。

市场上普遍存在着交易成本。① 这在一定程度上限制了 MBI 作用的发挥，如何扫除交易障碍，降低交易成本，仍是未竟的课题。

（三）现代环境规制对新的规制工具的需求

环境为人类的经济活动提供了活动空间和物质基础，又承担了人类活动所产生的废弃物质，当人类经济活动超过了环境再生能力和环境容纳废物的承载力时，环境就会被严重破坏，经济发展与环境保护就会陷入相互掣肘的恶性循环状态。② 与传统的民法、商法、刑法、行政法乃至经济法不同，环境法不是人域内的专有法律，而是以人类为己域，以环境为他域的一种特殊的域际法；它不特指人类出于己私，以恩赐的心态去保护周遭环境的规则，而主要是指人类为生存、为求得养资源，从而去深度地理解、认同、把握环境、养关系，进而合理、公平、有效地利用养资源的规则；它不以己私的满足、获得为出发点，反重在阐发人类对环境的利他关怀和伦理的付出，以求得人际的同构与和谐，即它是伦理本位的。③ 自近代工业文明开启以来，人类改造自然的进程大踏步向前推进，与此相关的自然资源的消耗和生态环境的破坏也日益剧烈，至 20 世纪 70 年代，联合国人类环境会议通过《人类环境宣言》，人们终于认识到"保护和改善人类环境是关系到全世界各国人民的幸福和经济发展的重要问题"，"在决定世界各地的行动的时候，必须更加审慎地考虑他们对环境产生的后果"。

的确，现代社会的环境问题具有不同于其他经济社会问题的特性：一是公共性。生态环境是典型的公共物品，具有非竞争性和非排他性，因而一旦成为问题就会具有较强的公共性。二是高度的专业性、技术性与风险性。环境污染具有积累效应和多因效应，往往短时间内难以被发现，即便被发现，也难以确定污染源及其与损害结果之间的因果关系，难以采取有针对性的措施，加之，环境质量和标准的设定、环境影响的评价或环境改善的认定等都涉及科技方面的考虑，需要相当的专业知识储备，使得环境决策的科技意味浓厚，甚至很多情况下不得不"决策于未知之中"，这种未知很容易转化为风险，风险的普遍性、不确定性、不可逆性以及损害后

---

① 陈德湖：《排污权交易理论及其研究综述》，《外国经济与管理》2004 年第 5 期。
② 许继芳：《建设环境友好型社会中的政府环境责任研究》，苏州大学 2010 年博士学位论文，第 93 页。
③ 江山：《法律革命：从传统到超现代——兼谈环境资源法的法理问题》，《比较法研究》2000 年第 1 期。

果的不可计算性，又给环境问题的解决增加了难度。三是广度的利益冲突性。环境与每个人的生存与发展息息相关，一旦成为"问题"，哪怕仅仅是存在概率很低的潜在风险，个体关注的程度都超乎其他领域，围绕着自然资源的开发利用与负外部性的转移，各种利益集团逐渐形成，其间的关系可谓错综复杂千丝万缕，政府与企业（包括中央与地方）、公民（包括利害关系人与普通公众）、第三方机构（包括环境影响评估机构、环境监测机构等）、环保团体（包括公益类 NGO 组织和临时集合的环境团体等）相互之间展开复杂的博弈。四是隔代正义性。生态环境和自然资源不仅是当代人生存和发展的基础，更是人类世世代代追求幸福生活的保障，为此，必须确保既满足当代人的需要，又不对后代人满足其需要的能力构成危害。五是全球性。人类生存的地球，其自然环境构成一个整体，某一国家或地区的环境问题很可能对其他国家和地区造成影响，加之国家间贸易的发展，各国之间经济得以相互渗透，形成你中有我、我中有你的交错局面，环境问题的因果关系就更为复杂，更容易上升为全球性问题，相应地需要国际合作共同寻求出路。六是预防性。很多自然资源都是不可再生的，环境污染与生态平衡的破坏更是难以消除，或者修复需要付出过于高昂的代价，"先污染后治理"不仅成本巨大，而且事倍功半，早期的预防和过程中的控制显得尤为重要。

正因为环境问题具有以上这些特性，才使得环境规制的任务异常艰巨与复杂，传统的常规规制手段与工具已经远远不能满足实际的需要，新型高效的规制工具及其组合成为各方迫切的需求。

1. 规制主体的需求

规制本意是政府规制者（机构）依照一定的法规对被规制者（主要是企业）所采取的一系列行政管理与监督行为。[①] 政府是规制的当然主体。然而，面对日趋严峻的环境形势和日益复杂的环境问题，作为规制主体的政府承受着越来越沉重的压力，已经开始显现出独木难支的迹象，"环境规制断片化"问题更是暴露无遗：首先，法制度的断片化。现有的环境规制针对不同领域的环境问题（水、气、噪声、固体废物、放射性污染等）制定不同的单行法规和标准进行单体规制，规制权限随之分领域分配。其本质性问题是：不同规制对象的风险大小不一，风险减少的费用多少也不

---

① 王俊豪：《政府管制经济学导论》，商务印书馆 2001 年版，第 1 页。

相同，这种不同不是立基于环境风险规制整体图的优先顺位深思熟虑而产生的，而是生于偶然或者恣意，这使得负责特定领域规制的行政机关工作人员越忠实于严厉规制，矛盾就越大。[①] 其次，结构化断片。具体表现为布雷耶所称的规制过程中的三个严重困扰：一是"井蛙之见"。即勤勉的规制者深陷于自己的规制目标的实现，以致其工作带来的是危害而非利益。其前提是"最后10%问题"：规制者将风险从100%减少到10%的成本是极低的，将风险从10%再往下减少的成本则是极高的。二是"随机的议程设定"。意指规制者未能把握规制事项的整体，充分考虑各环境规制部分的优先顺位，明确哪些不应被规制。三是"不一致"。主要表现为不同的规制机关、不同的规制程序造成评价方法和标准不同。[②] 人类已步入风险社会，环境问题的高度专业性、技术性和利益冲突性显露无遗，环境风险的防范涉及大量的风险计算与权衡，提出方案、解决问题的难度非常大，[③] 仅仅依靠现有的规制手段已经捉襟见肘，规制者也希望找到新的规制工具来弥补现有规制手段的不足。

2. 规制对象的需求

现阶段，我国环境规制的主要对象仍为企业，尤其是生产型企业。目前，我国已迈入制造业大国行列，甚至被称为"世界工厂"，然而，受制于基础薄弱、创新驱动能力不足、资源禀赋不佳、经济结构不合理、地区与行业发展不平衡等现实情况，各企业之间也呈现出巨大的差异，既有实力雄厚、环境管理规范的大型企业，也有大量无证无照无污染治理设施的"三无"地下工厂，当然还有介于二者之间的比重最大的中小型企业。不同企业的环境治理成本各有高低，环境支付能力强弱有别，环境支付意愿大相径庭。资金充沛、管理完善、技术领先、注重品牌的企业往往在服从管制之余，还存有进一步提升其环境绩效的潜力与意愿；而资金匮乏、管理水平有限、工艺设备落后、无品牌意识的企业，连达到基本的排放标准都存在着不小的难度，高于标准要求的自觉的资源环境保护意识更是无从

---

① ［日］黑川哲志：《环境行政的法理与方法》，肖军译，中国法制出版社2008年版，第11—16页。

② ［美］斯蒂芬·布雷耶：《打破恶性循环：政府如何有效规制风险》，宋华琳译，法律出版社2009年版，第10页以下。

③ 李永林：《环境风险的合作规制——行政法视角的分析》，中国政法大学出版社2014年版，第153—154页。

谈起。[1] 更重要的是,不同企业之间实现以最小的成本取得最佳的环境治理效果的帕累托最优[2]的条件是各不相同的,具备这些条件的信息只有企业自己最为清楚。在政府环境规制和市场及消费者更加青睐环保品牌和绿色产品的双重压力下,越来越多的企业愿意为环境治理买单,只是希望以尽可能低的价格来买而已。在这种情况下,以强制要求一体遵循环保法规和标准为要件的 CAC 显然已不能满足需要,以排污权交易为代表的 MBI 在灵活性与激励性方面无疑已有很大的进步,但是,如能引入自愿性环境规制工具,则可进一步实现政府、企业、行业部门之间的合作,企业可以更为直接地与规制主体就规制目标、方式和内容进行协商,从而更好地寻求企业治污过程中的"个案正义"与"实质公平",实现帕累托最优。

3. 社会公众的需求

随着经济的发展和生活水平的提高,社会公众对环境质量的要求也越来越高,但是,能够满足其日益高涨的环境诉求的手段却十分有限。在传统的政府一元主导的环境规制体制下,规制的议题顺序、具体措施、实际执行全由政府包办,社会公众被置于边缘,基本处于"失语"的状态。[3] 然而,在现代社会,公众尤其是形成组织的公益性环保类非政府组织逐渐成为推动环境保护的一支重要力量,他们需要越来越多、越来越方便、越来越有效的平台,来发出自己的环保呼声和诉求,参与环境决策的制定,以维护自己的环境权益,捍卫自己的环境价值观,如要求破解超出现行法规要求之外、高于现有排污标准,但又与公众日常生活密切相关的环境议题。对此,无论是 CAC 还是 MBI 都无能为力。社会公众若要在未来多中心环境保护政府规制结构中扮演"参与—监督者"的角色,[4] 唯有借助自愿性环境协议等新型规制手段才有可能。

① 李程:《我国适用自愿环境协议的合理性探讨》,《商业时代》2011 年第 21 期。

② 帕累托最优(Pareto Optimality),也称为帕累托效率(Pareto efficiency),是资源分配的一种理想状态:假定固有的一群人和可分配的资源,从一种分配状态到另一种状态的变化中,在没有使任何人况变坏的前提下,使得至少一个人变得更好。帕累托最优状态就是不可能再有更多的帕累托改进的余地。帕累托最优是公平与效率的"理想王国"。

③ 李永林:《环境风险的合作规制——行政法视角的分析》,中国政法大学出版社 2014 年版,第 154 页。

④ 张元友、叶军:《我国环境保护多中心政府管制结构的构建》,《重庆社会科学》2006 年第 8 期。

（四）自愿性环境规制手段的兴起及其功能

面对环境规制失灵的困局，客观上，现有的 CAC 和 MBI 均有其自身的局限性，无法对现代环境规制的变化作出有效的回应，亟须新的环境规制手段的补充；主观上，作为规制者的政府和作为被规制对象的企业以及社会公众均从自身立场出发迫切期望新的环境规制工具的出现。在这种背景下，我国适时引入了自愿性环境协议。自愿性环境协议在本质上代表了一种由包括公共部门、私人部门乃至第三部门在内的诸多利益相关者一道参与的，在特定的资源环境要素领域借由谈判和磋商就所期望实现的绩效目标达成共识，并将这种共识付诸实际行动的政策过程。①

参照我国台湾地区的环境保护协定，相对于以往的环境规制方式，自愿性环境协议至少具有以下几项功能：一是预防沟通功能。自愿性环境协议通常需要政府与企业双方（必要时有利害关系的当地居民也会参加）充分磋商和交换意见，故不论达成协议与否，均有助于相关各方交换信息、增进了解、消除误会、增强互信。二是公众参与功能。自愿环境协议能够吸纳与相关环境事务有利害关系的居民或者普通公众参加讨论乃至投票表决，是扩大公众参与之管道，也是提升民众参与公共事务能力之途径。三是规范填补功能。包括补充法律规定之机构环境规制权限、规制方法及标准，扩大适用于法律难以规范管理的对象，弥合各地方法规之间的冲突等。四是经济及效率功能。自愿性环境协议或者通过企业的自制，或者通过与其他机构的合作来进行污染治理，采用何种具体治理措施的权利被赋予企业，企业可以根据自身情况选择成本最低而效果最好的治理方式，实现帕累托最优。五是提升企业形象功能。随着公众环境意识的觉醒，越来越多的消费者通过市场产品的选择自觉或者不自觉地对企业的环境友好行为予以鼓励，自愿性环境协议可使企业从被动应付政府环境管制转变为积极实施节能减排，从而获得较好的评价，并进而将这种正面的评价传递给公众。六是促进环境意识之功能。政府、企业、当地居民为缔结协议，必须密切沟通配合，设身处地地为对方着想，间接增进了政府职员、企业、当地居民的环保意识。七是缓解官民对立之功能。CAC 借助强制力推行，极易招致行政相对人的抗拒，即便服从也是"口服心不服"，MBI 避免了规制者与规制对象之间的直接对抗，但诸如环境总量等仍由政府一手控

---

① 李程：《我国适用自愿环境协议的合理性探讨》，《商业时代》2011 年第 21 期。

制，相对人和公众均无从置喙，价格机制既区隔了公权力，也阻隔了公众的参与，自愿性环境协议则能实现政府、企业、公众三方之间的直接沟通，以合意的方式实现规制目标，从而大大提高规制措施的可接受性。八是预防纠纷与权利救济功能。自愿性环境协议可以约定引入居民代表、社区（村委会）、第三方组织作为监督企业污染防治措施落实情况的一方，享有与企业负责人直接沟通、进入企业检查等权利，可以最大限度地减少厂居之间因信息沟通不畅等引起误会而产生的纠纷，更重要的是协议还可以约定双方一旦发生纠纷遵循何种方式和途径解决，甚至明确规定企业违反相关义务时给予居民相应的赔偿或者补偿，不仅能化解相当一部分纠纷，还能在一定程度上承担纠纷发生之后对受损者的权利救济之功能。

第二节　可能性解释

鉴于政府环境规制失灵，环境问题集中爆发，命令—控制型规制工具和基于市场型规制工具存在着自身的局限性，都不足以妥善应对现代社会具有公共性、高度的专业性、技术性与风险性、广度的利益冲突、隔代正义、全球性以及预防性等特质的环境问题，无论是作为规制主体的政府，还是作为规制对象的企业，以及与规制效果息息相关的社会公众，都迫切需要新的规制工具的产生和应用，以弥补现有规制工具的不足，实现环境规制的帕累托最优状态。因此，自愿性环境协议在我国的引入和推广应用无疑是必要的。接下来的问题是：自愿性环境协议推广应用的实践基础和理论基础是否具备，是否能够避免"南橘北枳"的尴尬。本节将全面考察日本、欧美相关制度与理论发达国家及我国台湾地区的自愿性环境协议实施的情况，从中总结自愿性环境协议产生、发展的规律和各国（地区）采用自愿性环境协议实施环境规制的成功经验，以为我所用；同时，笔者也将深入分析我国自愿性环境协议试点以及各地自发出现的类似制度与做法的成功经验与不足之处，并与域外的情况进行比较分析，以期查缺补漏，掌握我国实施自愿性环境协议的优势和短板，进而分析短板补足的可能性。

一 他山之石：域外已有应用成果

前已述及，自愿性环境协议在世界范围内兴起有其客观必然性。日本因其特殊的政治、经济、社会和文化背景，成为得风气之先者，于20世纪60年代就开始了公害防止协定的应用，至今仍长盛不衰；欧美等发达国家大规模采用自愿性环境协议则是在1992年联合国环境与发展大会之后。在大会及其通过的文件《21世纪议程》的推动下，工业自愿性环境行动逐渐成为许多国家的工业行业和企业的普遍行为，例如风靡全球的清洁生产计划（Cleaner Production），全球化工行业的"责任关注计划"（Responsible Care）等；① 我国台湾地区于1992年制定《公害纠纷处理法》，明确规定了环境保护协定制度。他山之石可以攻玉，本节中，笔者将对上述国家和地区自愿性环境协议及类似制度实践的情况作一全景式考察，以期为我国大陆地区提供参考与借鉴。

（一）日本的公害防止协定

公害防止协定②在日本产生有其深刻的社会政治、经济与文化背景：首先，战后初期的日本为了迅速恢复战争带来的创伤，不惜以破坏环境为代价追求经济高速增长，急剧的产业发展带来了严重的环境破坏和随之而来的公害盛行，公害预防和治理迫在眉睫；其次，当时日本公害管制的法规并不完备，地方政府在环境规制方面欠缺行政权限，已不能适应地方因地制宜开展公害防止的需要；再次，日本地方政府采用的是地方自治制度，与公害防止和环境保护相关的事务大部分被认定为地方性事务，地方政府在环境管理中发挥着先锋和主导作用；最后，日本社会盛行"和"文化，政府擅长采用行政指导等非强制性行政手段。

日本的公害防止协定无疑是成功的，对此绪论部分已作介绍，不再赘述，这里重点分析其突出的特点、成功的经验以及当下面临的新的课题。在公害防止协定的实施和推广过程中，日本地方政府、产业界以及受公害

---

① 郑亚南：《自愿性环境管理理论与实践研究》，武汉理工大学2004年博士学位论文，第2页。

② 随着日本环境政策基本理念的发展，建立与环境和谐共存的社会、创造舒适的区域环境和保护地球环境成为人们关注的焦点，国家环境政策由原来的被动防止环境受到损害向采取措施积极保护环境转变，"公害防止协定"已不足以概括协议的内涵，乃更名为"环境保全协议"。笔者为论述方便起见，仍沿用旧称，对二者不作区分。

影响的居民等都扮演着不可或缺的重要角色，呈现出如下特点：一是覆盖范围广。从应用行业来看，由最初的重工业、化工工业逐步扩展到农业、服务业；从污染物类别来看，由大气和水质污染防治逐步延伸至噪声、震动、恶臭、固体废物处置等；从污染源类型看，从固定污染源到移动污染源（如机动车尾气排放）；从规制的事项来看，从最初的设厂许可（土地开发利用）推至生产工艺过程中的污染防治、生态修复与保全，几乎无所不包。二是协议目标明确，可操作性强。无论是企业与地方政府还是企业与当地居民签订的公害防止协定，都明确规定订立的宗旨、具体的污染防治目标、拟采取的污染防治措施、评价污染防治效果的方法等，企业每年会按照约定或者根据法规要求提交环境报告，如实汇报在实施环境协议方面采取的各项措施和取得的效果等；而地方政府和当地居民则可对此展开有效的监督。三是带动了相关环境保护法制的完善。公害防止协定的推广应用，不仅有效遏制了日本当时严重的环境污染问题，也促进了日本环境规制立法，大量相关法律、法规出台，如 1955 年的《生活环境污染防止基准法案》、1962 年的《煤烟排放规制法》、1967 年的《公害对策基本法》、1968 年的《大气污染防止法》等。① 四是无任何税收减免等经济激励。与欧盟国家经常以税收减免作为激励企业缔结或者加入自愿性环境协议诱因不同，日本政府对实施公害防止协定的企业并无此类激励措施。在日本，环境保护是每一个企业义不容辞的义务和责任，公害防止协定实施只是环境保护的一种手段，所以，政府不会因企业签订和实施了环境协议而给予其任何额外的经济奖励。

总结日本公害防止协定的成功经验，笔者认为，离不开以下几个要素：第一，地方政府（自治团体）有采用公害防止协定作为公害规制手段的主观意愿与客观条件。主观上，日本地方政府面对条例、指针、指导纲要等多种环境规制政策工具时，倾向于采用公害防止协议，主要是基于以下考虑：首先，地方自治团体因受权限、财政能力、人力资源等因素的限制，在实施辖区内的环境规制时，多不愿自行制定超出既有中央法律或上级地方政府条例规定之外的规定；其次，使用公害防止协议方式加强对企业的环境规制，容易被作为被规制对象的企业接受，且实施过程中较少受

---

① 胡云红：《日本自愿式环境协议实施评析及对我国环境保护管理的启示》，《河北师范大学学报》（哲学社会科学版）2012 年第 2 期。

到其他机关之掣肘、花费时间较少且内容较有弹性（能因地制宜地考虑本地方自然环境之特点，且根据被规制企业的实际情况有针对性地实施）；再次，使用公害防止协定，可避免命令—控制式规制方式不顾及企业的环境支付能力，采用"一刀切"的方式强制其实施污染削减，致使其无法生存从而影响地方经济稳定和发展的情况出现。① 客观上，战后，日本按照美国模式建立了"集权与分权并存共融"的国家行政管理制度，实行了中央政府集权管理与地方政府分权自治相结合的管理体制，地方的各种事宜由地方政府在有关法律范围内自主管理，② 地方环境主管部门只对当地政府负责，而中央环保主管机关与地方业务往来的对象是地方政府，一般不直接对应地方环保部门，地方政府是解决环境公害的主要责任方，③ 相应地，地方政府在环境管理中享有高度自治权，且环境保护被置于地方政府多项职能的优先位置，形成了以地方政府为主导、中央、地方、企业与社会合作式的环境管理机制，各方在环境政策的制定和决策执行中极易达成共识，同时，地方行政长官由直选产生，具有更强的在地意识，更贴近地方的居民和环境状况的实际，因而能够先于中央和上级政府对地方环境公害问题作出反应，并采取适合地方的创新型规制工具，④ 这无疑为地方政府大规模采用公害防止协定创造了完美的条件。

第二，企业环境支付意愿强，环境自主管理程度高。在日本，企业普遍认识到，为了保证生产的顺利开展，必须严格控制污染，防止公害发生，并博取地方政府和当地居民的信任，与之和平共处，为此，经常主动与地方政府和当地居民联系，寻求通过协议的方式就污染防治等事项与地方政府和居民代表达成一致，且一旦签订协定，大都能自觉履行自己承诺的各项环境保护、生态共建义务，几乎没有发生违约的事例。经过较长时间的演变，日本企业逐步由"被动治理污染"向"主动保护环境"转变，普遍重视污染预防和源头控制，并积极开发及应用新的环保技术，从主客观两个方面为履行协议中高于法规的承诺做好充分的准备。

第三，公众环保意识强，参与积极性高。20 世纪五六十年代集中爆发

---

① 刘宗德主持：《99 年度"环境保护协定推广及辅导签订"专案工作计画成果报告》，2010 年印制，第 383 页。
② 孙世春：《日本地方政府行政体制的建立及其管理机制》，《日本研究》1993 年第 4 期。
③ 王丰、张纯厚：《日本地方政府在环境保护中的作用及启示》，《日本研究》2013 年第 2 期。
④ 李红利：《日本地方政府环境规制的经验与启示》，《上海党史与党建》2012 年 5 月号。

的大规模公害事件，给日本国民带来惨痛的经验和教训，也给其上了一堂生动的环境保护教育课。此后，日本政府对国民环境意识的培养日渐加强，通过政策支持、媒体宣传、学校教育、信息公开等多种途径和方式使全体国民都参与环境保护事业，真正把环保当作自己的事情来做。公众通过政治参与、社会舆论和市场消费选择对政府和企业的环境管理进行监督，给政府和企业施加了巨大的压力，使得政府环境政策更加科学化、民主化，企业更加注重自身环保形象的提升，当然公众自身在参与过程中也感受到了尊重，政府和企业的行为也更易于为其所接受。日本公害防止协定制度的建立健全及其实施效果的取得离不开公众的积极参与和监督。

早在 40 年前，就有日本学者指出，公害防止协定的法律性质是一个"触及行政法基本构造和原理的难题"[1]。随着公害防止协定制度在日本的理论研究和实践推行逐步走向深入，也带来了一些新的课题和挑战：一是协定涉及的当事人范围不断扩大。以前协定主要是双方（两个当事人），而现在则呈现多元化，即都道府县、市町村、各种居民团体（组织）、企业都作为主体出现。二是协定的合意性的相对化。公害防止协定的缔结虽然在形式上完全出于企业的自由意愿，但有时地方公共团体为了实现特定行政目的会对企业提出单方面的要求，使得规制手段和合意形成手段（契约方式）之间的差异变得相对。三是协定对企业来说具有极强的"单边性"。企业在作为行政契约的公害防止协定中受到各种法律制度的制约，而作为另一缔约方的行政机关的义务在正式文书中只能局限于"努力义务"，可能不被法院视为具有约束力的契约内容，无法受到司法保障。四是"合法性"和"正当性"的对立。本来企业只要符合法律规定的标准便应当被认为"合法地"进行营业活动，但居民却仅仅根据公害防止协定就要求企业遵守法律未明文规定的、实质上确保居民正当生活利益的协议条款，形成一种"超法性"的"正当性"。五是居民的代位权问题。如若将协定定性为"行政契约"，当地方公共团体不行使其对企业享有的权利时，居民是否可以代替其行使政府所享有的权利或权限。六是协定对行政过程的关注不足问题。与传统的、古典的行政行为论一样，作为行政契约的协

---

① ［日］成田赖明：《公害行政的法理》，《公法研究》1970 年第 32 号，转引自［日］木佐茂男《公害防止协定的行政法分析》，牟宪魁、张荣红译，《上海政法学院学报》（法治论丛）2013 年第 4 期。

定是以某一个阶段或时期的"片段摄影"所形成的，而现代环境行政事务却经常处于变化状态，协定也不能及时对变化前后的情况作出及时的反应。七是协定本身的复杂化以及对其法律评价的困难化。在对居民公开的协定文本和许多其他的非公开性附属文书共同构成实质上的公害防止协定的案例中，与公害防止协定的缔结作为一体的下位协定（以备忘录、协议书等为名称的文书）的法律定位不明确。八是作为协定主体的各种相关人之间的力量关系对比发生了变化。在现代社会，因为居民（组织）、企业和各个环节的行政机关在法律层面和技术层面的学习程度和成熟程度不同，整个行政过程中无法轻易分辨出孰强孰弱。[1] 这些课题，或者是我国自愿性环境协议实施过程中已经遇到的或者是将来可能遇到的，都需要我们从理论上予以澄清，并在实践中检验。

（二）欧盟及其成员国的环境协议

1. 欧盟整体层面的自愿性环境协议

随着对环境破坏造成的经济活动负效应认识的提高，自 20 世纪 70 年代中期起，欧洲国家、地区和地方层面为了实现环保目标的政府干预加强，欧盟的管制也急剧膨胀，命令—控制式的管制盛行，出台了各种污染控制、环境质量及安全标准立法[2]；20 世纪 90 年代，人们开始反思命令—控制式的环境管制的实施效果，环境管制在实施中遇到的困难，使基于市场和自我管制工具开始受到更多青睐。[3] 自愿协议式环境管理手段只是其中的一种，它既不是政府干预的结果，也不是政治科学家的理论，而是为了避免在应用"强制措施"和基于市场的管制措施中出现的问题，以更灵活的方式应对复杂环境问题，由工业企业（行业）领导者和政府政策制定者在实践中建立的。[4]

欧盟最早的自愿性环境协议分别于 1971 年和 1972 年在法国和英国实施。20 世纪 70 年代自愿性协议发展缓慢；但到了 80 年代，欧洲大部分国

---

[1] ［日］木佐茂男：《公害防止协定的行政法分析》，牟宪魁、张荣红译，《上海政法学院学报》（法治论丛）2013 年第 4 期。

[2] 自 1972 年起，欧共体共颁布了 200 余项涉及污染控制的法规。参见郑亚南《自愿性环境管理理论与实践研究》，武汉理工大学 2004 年博士学位论文，第 74 页。

[3] 傅聪：《试论欧盟环境法律与政策机制的演变》，《欧洲研究》2007 年第 4 期。

[4] 张海滨、张明顺、冯效毅：《自愿协议式环境管理方法与实践》，中国环境科学出版社 2012 年版，第 1 页。

家都把自愿协议式环境管理方法作为环境管理的重要工具，在国家级、区域级和地方级等不同的级别上采用这种管理方法；90 年代初期以来，自愿协议式环境管理方法在几乎所有的欧盟成员国得到了应用，自愿性协议的发展速度很快，至 1996 年，总共有 305 个国家级层面的自愿性协议得到应用。① 这是因为，面对自 90 年代暴露出的"执行赤字"，欧盟开始对传统环境治理模式的成效进行反思，环境治理的新模式也随即出现，其标志就是 1993 年开始执行的"第五个环境行动规划"。该规划强调了公众参与的原则，指出"环境责任应该由权力机构、企业、消费者和普通大众共同分担"②。1996 年的《自愿环境协议通讯》肯定了自愿环境协议制度的优势，包括提高"工业企业的潜在积极性"；提供针对环境问题的"符合成本效益的独特的解决方法"；而且相对于命令—控制管制方法而言，是一种更为"迅速平稳的实现目标的方法"。欧洲委员会在该通讯中还建议在欧洲层面尽可能采用有约束力的、内容确定的环境协议。在某些情况下，允许成员国选择用环境协议或者国家立法的方式来实现行政目标。③ 其后的"第六个环境行动规划"指出，"用于实现环境目标的立法手段之外的其他方式也应被考虑"，并提出"需要与市场、公民、企业和其他利益攸关者相结合的战略性综合方法"④，环境政策必须在手段和措施上有所创新，以共同体对环境友好行为的支持来促进环境法规的实施，与企业和消费者共同促成可持续的生产和消费模式，对环境友好行为提供补贴，与企业和消费者紧密合作寻找解决方案，等等。⑤

欧盟层面应用自愿性环境协议的实例数量并不多，主要出现在应对气候变化领域。在应对气候变化的行动中，1999 年和 2000 年欧洲委员会分别和欧洲的两大汽车制造商联合会就减少汽车的温室气体排放达成了环境协议，协议规定后者要在 2008 年实现其乘用车 CO_2 排放降低到 140 克/公里，在 2012 年进一步降低到 120 克/公里。为此，协议为欧委会和汽车联

① 张海滨、张明顺、冯效毅：《自愿协议式环境管理方法与实践》，中国环境科学出版社 2012 年版，第 15 页。
② 傅聪：《欧盟环境政策中的软性治理：法律推动一体化的退潮？》，《欧洲研究》2009 年第 6 期。
③ 郭红欣：《环境保护协定制度的构建》，武汉大学 2004 年硕士学位论文，第 7 页。
④ 傅聪：《欧盟环境政策中的软性治理：法律推动一体化的退潮？》，《欧洲研究》2009 年第 6 期。
⑤ 傅聪：《试论欧盟环境法律与政策机制的演变》，《欧洲研究》2007 年第 4 期。

合会提供了一个合作的机制，其主要内容包括：合作监督协议的履行；随时对有利于实现目标的在燃油效率改进方面的潜在能力进行评估，及时跟踪、掌握企业减排能力和减排成本的变化；允许企业将排放量为120克/公里或更低的汽车投入市场进行试验，避免锁定效应，鼓励企业的环保创新；对可以替代传统汽车、不排放 CO_2 或使用其他燃料的技术创新产生的额外履约效果进行核算，激励企业不断改进技术。欧委会还与家电业协会和一些家电制造商达成了自愿性环境协议。尽管欧委会推出"共同体层次的环境协议"通讯积极宣传这种环境协议，但其还没有欧盟法上的依据，只是一种不具约束力、完全依赖自愿遵守的协议，不受到欧盟司法体系的保护。但是，监督报告机制确保了协议约定的义务得到履行。几乎在欧盟所有的环境指令中都规定了定期报告制度，而环境协议中通常也包括一个监督和报告的条款，这是发现协议实施中出现的问题、督促义务主体遵守环境法律和协议以及对环境政策进行评价的重要手段。[1] 而欧盟各国建立的环境协议制度则基本上可以划分为国家立法、社会、监督管理三个相互协调的层面，通常欧盟各国都会在国家立法层面制定相应的法律文件，用以指导环境协议的制定及运行。[2]

　　与 OECD 其他国家一样，在欧盟，关于自愿协议名称的术语是多种多样且仍然摇摆不定的，有"志愿协议""契约""环境协议"和"谈判的协议"等。其中，一个关键因素是公共当局是否是这些协议的缔约方，据此观之，至少有三种不同类型的自愿协议：一是单边承诺（自我承诺）的协议。即私有部门单方面承诺要开展一系列活动或履行旨在保护环境的指导准则或行为规范。二是公开志愿方案。在此方案下，各参加企业同意履行由环境局等公共实体制定的（与其表现、技术或管理有关的）规则或指导准则。三是谈判的协议。即公共当局与工业界之间的真正合同，这些合同（协议）通常包含目标、时间安排、履约与控制条款和制裁等内容，如果达到了这些目标，则公共当局就同意不引进新的立法、法规或其他手

---

① 傅聪：《欧盟环境政策中的软性治理：法律推动一体化的退潮？》，《欧洲研究》2009 年第 6 期。

② 刘叶玲：《欧盟竞争法中环境协议的分析与借鉴》，《沈阳工业大学学报》（社会科学版）2015 年第 2 期。

段，例如税收。[①]

总体而言，欧盟的自愿性协议正在继续发展，新老成员国都在积极运用自愿协议式环境管理手段，越来越多的自愿性协议在为欧洲的法律实施服务。[②]

有国外学者就欧盟出台的环境法规中各种政策工具出现的比重做过统计，以自愿协议为代表的软性工具已占到欧盟各种环境政策总比重的11.1%。[③] 根据欧盟委员会1996年的环境协议目录，大多数成员国的自愿性环境协议大部分发生在污染较为严重的经济部门，如金属、电镀、化学、能源和交通等。[④]

虽然自愿性环境协议在几乎所有欧盟各成员国中都得到了应用，但各国基于不同的环境问题状况、环境政策法规体系等，对自愿性环境协议的应用范围、程度、效果是各不相同的。德国和荷兰所应用的自愿性协议数量占到欧盟总量的2/3。[⑤] 在欧盟所有国家中，以德国和荷兰应用自愿性环境协议的范围最广，成果最为丰富。以下就简要介绍这两国自愿性环境协议实施的情况。

2. 德国的自愿性环境协议

与大多数欧洲国家一样，德国的环境政策大部分基于命令与控制战略，辅以财政政策措施（例如税收与财政援助），自愿协议是作为与这些经典措施平行的一种新手段出现的。[⑥] 但是，它在德国环境政策制定过程中影响越来越大，主要原因有两个：一是德国已有的环境政策给予了自愿协议优于法规的特权。如德国《循环经济与废物法》明确规定，自我承诺的措施优先于立法措施。德国环境法建立在三个基本原则之上，其中之一

① ［法］Jean - Philippe Barde：《经合组织关于志愿思路在环境政策中的作用的工作》，《UNEP产业与环境》（中文版）1999年第1—2期。

② 张海滨、张明顺、冯效毅：《自愿协议式环境管理方法与实践》，中国环境科学出版社2012年版，第1页。

③ 傅聪：《欧盟环境政策中的软性治理：法律推动一体化的退潮？》，《欧洲研究》2009年第6期。

④ 秦颖：《新的环境管理政策工具——自愿协议（VAs）的理论、实践与发展趋势》，经济科学出版社2011年版，第47页。

⑤ 张海滨、张明顺、冯效毅：《自愿协议式环境管理方法与实践》，中国环境科学出版社2012年版，第14—15页。

⑥ ［德］克劳斯·卡贝兹：《德国志愿协议的作用》，《UNEP产业与环境》（中文版）1999年第1—2期。

便是"合作原则",它要求政府、企业界、社会团体和公众参与解决有关环境的各种问题,并且规定联邦政府、各州以及各部门在公众参与的技术和人力资源上给予支持与合作;二是在某些情况下,环境政策实行不下去,行政目标无法达成,采用自愿协议可以达成政策预期的目标。自愿协议可以为政府提供一种获取信息的途径(这种信息以前仅仅为工业界所拥有),从而有效地利用社会各个部门的信息和技术来解决长期的和复杂的环境问题,进而通过对个别企业的经济状态和投资策略进行调整,减少对环境规制的负面影响,① 质言之,自愿协议在经济上是高效的,其经济效率缘于它们通过合同的方式使政府和工业界各取所需,政府得到了工业界要达到政府环境目标的承诺、技术诀窍和保证,工业界得到了政府环境规制的可预见性、一种有针对性的解决办法和一份门后藏着"大棒"的君子协定。②

在德国,许多 VEAs 是由行业联盟发起的,并只在行业内实施,联邦政府或地区政府的机构并不参与,这一方面是由于在德国有大量这类联盟,另一方面也由于德国政府的特殊政策。③ 也正因如此,德国自 1980 年以来,大约 90% 已经确定的自愿性环境协议属于自我承诺式协议,不具备法律效力,如果不履行,也不会受到制裁;④ 而且与荷兰不同,德国政府没有为自愿协议的实施提供环境许可证办理的任何便利,或允诺给予企业能源政策等其他政策领域优待,但是,作为对工业界的回报,德国将搁置任何追加的环境保护法规措施,并给予企业自己的举措以优先权,政府还承诺在 CO_2 能源税收引进全欧盟的情况下,将力求确保相关自愿协议所涉及的工业界被排除在这样的税收之外,或者力求确保对所实现的 CO_2 削减予以充分考虑,当然,这一宣言是以成功地实施该自愿协议为先决条件的。⑤ 事实上,这些表面上单方面自我承诺的协议通常是先前与政府谈判的结果,其可以作为适用法规的替代,或者事实上代替某种程序上的要求,或者替换先前的管制决定,或者作为政府发放有法律约束力的许可证

---

① 廖红、朱坦:《德国环境政策的实施手段研究》,《上海环境科学》2001 年第 12 期。

② [德]克劳斯·卡贝兹:《德国志愿协议的作用》,《UNEP 产业与环境》(中文版)1999 年第 1—2 期。

③ 曹景山:《自愿协议式环境管理模式研究》,大连理工大学 2007 年博士学位论文,第 40 页。

④ 张海滨、张明顺、冯效毅:《自愿协议式环境管理方法与实践》,中国环境科学出版社 2012 年版,第 10 页。

⑤ [德]克劳斯·卡贝兹:《德国志愿协议的作用》,《UNEP 产业与环境》(中文版)1999 年第 1—2 期。

的条件，因此，它们切实影响着德国环境法的实施，① 参与各方都认识到，不履行自愿协议将来可能会执行更为严格的标准，② 或者面临其他更为不利的后果。

德国工业界已有的自愿协议中一部分已发展成为正式的具有法律效力的条文。③ 德国的《环境法典草案》也将自愿性环境协议分为目标达成型和法规替代型两种类型。对于前者，由联邦政府设定环境目标，工业团体或企业可以采取"单方宣言方式"或"与联邦政府签订协议"方式参加，但无法律约束力；当无法达成目标时，政府必须考虑适用法规等方式予以管制。后者则指在无法律规定的目标义务前提下，基于公法上的契约义务，政府与工业团体或企业签订具有法律约束力的环境协议；当一方违反协议规定，行政部门有权强制执行。该种协议具有严格的监督程序，其内容必须经联邦参议院同意，签署协议也必须经联邦参议院同意，并将协议内容公开。④ 虽是草案，但与德国自愿性环境协议当前的法制状况还是基本相符的，我们也可就此窥探德国立法者对自愿性环境协议的态度，预测其未来发展之趋向。

3. 荷兰的自愿性环境协议

荷兰是欧洲国家中使用自愿性环境协议最多的国家，尤其是 1989 年颁布了第一个《国家环境政策计划》（*National Environmental Policy Plan*，以下简称 NEPP）之后，自愿性环境协议作为一项制度措施开始大量实施，其涉及的范围非常广泛。⑤ 有研究认为，荷兰是自愿性环境协议应用最早、覆盖面最广、实施效果最好的国家之一。⑥

荷兰的自愿性环境协议有许多种类和名称，如意向声明、合约、多年协议、议定书、行为法则等，其中绝大部分由公共机构作为一方当事人。根据 1996 年荷兰发布的一份自愿性环境协议国家报告，可将其分为四类：一是根据工业目标分类政策签订的意向声明。工业目标分类政策是特定的

① 李挚萍：《环境法的新发展——管制与民主的互动》，人民法院出版社 2006 年版，第 142 页。
② 张海滨、张明顺、冯效毅：《自愿协议式环境管理方法与实践》，中国环境科学出版社 2012 年版，第 10 页。
③ 廖红、朱坦：《德国环境政策的实施手段研究》，《上海环境科学》2001 年第 12 期。
④ 张雪妍：《环境行政自愿协议研究》，山东大学 2009 年硕士学位论文，第 16 页。
⑤ 李挚萍：《环境法的新发展——管制与民主的互动》，人民法院出版社 2006 年版，第 144 页。
⑥ 张雪妍：《环境行政自愿协议研究》，山东大学 2009 年硕士学位论文，第 16 页。

工业部门在 NEPP 的综合环境目标下承诺的具体责任。这类合同不多，但是其作为建立和激励伙伴关系以及企业责任的全新环境政策的一部分备受国际社会的关注。二是工业能源效率多年协议（multiyear agreements on energy efficiency in industry）。这类合同数量最多，它们是实现荷兰 1990 年节约能源备忘录目标的主要措施。三是与产品相关的协议（product related agreements）。这类合同大部分是 1990 年以前，为了解决特定的环境问题而签订的。四是其他环境协议（other environmental agreements）。这类协议包括各种形式与内容的环境协议。大部分的协议采用的是可强制执行的民事合同的形式。① 在荷兰的自愿性环境协议中，政府与企业通过协商确定各自的职责：政府提供政策优惠，包括补贴、减少能源投资税、支持设备审计、简化环境许可步骤、保持环境法规的连贯性和在（新）法规中保护企业；工业企业制订目标使自定的环境改善成效提高，制订行动计划大纲以实现预定目标，建立环境管理系统；编制年度报告。② 这些环境协议，尤其是公共机构与工业集团或者能源集团的协议因为其普遍使用，已经成为环境政策综合战略的有机组成部分，它的发展方向是将环境协议与公司环境计划、企业环境管理制度、公共环境报告和更具有灵活性的许可证制度相结合，成为实施新的环境措施的重要手段。③

　　有学者认为，荷兰的自愿性环境协议是政府和企业通过协商共担责任的环境管理方式，代表了欧洲最先进的环境管理模式——在政府和企业间分担责任—协商合作的模式，其基础是企业建立了可以信任的自愿性环境管理体系。④ 在这种模式下，政府通过"环境与工业目标组政策"把国家环境目标转变成各个工业部门的准确排放削减数字，指出该部门必须在什么时限内达到该排放削减量；然后，政府和该部门就该部门实现上述环境目标的条件达成协议，并明确无误地记录下来，编制成一份合同或"契约"（covenant）；最后由单个企业根据工业部门与政府达成的契约与政府

---

① 李挚萍：《环境法的新发展——管制与民主的互动》，人民法院出版社 2006 年版，第 143—144 页。

② 冯效毅等：《在中国尝试自愿协议式环境管理方法的必要性与可行性》，《江苏环境科技》2006 年第 2 期。

③ 李玲：《日本公害防止协定制度研究及其借鉴》，中国政法大学 2007 年硕士学位论文，第 10 页。

④ 郑亚南：《自愿性环境管理理论与实践研究》，武汉理工大学 2004 年博士学位论文，第 80 页。

签订具体的契约。一旦签订了契约，企业就可以开始实施它。该契约规定，各参加公司必须每四年制订一份"公司环境计划"（CEP）。[①]企业制定的 CEP 必须包容其他决策（例如投资和经营管理决策），并详细列出未来四年为实现协议约定的环境目标所采取的环境管理措施，安排这些措施的优先顺序；CEP 一旦被批准就成为政府发放许可证的基础，政府根据企业的 CEP 发放环境许可证，允许企业灵活地采用有利于企业的方式达到 CEP 的任务和目标；企业每年将自己采取的环境措施以及取得的环境绩效报告提供给政府和公众；检查 CEP 的执行是在行业层面上，由一个各相关方参与的咨询组以合约任务为基础对行业任务的实施问题进行评估，评估的结果形成下一轮 CEP 的输入。这种政策模式使荷兰政府建立起对各个行业的指导关系，并通过不断的循环检查每四年一次的 CEP，使各行业及时达到设定的任务目标。在这里协商阶段的基础是企业实施了有效的自愿性环境管理体系。自愿性环境协只是将政府的行业任务目标与企业自身的环境管理方案有机地结合在 CEP 中，通过许可证对企业的环境任务目标明确表述，然后由企业自身的环境管理体系将它们转化为具体的目标指标和管理方案，企业可以自己决定采用成本收益最佳的方式实施。据荷兰政府估算，采用这一模式可以为企业节省环境成本 20%—50% 而同时取得和过去一样的控制效果。[②]

此外，值得注意的是荷兰 90% 的自愿性环境协议都是有法律效力的，[③]荷兰的自愿性环境协议具有私法契约的效力，可以通过诉讼方式请求履行。[④]事实上，如上所述，协议是由两份契约所构成：一份由工业部门（同业公会）与政府签订，因同业公会本身并无实际污染源，且处于服务会员的地位，因此该契约仅具有宣示作用，并无法律上的拘束力；另一份则由个别企业与政府签订，其内容较为具体明确，故具有法律效力，可诉诸民事法院请求履行，但自 1996 年以来尚无请求法院裁判的案例，因为

①　［荷］马顿·德洪：《荷兰环境协议：分担可持续工业发展的责任》，《UNEP 产业与环境》（中文版）1999 年第 1—2 期。

②　郑亚南：《自愿性环境管理理论与实践研究》，武汉理工大学 2004 年博士学位论文，第 81—84 页。

③　张海滨、张明顺、冯效毅：《自愿协议式环境管理方法与实践》，中国环境科学出版社 2012 年版，第 16 页。

④　张雪妍：《环境行政自愿协议研究》，山东大学 2009 年硕士学位论文，第 16 页。

主管机关可以对不履行契约者导入法规管制方式，或者利用许可制度以更为严格的排放标准促其履行。[①] 此外，当协议的内容与当事人以外的第三人有直接利害关系时，协议或协议重要部分应刊载于政府公报或以其他方式公开，同时说明协议签订后的管理措施、采取的评估方法、评估机关与评估时期等。实际上，一般协议均对履行的监督、评估体系有所规范，并设有监督委员会（由业者、中央政府、地方自治团体各方选出）负责监督协议实施并提出建议。[②] 荷兰在实施环境协议政策的实践中，吸收了社会各界特别是环保组织就其公开性、透明度、公众参与、制度协调等方面的问题提出的批评和建议，这有利于增加透明度和改善公众参与。从长远发展来看，荷兰希望将环境协议与公司环境计划、企业环境管理制度、公共环境报告和更具灵活性的许可制度结合起来，使自愿性环境协议成为实施新的环境措施的重要手段。[③] 2001 年颁布的第四个 NEPP 在对 30 年环境政策进行评价的基础上，制定了到 2030 年的长期规划，在技术、经济、社会文化和制度等方面作出了重要的创新，提出的主题有生物多样性丧失、气候变化、自然资源的过度消耗、健康威胁、外部安全威胁、对生存环境质量的破坏、可能的不可控风险。[④] 政府部门将自愿性环境协议看作实现 NEPP 中所制定目标的最佳手段。[⑤] 自愿性环境协议已成为荷兰实施环境政策计划的重要工具，荷兰也通过应用自愿性环境协议实现了环境保护与经济效益之间的可持续发展。[⑥] 其成功的经验值得我们学习和借鉴。

（三）美国的自愿性环境行政活动

有学者总结，美国的环境保护大致经历了污染治理、污染控制和污染预防三个阶段，污染治理阶段以强制性手段为主，污染控制阶段除强制性手段外，还使用经济刺激手段，及至污染预防阶段，大部分企业能够遵守环保法规、履行环境保护义务，其环境状况明显好转，环境规制以鼓励性

---

① 李忠浩：《环境协议制度研究》，中南林业科技大学 2008 年硕士学位论文，第 22 页。

② 龚伟玲：《欧盟推动环境协议的制度分析及借鉴》，《环境保护》2004 年第 5 期。

③ 李挚萍：《环境法的新发展——管制与民主的互动》，人民法院出版社 2006 年版，第 156—158 页。

④ 刘慧、郭怀成、詹歆晔等：《荷兰环境规划及其对中国的借鉴》，《环境保护》2008 年第 10 期。

⑤ 张明顺、张铁寒、冯利利等：《自愿协议式环境管理》，中国环境出版社 2013 年版，第 159 页。

⑥ 孙慧洁、陈可石：《荷兰环境规划政策及其对我国的借鉴意义》，《开发研究》2013 年第 6 期。

手段为主。① 与此同时，传统的环境规制方式产生了大量复杂的环保法规，且招致大量民事诉讼，政府还面临预算削减的压力，加之污染治理技术创新以及其他科技发明层出不穷，决策者越来越倾向于采用多元环境保护机制。正是在这样的背景下，从20世纪80年代开始美国的自愿性环境保护协议发展迅速。美国学者认为，自愿性环境协议是指政府为了促进环境质量之改善，鼓励企业等参与者自愿投入环境保护而与之达成的协议。② 美国自愿性环境协议的首要目标是环境质量的改善，尽管自愿性环境协议可能会产生诸多社会、经济和政治层面的后果，但其首要目标不是为了缔约方的利益，而是为了保护作为第三方的公众的环境利益，为了改进环境质量。③ 截至2004年，仅联邦层面的自愿性环境保护项目就有超过50个，这些项目各式各样，既有大规模的、跨行业的减轻温室气体危害的努力，也有规模较小的、精细化的特定工业部门的减排行动。……就美国实务运作之状况而言，美国主要的自愿性手段是"公部门自愿性计划"（public voluntary programs），广义的自愿性环境协议还包括协商与行政执行辅助计划等"自愿性手段"（voluntary approaches）。④ 美国学者关于自愿性环保协议之论述多以广义之自愿性环境保护协议为基础，或直接以"自愿性手段"为分析对象。

具体而言，美国的自愿性环境保护协议主要有以下几种类型：一是公部门之自愿性方案。又包括多部门联邦自愿性计划（Multi-Sector Federal Voluntary Programs）、单一部门联邦自愿性计划（Single-Sector Federal Voluntary Programs）以及州与地区性自愿计划（State and Regional Voluntary

---

① 温东辉、陈吕军：《美国新环境管理与政策模式：自愿性伙伴合作计划》，《环境保护》2003年第7期。

② A voluntary agreement is "an agreement between government and industry to facilitate voluntary action with a desirable social outcome, which is encouraged by the government, to be undertaken by the participant based on the participant's self interest". See Storey M, Boyd G, Dowd J. "Voluntary Agreements with Industry", Carraro C, Lévêque F, Voluntary Approaches in Environmental Policy, Netherlands: Springer, 1999, pp. 187 - 207.

③ 李鸰：《通过契约实现行政任务：美国环境自愿协议制度研究》，《行政法学研究》2014年第2期。

④ K. Brouhle, C. Griffiths, A. Wolverton, "The Use of Voluntary Approaches in the Policy Making in the U. S. ", E. Croci (ed.), The Handbook of Environmental Voluntary Agreements: Design, Implementation and Evaluation Issues, Netherlands: Springer, Softcover Reprint of Hardcover 1st ed. , 2005, pp. 107 - 134.

Programs）。其主要内容是：由联邦、各州或地方主管机关制订计划并要求企业或公司参与计划之中。典型实例如美国环保署推出的"33/50"计划中的"Energy Star"（清洁能源方案）或"Waste Wise"（减废辅导方案）等。二是"单方承诺"（unilateral commitment）。即私部门自定义的自愿遵守方案，由企业自行订立该行业之环保标准，单方面承诺更高的排放标准，政府仅部分参与其中，甚至完全不参与，如"Chemical Industry's Responsible Care"（化学物质制造厂商之负责任保护方案）或"Chicago Climate Exchange"（芝加哥气候变暖交易方案）等。企业加入单方协议的动机各有不同，大致有受到消费者或股东要求；与其他企业之间的竞争；改善企业环保形象，迎合"绿色消费者"（green consumers）；为在未来制定规则时赢得有利位置；预先执行即将实施的环保法规，以早日适应，等等。三是公私协商之遵守法规行动。主要是指联邦协商性协议（Federal Negotiated Agreement），亦即由企业参与并且透过协商达成，协议内容由企业与联邦主管机关共同决定，主要功能在于缓和企业在现行法规下须遵守的严格环保要求，使企业得以自由选择采用符合其成本效率考量的方法降低污染。此类协议被视为对传统欠缺弹性以及成本过高的命令与控制型环境规制方式的创新或替代方案，但也引发了诸如企业可能利用协议过程影响主管机关，以协议作为延缓环境改善目标的挡箭牌，或者借以取得较主管机关更有利的地位。①

也有学者根据协议所要达成的环境保护目标，将其分为以下几类：一是针对高环境风险的污染物而制订的计划。该类计划和项目的重点在于污染预防，最终目的是从源头逐步将各类高危害性的化学物质淘汰出生物圈。典型代表有："33/50"有毒化学物质削减计划，"绿色化学项目"，"为环境而设计计划"。二是针对全球环境问题（如温室气体减排计划、清洁能源计划、资源节约利用等）的计划。具有代表性的有"绿光项目""天然气之星计划"等。三是自我承诺改进的综合性计划。此类计划没有明确的环境目标，由参与企业和团体自行选择环境目标和改进的措施，参与者承诺超越现行的标准，不断提高环境表现，较为成功的有："责任与关怀"计划，"补偿环境项目"，"国家环境表现跟踪计划"（简称NEPT计

---

① 刘宗德主持：《99年度"环境保护协定推广及辅导签订"专案工作计画成果报告》，2010年印制，第126—131页。

划）等。①

此外，美国行政法中有两个与自愿性环境协议类似或者相关的现象也非常值得关注：一是环境行政执法中的协商机制。② 美国行政机关在执行环境法时可通过行政机关与当事人的协商机制节省行政成本和增强执行效果。③ 其达成的协议，亦建立在合意基础之上，可归入最广义的自愿性环境协议的范畴。二是协商制定规章。即在行政机关规章制定过程中，采用协商委员会（negotiated rulemaking committee）的形式，将那些与政府规制有显著利害关系的利益主体纳入协商过程，致力于形成利益主体的共识，并将之作为拟议规章草案予以公布的程序机制。④ 美国国会于 1990 年通过了《协商制定规章法》（Negotiated Rulemaking Act）从法律上对这一机制予以认可。根据美国学者的统计，自 1982 年以来，行政机关已经发起了 67 项协商制定规则活动，制定了 35 项最终的规则，有 17 个行政机关至少进行过一次协商行政立法，环保署到目前为止已经制定了 12 项协商性规则。⑤ 这一以合意为基础的过程旨在回应对抗性规则制定过程的失灵，借助直接利害关系人的协商恢复规则制定的正当性，⑥ 其被认为具有更适宜解决多元争议，避免在许多无关宏旨的琐碎问题上纠缠，促使当事人采取更为实际和灵活的方式为相关利益最大化而进行磋商，减少用于制定和实

---

① 温东辉、陈吕军：《美国新环境管理与政策模式：自愿性伙伴合作计划》，《环境保护》2003 年第 7 期。

② 有学者指出，"美国环境法执行协商机制是指在环境法的民事执行中，行政机关可以放弃对法律规定的适用，而通过与违法者进行协商达成协议促使违法者履行法律责任；或者在刑事执法中环境保护部门综合考虑各种因素决定是否提起刑事执行程序以及刑事审判中所实行的辩诉交易制度"，且"均是在企业已经触犯法律之后，政府与其就如何处理违法行为进行协商进而达成协议的行为"。详见冯昌梅《论美国环境法执行协商机制的引进——社会管理创新背景下行政执法模式的新选择》，《湖北函授大学学报》2011 年第 2 期。在此，笔者讨论的范围不涉及环境法的刑事执行中的协商，其他方面则较该学者的定义为广，即不限于"企业已经触犯法律之后"，而是贯穿整个执法过程，其达成的协议也在性质与功能上与日本的公害防止协定和欧洲的环境行政合同有殊途同归之处。

③ 胡静：《美国环境执法中的协商机制和自由裁量》，《环境保护》2007 年第 24 期。

④ 蒋红珍：《治愈行政僵化：美国规制性协商机制及其启示》，《华东政法大学学报》2014 年第 3 期。

⑤ ［美］朱迪·弗里曼：《行政国家的合作治理》，参见氏著《合作治理与新行政法》，毕洪海、陈标冲译，商务印书馆 2010 年版，第 53 页。

⑥ Philip J. Harter, "Negotiating Regulations: A Cure for Malaise", *Environmental Impact Assessment Review*, Vol. 3, No. 1, 1982, pp. 75 – 91.

施规章的时间、金钱与精力，增进行政机关与其他当事人的合作关系，加强规章的合法性和可接受性、大幅度降低诉讼风险等优势，① 也面临着"轻信寡诺"、与行政法理论相冲突等质疑。②

美国自愿性环境协议具有两个十分鲜明的特点：一是绝对的自愿性质，即不附带具有拘束力的法律义务或契约义务，以此区别于强制性手段。其吸引污染企业参与的机制主要是经济诱因，即通过财务上的补贴、惩罚性机制，辅之以法规制裁或课税等手段，达到促进自愿性环保协议达成之目的。二是企业透明性特质，即企业通过信息公开及经营过程透明之程序，积极改善其清洁生产的效果，提升其企业声誉与形象。

美国的自愿性环境协议具有诸多功能：对企业，能通过弹性的、积极的与降低成本的策略达到环境政策目标，能提供相互交流学习、获得技术支持之机会以及相较于未加入协议的企业更多竞争性优势；对公众，能促进政府和企业环境信息公开，满足其环境信息知情权及决策参与权；对政府，则可以增进企业之环保绩效，并知悉企业对环保法规的自发性反应，了解法规标准执行之效果，并进而修正以降低执行成本，有利于加强与企业的沟通，缓和企业的对立情绪，使决策更具可接受性，从而减少交易成本，创造双赢之结果。

当然，现阶段美国的自愿性环境保护协议还存在着各种各样的问题：首先，作为最具合意性和协商特质、与日本之公害防止协定和欧洲之环境行政合同等最为接近的联邦协商性协议并未得到经常性的大规模的应用。究其原因大致有：主管机关与企业之间通常较为对立，不易形成缔结协议的氛围；主管机关或其他组织借由联邦协商性协议免除特定企业的法律责任的做法经常遭受质疑，从而导致其对于使用联邦协商性协议产生疑虑；协商程序本身也需要巨大的成本。③ 其次，自愿性环保协议对于环境质量改善的实效性尚不明确。企业签订协议后是否完全履行尚无法保证，即便企业完全履行其承诺之义务，对于环境保护目标之达成究竟有多大贡献难以具体评估。再次，自愿性环保协议是否是让企业及社会支出的成本最低的环境管制手段尚无定论。协议的确比命令—强制式的传统规制手段赋予

---

① 沈岿：《关于美国协商制定规章程序的分析》，《法商研究》1999 年第 2 期。
② 同上。
③ 刘宗德主持：《99 年度"环境保护协定推广及辅导签订"专案工作计画成果报告》，2010 年印制，第 129 页。

企业更大的弹性，然而，企业选择弹性手段的结果是否是在实质上降低对于环境的污染却不无疑问；更有甚者，在涉及某些需要高科技以执行内容的自愿性协议中，部分企业反而借此来设定部分行业的进入障碍，从而发生违反公平竞争的不当结果。最后，自愿性环保协议是否较传统规制手段更能节省行政成本尚无令人信服的结论。不可否认的是，自愿性环境协议也需要大量的行政成本，包括预备制定的成本、协商过程的成本以及当事人不履行协议时需支出的额外成本等。①

综上所述，美国的自愿性环境保护协议合意性强、形式自由、类型丰富，但整体上尚未定型，仍处于发展和完善阶段，其长远的效果还有待实践检验，但美国当代环保行政实践为其提供了巨大的空间，其已有的成果足可为其他国家所借鉴。

（四）我国台湾地区的环境保护协定

我国台湾地区也有自己的自愿性环境协议——环境保护协定，且已经初步实现了法治化。台湾地区环境保护协定的法治化肇因于岛内日益激烈的公害纠纷。20世纪八九十年代的台湾地区，由于工商业发展、公众环保意识不断提升，各种公害纠纷逐渐显现，因公害纠纷处置、救济不力导致各种体制外抗争事件层出不穷，② 政府于1992年制定《公害纠纷处理法》，建立了包括"主动积极之公害纠纷纾处机制"（如"速报"，直辖市、县市公害纠纷紧急纾处小组所为之"纾处"，行政院紧急公害纠纷处理小组之处理）、"被动消极须待申请之公害纠纷处理机制"（如"公害陈情""调处"与"裁决"以及乡镇市调解条例之"调解"）以及有限的事前或事后以合意解决纷争之"环境保护协议"③ 在内的较为完备的公害纠纷处理机制。然而，由于污染形态之多样化与时空累积特性、污染鉴定技术之高度专业与科技化、因果关系历程或散播途径之高度不确定、污染受害范

---

① 刘宗德主持：《99年度"环境保护协定推广及辅导签订"专案工作计画成果报告》，2010年印制，第131—136页。

② 叶俊荣：《我公害纠纷事件的性质与结构分析》，参见氏著《环境政策与法律》，中国政法大学出版社2003年版，第264页以下。

③ 根据上述1992年制定的《公害纠纷处理法》的规定，协议的法定名称原为"公害管制协议"，且签订协议之主体仅限定为"公害源与所在地居民"，至于地方公共团体或小区组织等民间团体得否为缔结协议之当事人，仅在1993年2月公布之该法施行细则中规定"直辖市、县（市）自治团体得协助所在地居民与公害源签订前项协议"，以及1994年4月环保署公布之"环境保护协议范例"中，明白承认地方公共团体亦可为协议当事人。

围之广泛与潜在化、既有公私实体环境法律机制对于污染源与受害民众间之权利义务难以明确规定或规范不足、污染源与受害民众地位之高度不对等与信息不对称、既有民事与行政争讼等纠纷解决机制之利用困难（长期、专业、成本高昂）等因素，[①] 仍有受害者通过抗争或诉诸媒体等法制外方式寻求救济，往往不仅不能达到损害赔偿、纠纷平息及实质改善环境的目的，还同时造成经济上的损失以及政治、社会的不稳定，显示出既有的以事后性公害纠纷救济为主的救济渠道存在一定的局限，需要引入新的兼具事前预防性、事中沟通性、事后救济性的新手段。通过借鉴日本的公害防止协定（环境保全协议）制度，完善台湾地区现有环境保护协议或可发挥其事前预防沟通、提升企业形象、促进环保意识、落实民众参与等功能，弥补既有公害纠纷救济方式之不足。于是，台湾当局于1998年修正《公害纠纷处理法》，将其名称由"公害管制协议"改为"环境保护协议"；至2002年再次修正，将协议当事人扩及"地方公共团体"，同时明确："协议经公证后未遵守时，就公证书载明得为强制执行之事项，得不经调处程序，径行取得强制执行名义"，同法施行细则也配合修正其定义为"事业为保护环境、防止公害发生，与所在地居民或地方政府基于双方合意，商定双方须采取一定作为或不作为所签订之书面协议"，并明文规定协议应载明之事项；行政院环保署亦于2004年公布环境保护协议参考样本。

至此，我国台湾地区的环境保护协议宣告实现了法治化，其要点如下：第一，缔结协议的当事人包括作为污染源之企业、所在地居民以及地方政府。第二，签订协议的目的在于防止公害的发生，保护环境。第三，协议内容包罗甚广，包括公害防止或环境保护措施，各种污染排放标准与方式，公害应变计划以及发生公害时的处置措施、信息公开、协助调查义务或进入调查权限，执行或监督委员会的设置，发生违约时的措施，纠纷处理方法及证据保存、鉴定等方法及程序，企业营运计划、设施等增加或变更时之处置，协议之公证或强制执行等。第四，协议的成立基础在于双方的合意。第五，协议的形式原则上要求书面方式。第六，协议的效力表现为：经公证后未予遵守时，就公证书载明之事项得为强制执行。第七，

---

① 刘宗德主持：《99年度"环境保护协定推广及辅导签订"专案工作计画成果报告》，2010年印制，第5页。

协议之类型多样，依缔结协议的当事人结构，可分为双方协议、三方或多方协议；依协议的主要内容，可分为补偿型协议、管制型协议、环保型协议以及复合型协议；依协议之效力分，可分为绅士（君子）型协定、契约型协定等。①

如此之制度设计，不可谓不完备。然而，该制度在实务运用上却远远未按设计者预期的目标展开，"各界对此一制度的了解程度仍然有限，运用上仍存有疑虑"②，至今仍未能被全面落实而充分利用，致使环境保护协议所具有之功能，未能因法制的建立而达成，其成效似乎不甚理想。根据台湾学者的分析，推动环境保护协议所遭遇的困难主要包括：协议中约定之环境保护标准过于严格；地方公共团体立场有失公正或超然；地方公共团体成为协议当事人之意愿不高（此为主因）；居民推派代表时难以推出令人信服的代表；既有法令已趋于完整，无签订协议的必要；地方公共团体、事业及地方居民三方长期欠缺互信基础；当前法令对协定欠缺明确定位；关系人对协议的意义及内容认识不足；关系人对协议的实效性存有疑义等因素。③ 而根据近年出现的拟议及签订协议个案的经验，都是在公害发生后开始进行协商，势必涉及赔偿金额、责任归属问题，通常最终难以达成共识。

笔者认为，上述实务中存在的困难，并非表明台湾地区环境保护协议没有其存在的价值，而毋宁是进入21世纪后，台湾地区社会经济转型、污染转移取得了成效，环境污染问题得以缓解，甚至大幅改善，公害纠纷及抗争事件随之式微，④ 制度适用之客观环境发生了根本性变化所致。传统的肇因于空气及水污染物排放所致的环境污染纠纷形态正逐渐转变为居民排斥的影响其生活环境质量的经济开发活动或邻避设施的设置，环境保

---

① 刘宗德主持：《99年度"环境保护协定推广及辅导签订"专案工作计画成果报告》，2010年印制，第36页。

② 叶俊荣：《法律与实力之间：环境保护协议书在台湾的发展》，载氏著《环境理性与制度抉择》，翰芦图书出版有限公司2001年版，第189页。

③ 刘宗德主持：《99年度"环境保护协定推广及辅导签订"专案工作计画成果报告》，2010年印制，第387页。

④ 据统计，台湾环保署历年来所列管之重大公害纠纷事件，以1989年发生108件为最多，自1993年以后，重大公害纠纷事件逐年递减，至1996年已减为9件。参见刘宗德主持《99年度"环境保护协定推广及辅导签订"专案工作计画成果报告》，2010年印制，第31页。跨入21世纪以来，我国台湾地区已鲜有新的环境保护协议签订。

护协议所内含的预防沟通等功能仍大有用武之地，而克服上述困难，正是台湾地区环境保护协议制度改进、完善的方向。对于尚未完成自愿性环境协议法治化而产业结构、环境污染状况等与台湾地区 20 世纪八九十年代在很大程度上存在相似之处的我国大陆地区，台湾地区环境保护协议的制度设计值得学习和借鉴，而其经验和教训也值得总结与吸取，台湾地区现在遇到的困难和问题也许正是我们将要面对和解决的。

二 自家试验田：我国的初步实践

反观我国大陆地区节能自愿性环境协议实施的情况及其他非典型自愿性环境协议的实践形态，有助于我们直接分析自愿性环境协议这一新苗于我国大陆地区政治、经济、社会、文化及法制土壤的适应性。

（一）节能自愿性协议的进展

至 2004 年，除前述山东济钢、莱钢的节能自愿性协议试点之外，我国已经开展或正在开展的节能自愿性协议项目还有：山东经贸委与美国能源基金会钢铁行业能效自愿协议；联合国工业发展组织：中国乡镇企业节能与减排温室气体（第二期）；美国能源基金会：中国钢铁工业协会环保与节能工作委员会"中国钢铁行业能源自愿协议"研究项目；世界自然基金会（WWF）清洁电力行动企业自愿减排活动等。① 2004 年底，国家发改委制定了《节能中长期专项规划》，将"节能自愿协议"列为政府推行的节能新机制之一；2005 年 6 月，国家发改委（NDRC）、联合国开发计划署（UNDP）、全球环境基金（GEF）共同启动"中国终端能效项目"（EUEEP），该项目是一个 12 年规划性项目，在其工业部分中，自愿协议是比较重要的一项内容。该项目分 4 期执行，第一期为期 3 年，涉及自愿协议的项目主要有 4 个，即"自愿协议试点项目的总体组织协调""钢铁行业实施自愿协议的组织协调""水泥行业实施自愿协议的组织协调""化工行业实施自愿协议的组织协调"，具体目标是在中国的钢铁、水泥、

---

① 丁航、贾小黎：《中国高耗能企业自愿减排的现状、障碍及实施建议》，《中国能源》2004 年第 3 期。

化工 3 个行业各选择至少 2 家企业签订自愿协议。[①] 2006 年 4 月由国家发改委、国家能源办、国家统计局、国家质检总局、国务院国资委联合组织开展的"千家企业节能行动"也包含有自愿协议的内容;[②] 2007 年,南京市节能部门代表市政府与来自石化、钢铁、电力、水泥、机械五个行业,综合能耗总量占全市总量的 72% 以上的扬子石化公司等十大耗能企业签订"节能自愿协议",企业节能降耗,欧盟提供技术支持,中国政府提供相关优惠政策;[③] 同年,欧盟"中国城市环境管理自愿协议式试点"项目(二期)启动,协议规定,在今后 3 年内,来自南京、西安、克拉玛依 3 个试点城市涉及钢铁、石化、化工、建材等行业共 14 家企业自觉减少污染物排放,提高能源利用率;[④] 同是 2007 年,中国石油和化学工业协会发起的行业推进"责任关怀"行动正式启动,其与国际化学品制造商协会联合发布了《责任关怀实施准则》;[⑤] 2009 年 11 月 21 日,工信部与中国移动签订《节能自愿协议》,中国移动承诺,以 2008 年能源消耗为基准,到 2012 年 12 月底实现单位业务量耗电下降 20%,节约用电 118 亿度,[⑥] 不仅如此,移动公司还与 53 家主要供应商签订"绿色行动计划"战略合作备忘录,制订通信设备能效分级标准,合作研发基站节能型空调,推广 SIM 卡小卡化和回收再利用;[⑦] 2010 年,《节能自愿协议技术通则》国家标准通过了全国能源基础与管理标准化技术委员会组织的审定,作为推荐性国家标准,报国家标准委批准发布;[⑧] 同年,在江西省工信委的组织下,九江市共青城开放开发区管委会与鸭鸭集团、启维光伏签订节能自愿协议,标

① 葛察忠等编著:《自愿协议:节能减排的制度创新》,中国环境科学出版社 2012 年版,第 32—33 页;中国节能协会:《中国终端能效项目中的自愿协议项目全面招标》,《资源节约与环境保护》2005 年第 6 期;李志明:《国家发展改革委/联合国开发计划署/全球环境基金"中国终端能效项目"正式启动》,《中国经贸导刊》2005 年第 12 期。
② 蒋芸:《节能自愿协议:节能新机制》,《中国科技投资》2006 年第 9 期。
③ 唐乐:《南京:十企业签定"节能自愿协议"》,《中华建筑报》2006 年 6 月 10 日第 1 版。
④ 葛察忠等编著:《自愿协议:节能减排的制度创新》,中国环境科学出版社 2012 年版,第 32 页。
⑤ 吴卫星:《行政契约在环境规制领域的展开》,《江苏社会科学》2013 年第 1 期。
⑥ 张华甲:《工信部与中国移动签节能自愿协议》,《中国工业报》2009 年 11 月 12 日第 A01 版。
⑦ 郭丽君:《工信部与中国移动签署〈节能自愿协议〉　未来三年中国移动将节电 118 亿度》,《光明日报》2009 年 11 月 22 日第 5 版。
⑧ 《节能自愿协议国家标准通过审定》,《节能与环保》2010 年第 4 期。

志着江西省第一个节能自愿协议正式实施；① 2011 年，在此前已有 51 家企业签订节能协议的基础上，淄博市鲁中水泥、华联矿业、瑞阳制药等 22 家企业分别与市经信委签订节能自愿协议，承诺通过优化提升工艺水平，加大节能改造力度，当年实现节约标准煤 13068 万吨，同时，按照《淄博市节能自愿协议深化试点实施方案》的规定，市经信委将对签订自愿节能协议的企业进行跟踪指导和监督，并为试点企业提供政策支持；② 自 2012 年开始，荆州市纺织印染行业通过签署和实施自愿性环境协议在节能减排上取得了显著成效，荆州纺织印染循环经济工业园区内的 20 家纺织印染企业和中环污水处理厂在节能、排污等主要指标均显著提升。③ 2015 年 9 月，宁波市政府与同方泰德签订战略合作协议，双方以低碳、节能领域的项目合作为基础，采用 PPP、EPC 商业模式，通过建设低碳能源服务平台、制定能源互联网发展战略规划、组织开展能源互联网领域的重大科技攻关项目等方式，共同促成宁波市实现建设低碳城市的目标。④

（二）非典型自愿性环境协议应用实例

事实上，除上述较为正式、较具规模的节能自愿协议外，我国环境行政实践中还存在着大量分散的、非正式的自愿性环境协议或者类似自愿性环境协议的实践形态，以下聊举数例，稍加说明。

案例一：2010 年，江苏省苏州市沧浪区环保局与该区凤凰街、新市路上的 46 家餐饮单位根据《环境保护法》《环境影响评价法》《建设项目环境保护管理条例》《苏州市餐饮业污染防治管理办法》等相关法律法规，协商一致签订了《沧浪区环保行政合同》。该合同约定，餐饮企业要自觉履行环保义务，确保污染物稳定达标排放，污水要接入市政污水管网，油烟要经过油烟净化装置处理后排放，噪声排放也要达到《社会生活环境噪声排放标准》Ⅳ类区标准；同时，沧浪区环保局采取集中与上门相结合的方式，做好宣传服务工作，向餐饮企业宣传环保相关法律、法规、规章以

---

① 金国军：《探索新机制 江西签首个节能自愿协议》，《中国工业报》2010 年 5 月 24 日第 A04 版。
② 周荣顺、唐念泉：《我市新增 22 家企业签订节能自愿协议》，《淄博日报》2011 年 5 月 3 日第 1 版。
③ 王笑原、闫海、涂军桥等：《自愿协议式环境管理模式在荆州纺织印染行业的实践研究》，《环境科学与管理》2014 年第 2 期。
④ 《宁波人民政府与同方泰德签署低碳节能战略合作协议》，《智能建筑》2015 年第 10 期。

及环保示范街相关政策、标准，并为餐饮企业提供一次油烟净化装置的清洗检查服务，联系有资质的油脂回收单位免费对餐饮企业的废弃食用油脂进行统一回收，协调街道环卫部门对签订合同的餐饮企业的厨余垃圾进行统一收运，进而协调和指导餐饮企业与有资质的油脂回收单位、街道环保部门建立长期稳定的服务合同关系，从而使管理者与被管理者明确双方的权利义务，增强责任意识，淡化行政色彩，易于为行政相对人所接受。①

案例二：温州市政府通过向行业协会转移职能，鼓励行业协会实施自愿性环境治理。该市合成革商会基于集中治理与分散治理相结合的原则，以技术创新和资源共享方式开展业内治污工作。在商会推动下，行业所有企业都安装了 DMF 废气净化回收装置，废气回收率达96%。商会还在业内推广回收蒸馏法和逆流列管式锅炉余热利用设备，使大部分废水和60%—70%的锅炉尾气余热得以循环再用，从而达到明显的节能减排效果。此外，商会还组织投资1100万元建成合成革固废（残液）无害化处理中心，成为全国合成革行业首个行业性固废（残液）无害化处理机构，投产后，该市龙湾区和经济技术开发区的合成革行业的固废（残液）全部集中得到无害化处理。2010 年 4 月，温州市环保局发布了《行业协会参与环境管理试点实施方案》，明确行业协会参与环境管理主要内容，使之从点上的个案走向面上的布局，从自发和无序走向自觉和规范。②

案例三：近几年，环境行政约谈③迅速兴起并推行，已有多个省、省辖市、县（市、区）开始实施，不少地方政府或环保部门还专门制定和公

① 张俊：《环境管理引入行政合同能不能管住污染?》，《中国环境报》2010 年11 月29 日第6 版。
② 江华、张建民：《行业协会实施自愿性环境治理的温州经验》，《社团管理研究》2010 年第 10 期；周建华等：《清洁生产技术、政府责任与行业协会职能——以温州合成革行业为例》，《华东经济管理》2011 年第 7 期。
③ 又称生态行政约谈、环境保护约谈制度、环保约谈等，是指具有环境行政权的行政主体根据环境行政监督管理的需要，对存在环境行政失职的监管部门和违法排污单位，进行纠错、指导、沟通、协调、警告、批评的一种新型行政行为。根据约谈对象的不同，分为约谈政府首长、约谈企业领导和混合模式三种模式。这种类似行政指导的新型环境行政行为提高了政府环境执法的效能，成为解决环境行政"命令控制困境"的路径选择和实现"服务型政府"定位的新型制度设计。本书主要在第二种模式意义上使用这一概念。详见郭少青《环境行政约谈初探》，《西部法学评论》2012 年第 4 期；罗云方等《新疆生态环保行政约谈探析》，《法制与经济》2013 年第 11 期；黄爱宝《生态行政约谈制度：创新价值与完善方向》，《江苏行政学院学报》2013 年第 6 期。

开发布了相关的规范性文件。① 这些规章制度虽然出台时间、背景、目的、侧重点各有不同，但有一点是相同的，即有别于传统的命令—控制型环境执法方式依托行政高权单向度地向行政相对人施压，以达到确保污染企业严格遵守国家环保法规和标准的目的，将民主、平等、服务等理念引入环境行政之中，探索和谐、人性化的环境执法模式，通过与企业领导人面对面协商的方式，摆问题、找出路、定措施，为企业排忧解难，促其治污减排。环境行政约谈改变了行政机关的高权姿态和单向强制面孔，营造了一种民主、平等、和谐的氛围，缓和了被约谈企业和行政机关的关系，使环境行政规制的要求更易为被规制企业所接受，从而更好地实现环境行政目的。该制度的推行将"促成行政模式由对抗型向合作型转变"②。

案例四：一种新的生态保护机制——协议保护（Conservation Steward Program）在我国青海、四川等地的生物多样性地区开始试点。作为试点之一，2006年9月，青海省三江源国家级自然保护区管理局、保护国际（CI）、三江源生态环境保护协会和玉树州曲麻莱县曲麻河乡措池村村委会四方共同签署了青海三江源生物多样性保护协议。根据协议，自然保护区管理局将措池村范围内2440平方公里区域的资源保护权授予措池村村委会，村委会按照保护规划对协议保护地进行保护，通过制定资源管理制度约束自身的资源利用行为，制止任何外来的采矿、挖砂、盗猎、越界放牧等活动，并对协议保护地进行定期监测、巡护，做好监测记录。保护区管理局负责组织专家对协议保护地进行保护规划、对协议保护地的保护成果定期监督和评估，有义务为措池村村委会提供能力建设、政策支持、技术指导等帮助，并提供每年2万元的奖金。这种"协议保护"以政府让渡部分生态资源保护权为基础，以社区居民（以村委会为代表）作为承诺保护方，以国际NGO作为资助方，以国内民间环保组织作为监督方，通过契

---

① 如青海省环境保护厅《环境保护约谈制度试行》（2009年），张掖市人民政府《张掖市环境保护约谈制度（试行）》（2009年），山东省环保厅、监察厅联合出台《突出环境问题约谈制度》（2010年），郑州市人民政府《郑州市重大环境问题警示约谈制度》（2010年），合肥市环境保护局《环境保护约谈制度（试行）》（2011年），聊城市人民政府《聊城市突出环境问题约谈制度》（2011年），濮阳市环境保护委员会《濮阳市环境保护约谈制度》（2011年），山西省环保厅《山西省环境保护重大环境问题约谈规定（试行）》（2012年），伊犁州环保局《伊犁州直环境保护约谈制度（试行）》（2012年），石河子市环保局《环境监管约谈办法》（2012年）等。

② 郭少青：《环境行政约谈初探》，《西部法学评论》2012年第4期。

约方式确定各方生态资源保护的权、责、利关系，研究机构、企业等多方力量参与和支持，融合自然保护区管理局、村委会、民间环保组织等多元主体力量和特许保护赋权机制，多方协助下的社区参与机制，多元化的生态补偿与监督约束机制以及信息交换与平等协商机制于一体，实现了生态环境保护的合作治理，取得了积极效果，焕发出创新的活力，试点范围和项目数量不断增加。[①]

三　我国实施自愿性环境协议的基础条件与系统短板

（一）基础条件的认定——基于各国（地区）实践的梳理

综观日本、欧盟、美国以及我国台湾地区应用自愿性环境协议的状况，我们发现各国（地区）基于不同的国情（区情），在自愿性环境协议的政策目标、定位、性质、内涵、外延、范围、程序、法律效力、激励与监督机制等方面是大相径庭的，由此，其自愿性环境协议应用的成效也呈现出巨大的差异，但是，它们都在不同时期不同程度地遭遇到环境保护的"管制疲软"和"执行赤字"，认识到基于法规标准的传统命令—控制型管制手段和基于市场的经济激励手段存在着不同的局限，面对当代越来越具有公共性、专业性、科技性、风险性、冲突性、预防性、全球性，深受积累效应、多因效应、潜伏效应、无形效应的影响而日益复杂的环境问题，已显得捉襟见肘、力不从心，而在保持适度命令—控制式规制和经济激励诱因的基础上，通过与管制对象的沟通、协商，实现充分的信息交换，针对规制对象的实际情况量身定制相应的节能、减排措施，可以最大限度地减少企业因应付命令—控制式规制及面对政策不确定性而付出的代价，把精力集中于生产工艺的改进与治污方式的创新和效率的提高，同时政府也大大节约了规制立法的成本，更因双方合意的达成可大大增强法规执行的可接受性从而降低执法成本，协议缔结与履行过程中引入居民、公益性环保组织、独立环境评估与监测机构等第三方监督则可使政府与企业双方为改善环境治理而作出的努力得到社会的认可，社会对于环境保护的呼声与诉求也可直接为政府和企业所感知，形成无形的压力，促使双方向更为绿

---

① 黄春蕾：《我国生态环境公私合作治理机制创新研究——"协议保护"的经验与启示》，《理论与改革》2011 年第 5 期。

色和可持续的方向迈进。实际上,当今我国面临的环境污染形势及管制现状与20世纪60年代的日本、70年代的欧盟以及80年代的我国台湾地区存在着很大程度的相似性,如都面对环境污染事件此起彼伏,各种社会力量游走于体制内外的环境抗争,环境保护法律法规和标准的执行都不同程度地遭遇"执行赤字",社会公众的环境保护意识和维权意识日益高涨,等等。这些国家和地区自愿性环境协议的兴起有其客观必然性,其实施自愿性环境协议过程中取得的经验和遭受的挫折正是我们所应该认真总结和研究的。前事不忘,后事之师,从某种意义上讲,我国实施自愿性环境协议已经具有先在的"后发优势"了。

当然,从这些国家和地区的实践来看,自愿性环境协议的应用如要取得成功必须具备一定的条件,否则难以达到预期的效果。根据被认为是使用自愿性环境协议最为成功的国家之一的荷兰学者的总结,能使自愿性环境协议取得成功的根本因素主要有以下几个:第一,应当有一个基本的环境法规水平,包括达标和执法;第二,工业界和政府对较长远的环境目标应当有共同的设想;第三,企业需要足够的环境管理水平,以便能实施协议;第四,政府应当能有效地对付"自由骑士",并提出办法代替那些对工业界没有吸引力的"自愿"举措;第五,监测和报告应当是透明的和公开的;第六,公众意识和对工业界的压力要足以改善环境表现。① 以下,笔者就结合我国已有的自愿性环境协议实践显示出的可取之处和暴露出的问题,对照上述要素条件,分析我国实施自愿性环境协议已具备的基础条件及存在的短板。

(二) 已具备的基础条件

从我国已有的节能自愿协议试点实施情况来看,实施试点的企业和地方政府都取得了不同程度的成效:首先,就政府一方而言,通过协议减少了企业的抵触和对抗,赢得了其信任与合作,事半功倍地取得了节能减排的成绩;其次,就企业而言,通过参加协议和履行协议确定的义务,获得了灵活支配内部环保资源进行节能减排的自主权,免除了政府作出的可能加大其治理成本的不当干预,提高了内部环境管理水平,促进了技术革新,向政府和社会展示了其负责任、有担当、绿色环保的良好形象,博得

---

① [荷] 马顿·德洪:《荷兰环境协议:分担可持续工业发展的责任》,《UNEP产业与环境》(中文版)1999年第1—2期。

所在地居民和潜在的广大绿色消费者的好感与青睐，间接赢得影响政府环境政策的机会，在与同行的竞争中取得了一个有利的位置；最后，就公众而言，政府在没有花费自己纳税钱的情况下取得了节能减排的绩效，避免了污染的恶化，使自己不必直接面对污染源企业去抗争，而享有了环境改善的成果。

　　当然，选取试点的大部分是特定行业的大型企业，它们有足够的实力和更多的理由与动力去完成协议商定的节能目标，取得预期的节能成效是理所当然的。相对而言，面向乡镇企业的节能与减排温室气体项目遭遇的困难要比大企业多得多。即便是大型企业，如果没有长期的环保规划，仅仅满足于完成某一阶段的协议目标，则其节能减排与可持续发展仍然是"不可持续"的。如果说上述有联合国工业发展组织、世界自然基金会、美国能源基金会等境外机构资金与技术支持及中国政府指导背景的节能自愿协议只是"温室里培养的花朵"，尚不能说明离开上述有利条件后，自愿性环境协议能否在我国广袤的大地上生根、发芽、开花、结果，那么笔者所列举的几则非典型的自愿性环境协议的实例则也许更有说服力：第一，苏州市沧浪区环保局与当地小餐饮企业签订的合同完全是基层环境执法者面对"法不责众""选择性执法"效果不佳且执法成本高企的困局，在实践中创造的环境治理新方法，其以强制执法为威胁和后盾，以服务指导小餐饮业主污染治理为诱因和激励，以协商、劝导达成协议的非强制手段为方式，达到强制执法难以企及的治理效果，可以说是我国土生土长的自发的自愿性环境协议的实践。第二，温州行业协会在自身产业转型升级、污染治理需求和政府环境规制要求下，以技术创新和资源共享方式组织开展业内治污工作，使分散的中小企业治污资源有效聚合，实现了集中力量办大事，取得了令人刮目相看的治污绩效，不禁让人眼前一亮。其实欧洲很多国家的成功的自愿性环境协议就是工业部门（行业协会、公会）与政府签订的。统计分析全国已有以及将有多少个像温州这样的行业协会，就可以预见自愿性环境协议的推广范围可以有多大的延展性。第三，环境行政约谈是我国近年来自发产生的一种有别于传统的命令—控制型环境执法方式的新举措。政府部门通过与企业领导人面对面协商的方式，摆问题、找出路，为企业量身定制切实可行的整改方案，事实上已经在双方之间达成了某种协议：企业承诺污染治理，政府部门给予执法宽延期和相关业务指导，企业整改合格，政府强制执法威胁随之解除；企业不能按协议要求达到环境改善目标，执法机构重启执法程序。约谈的出现本身说明了环境执法实践的需求，而自愿性环境协议无疑是约谈下一步发展的一个方向。第四，针对生物多样性的协议保护实际上是因地制宜，通过约束加激励的方法，将当地居民从潜在的环境破坏者变为实际的环境保护者，它甚至具有超出国外自愿性环境协议的意义：融合了社区（村委会）、民间环保组织等多元主体力量，构建了多方协助下的社区参与机制，实现了生态环境保护的合作治理。

从以上试点和案例中不难看出自愿性环境协议在我国的勃勃生机，对照其他国家和地区实施自愿性环境协议的经验，结合我国现行环境行政实况，不难梳理出我国推广自愿性环境协议已经具备了一定的基础条件。

首先，初步建立了较为完备的环境保护法规标准体系，环境执法力度不断加强，形成了对污染源的高压态势。正如有学者所指出的，我国不仅制定了大量防治污染的法律、法规和规章，而且基本上已经形成了完整的体系，环境立法甚至比世界上一些发达国家更先进，例如，2002 年制定的《清洁生产促进法》是世界上第一部也是唯一一部关于清洁生产的专门法律，[①] 该法在我国首次规定了自愿性环境协议。[②] 更为难得的是，虽然与其他国家类似，我国甚至面临更为严重的"执行赤字"问题，但是，近年来，随着政府可持续发展理念的确立和建设生态文明目标的确定，自上而下地加大了环境保护的投入力度，环境执法越来越严格，监管越来越到位，给污染企业的威慑力和压迫力越来越强。

其次，我国政府、企业和公众三方的环境保护意识都持续增强。在政府方面，如上所述自上而下地确立建设生态文明的目标和可持续发展的道路，绿色 GDP 日益深入各级政府行政理念当中，不少地方政府，尤其是东南沿海经济发达地区的政府开始有意识地加大对环境污染治理的投入和产业转型升级的力度，还过去三十余年偏重经济发展忽视环境保护的旧账。如浙江省委、省政府自 2013 年底提出"五水共治"（治污水、防洪水、排涝水、保供水、抓节水），举全省之力，发动社会各阶层、各团体参与治水，力图治出转型升级和秀美河山。在企业方面，环境保护意识也普遍增

---

① 王灿发：《重大环境污染事件频发的法律反思》，《环境保护》2009 年第 17 期。

② 《中华人民共和国清洁生产促进法》第 29 条："企业在污染物排放达到国家和地方规定的排放标准的基础上，可以自愿与有管辖权的经济贸易行政主管部门和环境保护行政主管部门签订进一步节约资源、削减污染物排放量的协议。"

强：大企业越来越重视自身的环保形象，认识到环保搞不好，银行贷款、评优评先等都要受制约，不仅要达标排污，还要力求领先于同行的更好的环境绩效。2004 年，欧盟委员会亚洲环境支持项目"自愿协议式方法在中国工业环境管理中的可行性研究项目"在南京市选取 29 家工业企业进行自愿协议式试点意愿调查，有 20 家（占总数的 69%）企业愿意尝试采用自愿协议式方法解决环境问题，[①]在很大程度上印证了这一点。中小企业虽然没有大企业那样雄厚的实力，也没有充足的内部动力参与自愿性环境协议，但是面对政府的高压管制和日益觉醒的公众及社会组织的监督，与其面对行政处罚、限期治理、关停等强制执法，与政府协商寻求改进也是一个不错的选择。在社会公众方面，在亲身遭遇了身边没有可下河游泳的河流和"雾霾不止，自强不吸"的环境公害之后，人们对环境，尤其是周边环境的关注达到了前所未有的高度，随着环境保护公众参与的不断推进，环保类非政府组织的发展壮大和环境公益诉讼的破冰，公众环保意识得到一次又一次的洗礼，民心所向，民意可贵，民力可用。

再次，我国市场经济已取得长足的进步，市场配置资源的基础性作用已经确立，长期的高速增长积累了一定的物质和技术基础。自愿性环境协议区别于传统环境治理手段的最大特点在于其合意性，协议本质上是一种特殊的契约，而市场经济是契约经济，市场机制的完善有利于企业契约精神的形成和政府诚信意识及服务意识的培养，富于契约精神的企业与兼具诚信和服务意识的政府之间更容易达成和履行协议，而较为雄厚的经济基础及先进的治污技术则为协议义务的履行和协议目标的达成提供了物质保障。当前，我国经济发展正在从量的增长向质的提升转变，调整经济结构，转型升级，成为政府和企业共同面对的课题，这一转型的过程为自愿性环境协议的发展提供了契机：企业要求在包括节能减排和污染治理等多方面拥有更大的自主权，以便于结合其整体发展战略，最大限度地节约成本，而政府也早已摆脱了过去"全能政府"执念的困扰，乐于由企业、第三方组织、社会公众等多元主体分担过于沉重的环境保护责任，二者可谓一拍即合。

最后，我国"以和为贵"的传统文化为自愿性协议的应用提供了社会文化基础。我国自古以来就以和谐作为社会状态的追求，工商业者更是讲

---

① 卢宁川等：《企业采用自愿协议式环境管理方法的意愿调查》，《污染与防治》2006 年第 4 期。

求"和气生财",如果有其他更好的选择,他们通常不会走上与政府环境执法对抗的道路。自愿性环境协议将私法中的平等、交涉、合意等理念引入环境治理领域之中,为工商界和政府以柔性、平和的方式实现环境改善目标提供了一条值得期待的途径。

(三)潜在的系统性短板

当然,我国总体上仍是一个基础较为薄弱的发展中大国,相较于欧美和日本等发达国家而言,在诸多方面仍存在着不小的差距。就自愿性环境协议取得成效的条件而言,笔者认为最为薄弱的环节或者说木桶中最短的那几块短板是如下几项。

一是我国企业的内部环境管理水平过低。在欧美国家和日本,企业与政府之间的关系从被动、消极、抵触到基于信任基础的合作,变化的根本原因在于企业自愿实施了有效的环境管理,建立了替代政府规制的内部约束机制,从而为双方的信任关系提供了基础。[①] 作为后起的发展中国家,虽然我国在建立现代企业制度方面奋起直追,在企业自我环境管理方面也着力引导,在 20 世纪 90 年代就引入了清洁生产、ISO 14001 环境管理体系、环境标志等带有自愿性的环境政策工具,并借由政府力量推行,取得了一定的成绩。但一方面能够采用清洁生产、ISO 14001 环境管理体系、环境标志等管理手段的通常为规模较大、实力较雄厚的企业,而我国现阶段的一大特点是规模化、集约化经营仍在进行之中,相对于少数大型企业,更多的是成千上万的小型企业,这些企业往往缺乏污染治理的实力,更没有形成良好的自我环境管理制度和体系,由于数量庞大且分散、政府监管力量有限,很容易导致监管真空或者监管无效,自愿性环境协议本不失为一种双方寻求妥协的平台,但问题是协议达成后小型企业的履约能力堪忧,经由自愿协议亦不能取得预期的环境绩效;另一方面,即便是大型企业,在实施上述自我环境管理时更多的还是受到政府压力的被动行为,"自愿"的意味可以说淡之又淡。面对这样的状况,自愿性环境协议如果要在我国大面积推广,恐怕还是会有相当的难度。

二是地方政府的保护主义和管制俘获风险。有学者尖锐地指出,我国

---

① 曹景山:《自愿协议式环境管理模式研究》,大连理工大学 2007 年博士学位论文,第 51 页。

在改革开放过程中塑造了一种强有力的政商联合，[1] 地方政府出于税收等地方利益的考量，为了降低本地企业的生产成本，往往对企业的污染行为睁一只眼闭一只眼。没有理由认为在采用自愿性环境协议作为治理手段时，地方政府的这种自利倾向会好转；相反，自愿、协商可能为地方政府与当地工商界勾结提供便利，这种最坏之情形实在是不得不防。

三是我国的环境税费与补贴制度有待健全。企业参与自愿性环境协议的原因大致有二：一为政府规制的压力；二为可观的经济收益。因此，经济激励手段的运用对于自愿性环境协议的推广十分重要，荷兰等国家的成功实践证明了这一点。我国自 1982 年颁布《征收排污费暂行办法》起至 2017 年底一直实行的是排污费制度，排污费被"诟病"行之无效，原因之一就是征收标准偏低，甚至远低于排放企业的污染治理成本。统计数据显示，2015 年我国排污费的征收额为 173 亿元，这个数字与主要税种规模相比简直"连一个零头都不到"；相反，由于企业排污所带来的直接环境损失每年少则以千亿元来计，间接环境损失和各种减排成本则多达数万亿元。其结果是排放企业宁愿缴纳排污费也不愿意治理污染。[2] 2018 年 1 月 1 日起《中华人民共和国环境保护税法》和《中华人民共和国环境保护税法实施条例》正式实施，不再征收排污费，改为征收环境保护税，虽然在政策上，《环境保护税法》强化了鼓励清洁生产、鼓励集中处理、鼓励循环利用三个导向，构建了"多排多征、少排少征、不排不征"的正向减排激励机制，[3] 但是，排污费改税的实际效果还有待实践的检验；现有的环境补贴资金有限，且多用于直接的污染治理，能否运用于支持企业参与自愿性环境协议、运用的效果如何有待观察。

四是我国的成本效益分析、环境绩效评估及监督机制尚不完善。自愿性环境协议实施本身是有成本的，缔结协议的磋商成本、企业实施协议的成本、政府监督协议履行及不履行后的补救成本和信息成本等，如何分辨企业的环境绩效是由于采用自愿性环境协议而取得的，又如何判断取得相同的环境绩效使用自愿性环境协议所耗费的总成本低于其他手段，即便是在欧美发达国家也是一个难题。我国在这一方面刚刚起步，要做的功课还

① 王惠娜：《自愿性环境政策工具与管制压力的关系：来自经济模型的验证》，《经济社会体制比较》2013 年第 5 期。

② 李禾：《环境保护税不是增负，而是减负》，《科技日报》2017 年 2 月 3 日第 8 版。

③ 董碧娟：《企业既算经济账又算环境账》，《经济日报》2018 年 5 月 11 日第 5 版。

很多。同样，协议签订后，如何保证其得到完全的履行，除了以强制手段的使用作为威胁以及提供经济诱因外，怎样通过具体的制度设计防止缔约企业违约，也是我们采用自愿性环境协议必须解决的先决问题。

（四）短板补强的可能性与"自愿"存在的空间

鉴于自愿性环境协议在我国实施并取得成效存在一些系统性的短板，尤其是现阶段企业内部环境管理水平低和地方政府保护主义盛行，在很大程度上是制约自愿性环境协议推广应用的硬伤。正如有学者指出的，一方面，我国企业整体管理水平不高，经营状体不佳甚至亏损，视环境保护和环境治理为负担，在自身难保的前提下，也很难有更高的、自觉的环境保护要求，自愿性环境协议就好像是奢侈品一样，可望而不可即；① 另一方面，地方保护主义干扰环保执法的现象依然存在，有法不依、执法不严现象较为突出，消极执法、执法不到位、不作为的现象在一些地方依然存在。② 正所谓，依靠强制手段都不能奏效，"自愿"可能吗？

基于此，笔者也不得不再次反思：自愿性环境协议在我国现阶段有存在和发挥作用的空间吗？答案是肯定的：首先，企业内部环境管理水平低和地方政府保护主义这两块短板已经在很大程度上得到补强。我国经过改革开放后四十年高速经济增长，物质财富已大为丰富，环境问题则日益暴露，逐步引起政府和社会各界的重视，中央政府提出了走可持续发展的道路，建设生态文明的政策和目标，要求各级政府和职能部门加强环境监管，大力节能减排；地方政府，尤其是经济发达地区的地方政府纷纷提出了"环境立市（区、县）"等政策，"环境保护模范城市""国家级生态市（区、县）"创建工作如火如荼，建设项目环评和"三同时"、达标排污、排污收费、限期治理、关停并转等各种监管措施越来越严厉；实现小康之后的公民开始关心自己周边的环境，开始追求有环境品质的生活，选择绿色、低碳的生活方式；在这样的大环境下，企业也不得不加大污染治理投入的力度，部分先进企业还自加压力，设定了严于或者高于现行法规的排放标准，其突出表现是清洁生产制度和 ISO 14001 等环境管理体系认证的推行，一大批企业先后通过了清洁生产审核或者体系认证，标志着其环境

① 刘武朝、胡云红、徐红新：《自愿式环境协议制度研究》，知识产权出版社 2013 年版，第 137 页。
② 刘瑛：《我国生态环境保护执法存在的问题及对策》，《商场现代化》2009 年 1 月（下旬刊）。

管理和污染治理等已达到较高的水平。

　　其次，我国发展不平衡，企业环境支付意愿和能力呈现差异化。我国幅员辽阔，人口众多，各地经济、社会、文化发展水平不一，环境保护状况和意识千差万别，企业与企业之间的环境支付能力和支付意愿参差不齐，一刀切式地推行环保法规和排放标准，不能因地制宜地发挥企业的主观能动性，不便于企业寻求最适合其自身的污染治理和节能减排方式，造成了环境治理资源的浪费和低效；富有灵活性的自愿性环境协议则能够赋予各地方政府和不同情况的企业以污染治理的自主权，便于其选择最适合自己且成本最低而效果最好的治理方式，正可弥补命令—控制型环境规制手段的不足。自愿性环境协议并不是要替代现有的环境规制手段，而是作为现有规制工具体系的补充。诚如公共管理学界的学者所言，"对于像中国这样的新型市场化国家，在法制环境不完善、政府职能未充分转变、政府管理公共事务的能力仍较为欠缺的条件下，采用传统的规制型方式来遏制严峻的环境恶化趋势仍然是主要措施。甚至在某些时候，强制性的规制方式还需强化。但同时，中国也需要适应形势的变化，不断创新环境治理的方式，提高环境管理水平"①。只有将命令—控制型规制工具、基于市场的激励型规制工具和自愿性环境协议结合起来，根据不同的实践需要组合使用才能得到更多社会公众的认可和支持，取得最佳的规制效果。

　　最后，自愿性环境协议中的"自愿"并非单纯事实意义上的"自愿"，而是法律意义上的"自愿"。事实上，任何一个自愿性环境协议的"自愿"背后都隐藏着一个可替代的强制性措施或者管制威胁。这种背后的强制因素的存在既是促使企业选择"自愿"与政府合作的诱因，也是企业不自觉担负环境保护的社会责任时的替代措施，替代措施的存在使政府和公众不必担心协议达不成合意的后果。在有自愿和强制两种手段且均能实现行政目标时，同等条件下，行政机关通常选择自愿的手段；若自愿手段不能完成行政任务，则继之以强制手段，如此，自愿手段与强制手段紧密结合，可确保环境保护行政目标的实现。

①　任志宏、赵细康：《公共治理新模式与环境治理方式的创新》，《学术研究》2006年第9期。

第三章 基于行政行为形式论的类型化尝试

作为一种新兴的行政活动方式，自愿性环境协议的出现给既有的行政行为理论提出了挑战。通常而言，有三种方式应对这一挑战：一是将自愿性环境协议纳入既有的行政行为理论体系，给予其一席之地；二是创设新的理论支系来解释和包容这一新的行政法现象；三是将其作为现有理论的例外，予以特别关注。行政行为形式论是行政行为理论的核心，其具有强大的理论解释与实务吸纳功能，这为我们尝试将自愿性环境协议纳入既有的类型化行政行为或者创设新的类型化行政行为提供了重要的前提。本章将首先简要梳理行政行为形式化理论及其功能与面临的挑战，接着选取与自愿性环境协议最为近似的类型化行政行为——行政合同，分析其概念和理论框架，进而开始将自愿性环境协议类型化为环境行政合同的尝试。

第一节 行政行为形式论及其面临的挑战

一 行政行为形式论及其功能

行政行为形式论，即行政行为的法律形式理论，发端于德国行政法学鼻祖奥拓·迈耶研究并提出的"行政行为"这一行政法学范畴。① 行政行

---

① 叶必丰：《行政行为原理》，商务印书馆 2014 年版，第 60 页。

为理论被认为是传统行政法学的核心。追根溯源，这与近代以来自由主义之法治国家的发展密切相关。① 在自由主义法治国家，国家着重确保人民免受高权行政侵害的安全，法律不是形塑社会的工具，而是建构与维系平等自由的秩序手段，② 社会奉行"最好的政府，最少的管理"理念，行政干预应被限制在必要的最小限度之内，尽可能放任个人自由活动，充分发挥个人的创造性。③ 行政法的主要任务在于对行政权的合法性控制（依法行政）和对个人权利的保护，相应地，行政法学理论的主要特征在于通过行政行为（尤其是高权行政行为）形式论与公权理论建立具有封闭、自足的行政法体系。④ 行政行为形式论的主要任务是在规范法学的框架下，将行政法学与行政政策学等分离开来，具体方法是：以制定法为依据，借助法律解释进行归纳演绎，对行政法上的行为作纯技术的说明。⑤ 申言之，所谓的行政行为形式论是为了法概念操作技术的方便性，就行政机关为达成一定目的或任务所实施的各种活动中，选定某一特定时点的行为作为控制行政活动合法范围或界限时的审查对象（基本单元），通过厘清各基本单元的概念内涵与外延（范围）、容许性与合法性要件以及法律效果等问题，确保依法行政要求的贯彻以及人民权利之维护。⑥

上述选定"基本单元"并抽象、提炼出其概念内涵与外延（范围）、容许性与合法性要件以及法律效果等过程即为行政行为的类型化（又称模式化、型式化），由此得到的成品即为类型化行政行为。所谓类型化行政行为，又称模式化行政行为、型式化行政行为，⑦ 即行政行为的形态、模型、型式或类型，在行政法学上表现为行政行为的概念或范畴，指在理论

① 赖恒盈：《行政法律关系之研究——行政法学方法论评析》，元照出版有限公司2003年版，第53页。
② 王正斌：《行政行为类型化研究》，中国政法大学2006年博士学位论文，第13页。
③ 杨建顺：《行政规制与权利保障》，中国人民大学出版社2007年版，第126—127页。
④ 赖恒盈：《行政法律关系之研究——行政法学方法论评析》，元照出版有限公司2003年版，第22页。
⑤ ［日］铃木义男：《行政法学方法论之变迁》，陈汝德等译，中国政法大学出版社2004年版，第35页。
⑥ 赖恒盈：《行政法律关系之研究——行政法学方法论评析》，元照出版有限公司2003年版，第53页。
⑦ 笔者认为，"类型化行政行为""模式化行政行为""型式化行政行为"所指概念内涵和外延均无实质性区别，名称不同仅因不同学者用词的倾向和喜好不同所致。笔者偏向于采用"类型化行政行为"一词。

或实务上对行政行为的内容和程序都已形成固定的、共同的典型特征的行为体系；① 异言之，是"已经广受学说、实务所讨论而已固定化之行政行为，其概念、体系，其体系与其他体系相互间之关系已经大体完备"②。有了高度抽象的类型化的行政行为，便可进行有针对性的规范架构，即从"权限""程序""法律效果"以及"诉讼类型"几方面进行规范化对接，最终达至这样一种理想状态：某一行政主体在行为过程中能够采取何种行为形式，遵循何种程序，产生何种法律效果以及可能引发的纠纷以何种类型的诉讼来解决等问题均在严密的"规范洪水"之下获得"唯一正解"。③ 正如德国著名学者卡尔·拉伦茨所言：类型化行政行为将大量彼此不同、本身极度复杂的行政事实以明了的方式加以归类，用清晰易辨的要素加以描述，并赋予其法律意义上的"相同"或者同样的法律效果，借此可以省去大量烦琐的决疑工作。④ 这无疑是中肯的，但行政行为形式化理论的贡献不仅仅体现在方法论上，还体现在行政法学理论与实践的诸多方面。

根据我国台湾学者赖恒盈教授的研究，行政行为形式化理论的功能"主要在于借由将行政之行为予以型式化以产生法治国家规律"，具体可从理论与实践两个层面说明，⑤ 笔者深以为然。

下面就以赖教授之观点，并结合其他学者的归纳和总结，将行政行为型式化之功能进行概括。

第一，理论上之功能：一是制度化功能。类型化行政行为在行政法学

---

① 姜明安主编：《行政法与行政诉讼法》（第六版），北京大学出版社、高等教育出版社 2015 年版，第 154 页。
② 林明锵：《论型式化之行政行为与未型式化之行政行为》，载翁岳生教授祝寿论文集编辑委员会《当代公法理论》，月旦出版有限公司 1993 年版，第 341 页。有学者总结并分析了型式化行政行为与未型式化行政行为区分标准的四种学说，即"形式固定说""效力确定说""手段定型说"和"行为法定说"，认为"行为法定说"（认为法治化是区分型式化与未型式化的唯一标准）弥补了其他学说之不足，充分体现了未型式化行政行为与型式化行政行为的区别与联系，反映了行政行为的发展方向与动态发展过程，揭示了对未型式化行政行为的研究任务与目的，符合现代法治国家依法行政的要求。以此为标准，型式化行政行为，是指行政行为产生、发展，逐渐固定化、类型化，并经法律规定得以制度化的过程；未型式化行政行为，是行政主体在行使行政权的过程中，为适应社会管理的需要而实施的未经法律规定的各种形式的行政行为的总称。详见李傲《未型式化行政行为初探》，《法学评论》1999 年第 3 期。
③ 朱新力、唐明良：《行政法总论与各论的"分"与"合"》，《当代法学》2011 年第 1 期。
④ ［德］卡尔·拉伦茨：《法学方法论》，陈爱娥译，商务印书馆 2003 年版，第 319 页。
⑤ 赖恒盈：《行政法律关系之研究——行政法学方法论评析》，元照出版有限公司 2003 年版，第 55—57 页。

上表现为成熟的概念、范畴、构成要件、法律效果、救济方式等，且已获得普遍认同，因此，不仅在理论上为该行为相关制度之构建打下了坚实的基础，而且在实务中亦可产生制度的路径依赖效应，便于行政主体选择适用和相对人的合理预期。二是衔接性功能。行政行为的模式（类型、型式），是行政行为的体系化。[①] 经抽象、提炼后的类型化行政行为首先在内部形成"主体（权限）—程序—法律效果—诉讼类型"的闭合回路，在横向上将行政行为之主体、程序、法律效果与法律救济相衔接，且在纵向上也与行政行为体系中次级类型的类型化行政行为相衔接。三是储藏性功能。行政活动方式的类型化有助于具体解决办法的发现和法律适用，已经类型化的行政行为在事实上构成一个行政、司法实务者可以随时引用以处理具体案件的"仓库"。四是沟通性功能。类型化行政行为可为理论与实务交流提供具有确定内涵与外延的概念，避免不必要的误会和不必要的纷争。五是定位功能。行政行为的类型构成一个体系。每一特定的模式化行政行为都能在该体系中对应相应的坐标，因此，借助于行政行为类型，我们就可以对一个特定的行政行为进行逻辑推理、归类和定位。[②] 六是保护功能。类型化行政行为将行政主体和相对人的权利、义务具体化，有助于保护公民的合法权利。[③]

　　第二，实践上之功能：由于实践中大量的是具体行政行为，因此，类型化行政行为之实践功能主要通过具体行政行为体现：一是个别化、具体化功能。面对纷繁复杂的行政活动，根据类型化行政行为的构成要件便能较为迅速地判断特定行政行为的性质，进而明确双方之权利义务关系，从而有助于实现法的安定性。二是完结、简化行政程序。实体行为均伴随着相应的程序，类型化行政行为之程序亦与实体一同"类型化"，选择某一类型化行政行为同时意味着选择其程序，作出某一类型化行政行为，该行为之程序便告一段落。随着类型化行政行为程序越来越精细化，行政主体之程序选择则日益简化。三是赋予执行名义。行政行为一经作出便具有一定的拘束力，部分类型化行政行为之法律效果更包含强制执行之效力，选定此类类型化行政行为便意味着无须申请法院强制执行，行政机关便可依

① 　叶必丰：《行政行为原理》，商务印书馆2014年版，第56页。

② 　同上书，第58页。

③ 　［德］汉斯·J. 沃尔夫、奥托·巴霍夫、罗尔夫·施托贝尔：《行政法》（第二卷），高家伟译，商务印书馆2007年版，第2页。

其职权自行强制执行。四是确定主要诉讼形式。类型化行政行为之抽象要素包括诉讼类型，即当行政主体因实施某一模式化行政行为引发纠纷时，相对人权利救济的方式也大致确定了，如撤销之诉、确认违法或者无效之诉、履行义务之诉等。

二 行政行为形式论面临的挑战

行政法发展的历史已经证明，行政行为形式论基本完成了其被赋予的各项任务，即借由对行政行为类型化对各类行政行为（重点是高权行政行为）进行抽象、提炼和概括，获得对其进行法律控制的基本模型，进而建构行政行为的法律形式体系，以此对行政权进行合法性控制，并保障人民的合法权益。但是，正所谓"成也萧何败也萧何"，行政行为形式化理论的优点在于类型化，其局限也在于类型化，且随着现代行政由警察国家行政向社会福利国家行政、由秩序行政向给付行政、由被动消极行政向主动积极行政的转变，行政权作用的范围广度和介入深度都前所未有地扩展和延伸，新兴的行政活动方式层出不穷，传统的行政行为形式论已经应接不暇、捉襟见肘，其权威性和不容争辩性正遭遇挑战：

其一，从行政法学总论结构变化及法学方法论的宏观视野观察，行政行为形式论剔除了纷繁复杂的外部形态与社会思潮，以规范法学为框架将法律事实与其他社会事实以及法律行为与其他行为区隔开来，构建了精致的相对独立的行政行为理论体系，但正如日本著名行政法学者大桥洋一教授所言，它同时也造成作为事实的学问的行政学与作为应然的学问的行政法学相互对峙的局面，使行政法学步入了"闭关锁国"的境地，与行政学、法社会学、国际法学、经济学、经营学、财政学、心理学等学科之间存在割裂，这种极度的自我限制的行政法学今天已经妨碍了其自身的发展，甚至成为其桎梏，因此，行政法学应当从这一束缚中解脱出来，"再次同相邻的学科开展积极的交流，以自由的眼光审视现实的社会中所发生的行政现象并致力于发现问题，在此基础上，通过开放的讨论构建新的法律体系"[1]。

---

[1] ［日］大桥洋一：《行政法学的结构性变革》，吕艳滨译，中国人民大学出版社2008年版，前言第1—2页。

其二，随着行政法调整对象的发展变化，新的行政行为现象不断涌现，难以归入现有的类型行政行为类型，按照行政行为形式论，对此最直接的解决方法便是对上述非类型化的行政行为予以类型化。然而，类型化既涉及理论的加工、提炼、概括，更需要实践的尊重、认可、结晶，一般要经历三个阶段：同类行政行为现象在行政实务中大量、反复出现，并累积到一定程度，为人们的观察和认识提供了足够的素材——运用法学方法进行逻辑推理——通过立法和判例予以确认和制度化。① 这无疑将是一个较为漫长和反复的过程。在自由法治国阶段②，行政事务相对简单，能够实行；现代国家行政主体的多元化及行政领域的扩展使得行政的活动形式越来越趋于多样化和复杂化，此一精致的类型化理论无论就达成行政目标的必需性、及时性、可行性，抑或行政成本的考量而言，恐怕都不是最佳的选择。

其三，行政行为形式论的基础在于借由对类型化行政行为的法律规范控制行政权，保证其合法运行，依法行政原则成为其基本原则，严格执行法律优先和法律保留成为其必然选择，在行政主要表现为高权行政的时代，这是必要的，但是现代社会不仅要求行政权消极地不侵害个人之自由与权利，也需要它积极地运作，为社会谋福利，为个人幸福造就基础，严格的形式主义法治在很大程度上抑制了行政权的主动性和积极性，其中，行政行为形式论难辞其咎。

其四，行政行为类型的形成乃截取行政活动过程的片段予以提炼，注

---

① 叶必丰：《行政行为原理》，商务印书馆 2014 年版，第 61—63 页。

② 法治国思想在发展中经历了从"自由法治国"到"社会法治国"的重要演变。造成这一演变的重要原因在于国家职能的历史性变革。"自由法治国"脱胎于"夜警国家"。在夜警国家下，国家的任务非常单一即维护社会治安。与此同时，人民也信奉"管得最少的政府就是最好的政府"，要求严格限制政府的权力，为个人保留最大的自由空间。在自由法治国时期，行政的主要任务就是进行各式各样的管制，行为方式也是单一的干涉行政。但工业革命后，社会急剧动荡，人们贫富悬殊。复杂的社会现实要求国家改变传统的消极做法，积极地介入社会生活，承担更多的职能与任务。国家要提供个人需要的社会安全，要为公民提供作为经济、社会和文化等条件的各种给付和设施，还必须对社会和经济进行全面的干预。这些要求逐渐形塑出 20 世纪社会法治国的发展。在社会法治国下，行政职能和任务急剧扩张和膨胀，其触角深入社会生活的方方面面，以至于当代国家被称作"行政国家"。国家职能的转变和行政活动的扩张也引发了行政方式的重大变革。除传统意义上的干涉行政外，为人民提供给付、服务或其他利益的给付行政适应国家职能的转变而大量出现，成为国家重要任务之一。详见赵宏《法治与行政——德国行政法在法治国背景下的展开》，《行政法学研究》2007 年第 2 期。

重的是行政行为的最终结果，是一种"司法面向"的行政法理论，并没有深入探讨行政活动的实际运作过程及其可能涉及的各种利益冲突，仅抽象地、形式地论证行政行为的各项法律效力，对于支撑其法律效力正当性的各种因素关注不足，① 因而，容易满足于理论抽象，对于具体问题之解决流于教条和僵化，脱离行政实际；容易机械地适用既有制度，缺乏对制度背后深层的社会背景与结构及政策与策略考量的深入探究。

其五，行政行为形式论对行政法现象的考察视点集中在行政主体和行政相对人身上，其中又以行政主体为主要部分，相应的行政法律关系的构建也限于两者之间，而现实世界中行政行为涉及的主体已远远超出二者之范围，诸如与行政行为有利害关系的第三人、公益性非政府组织、社会公众等逐渐发出自己的呼声，走上了行政法律关系的前台，各主体之间基于各自利益互相关联、博弈，相互之间形成了复杂的法律关系，这些法律关系都不是孤立的、静止的，它们共同构成一个复杂的法律关系网络，行政行为形式论面对如此复杂的关系网络已江郎才尽，很难梳理清楚，对行政主体和相对人以外的其他行政法律关系主体利益的关怀远远不够。

第二节　作为类型化行政行为的行政合同

一　行政合同的类型化

行政行为的类型（模式、型式）是行政行为的体系化，同时类型化（模式化、型式化）行政行为本身又构成总的行政行为体系网上的一个纽结，如此，面对多种多样的行政行为，我们便可纲举目张、按图索骥、准确定位。目前，学界关于行政行为类型体系比较完整的有三种观点：一是江必新教授的"六层次论"；二是叶必丰教授的"五阶层论"；三是王正

---

① 赖恒盈：《行政法律关系之研究——行政法学方法论评析》，元照出版有限公司2003年版，第83—84页。

斌博士的类似民事行为理论的行政行为体系。① 其中，前两者均明确地将"行政合同"② 作为一类类型化行政行为。我国已有多部《行政程序法（专家试拟稿）》设专章或专节对行政合同予以规定；③ 部分地方已经先行立法，如《湖南省行政程序规定》（2008 年）第五章"特别行为程序"第一节用六个条文专门规定了"行政合同"，包括其概念、适用范围、订立、缔结、生效、形式等；司法实践亦由竭力回避到迫于案件当事人的争议而作出回应，而 2004 年最高人民法院发布的《关于规范行政案件案由的通知》（法发〔2004〕2 号）明确将"行政合同"列为 27 种"行政行为种类"之一，2014 年修订后的《中华人民共和国行政诉讼法》更是明确地将"行政协议"纳入行政诉讼受案范围。理论上对于行政合同（契约）的研究亦如火如荼，主流法学教材均对"行政合同"予以介绍，④ 已有多本

---

①　黄学贤主编：《中国行政法学专题研究述评（2000—2010）》，苏州大学出版社 2010 年版，第131—132 页。

②　关于"行政合同"的名称，在大陆法系国家被称为"公法契约"（Public Contracts）、"行政契约"（Administrative Contracts）；在英美法系国家一般称为"政府契约（合同）"（Government Contracts）；在我国多称为"行政合同"，也有少数学者称为"行政契约"。在很多情况下，"契约"与"合同"同义，经常被交互使用。但是，也有学者指出，二者存在着不容忽视的区别："合同"一词只是一个纯粹的法律用语，且所指范围极为有限，"契约"所表达的概念，包含的意蕴以及背后所依存的精神、价值取向等是"合同"所无法涵盖的，可以说，契约概念可以包容合同，而合同则仅是契约的一个方面、一种形态，因而主张使用"契约"，而不是"合同"。详见杨解君《中国行政法的变革之道——契约理念的确立及其展开》，清华大学出版社 2011 年版，第 13—14 页。笔者认同杨解君教授的观点，但同时认为，随着"合同"和"行政合同"作为法律术语以及理论用语为我国法学理论及实务界的人士所普遍接受、认同，契约所包含的精神、价值取向随着法律的赋予和学者及实务工作者的理解与阐释已逐渐为合同所承受，二者实已无区分之必要，基本上可以相互替代。因此，为便于概念的统一，在本书中，笔者在大部分场合仍采用"行政合同"，且对"行政合同"与"行政契约"不作区分。

③　如全国人大法工委行政立法研究组起草之《行政程序法试拟稿（专家意见稿第 11 稿）》第七章、姜明安教授主持起草之《中华人民共和国行政程序法（试拟稿）》第五章第四节、马怀德教授主持起草之《中华人民共和国行政程序法（草案建议稿）》第九章。

④　如胡建淼教授所著的行政法学教材第十章第八节"行政合同行为"考察了行政合同的历史和理论背景，分析了其概念和特征，介绍了其种类和作用，并独具匠心地阐释了"行政合同行为"，包括行政合同的缔结和履行、变更和解除、性质和法律适用等。参见胡建淼《行政法学》（第二版），法律出版社 2003 年版，第 281—285 页。叶必丰教授则介绍了行政合同的概念、适用领域、法律关系的内容及其与民事合同、行政决定（具体行政行为）的区别。参见叶必丰《行政法学》（修订版），武汉大学出版社 2003 年版，第 291—299 页。

相关专著①和论文出版或者发表。由此可见，我国无论是理论上还是实务上对行政合同都是承认的，行政合同在我国行政行为类型化体系中已经占有一席之地。至于其具体的位置，笔者赞同叶必丰教授的行政行为类型体系：首先，以行政行为统领行政权作用（活动）的各种方式，涵盖行政事实行为和行政法律行为；其次，在行政法律行为之下区别为单方行政行为和双方行政行为；最后，在双方行政行为之下便是行政合同。②

二　类型化的行政合同

在明确了行政合同的定位之后，接下来，我们有必要深入其内部，了解该种类型化行政行为的概念（内涵与外延）、主体（权限）、法律关系、法律程序、法律效果、诉讼类型（法律救济）等，以进一步使之与其他的类型化行政行为相区分，并为将自愿性环境协议纳入这一类型提供基础。

关于行政合同的概念，我国行政法学理论界和实务界可谓众说纷纭，有学者罗列了2000—2010年学界关于行政合同的定义，粗略统计，不下30种，③有学者对司法判例中有关行政合同的定义做了梳理，发现其前后并不完全一致。④然而，仔细分析各位学者和法官关于行政合同的定义，总的来说是大同而小异。理论界关于行政合同概念最大的争议就在于其是否包含行政协定，⑤以此为界，大体可分为包含行政协定的观点和把行政协定排斥在外的观点。⑥从司法实践的案例来看，被诉的行政合同基本上

---

① 如张树义教授的《行政合同》（中国政法大学出版社 1994 年版）、余凌云教授的《行政契约论》（中国人民大学出版社 2000 年版、2006 年第二版）、杨解君教授的《中国大陆行政法的革命——契约理念的确立及其展开》（元照出版有限公司 2009 年版、清华大学出版社 2011 年版）等。

② 叶必丰：《行政行为原理》，商务印书馆 2014 年版，第 65—66 页。

③ 黄学贤主编：《中国行政法学专题研究述评（2000—2010）》，苏州大学出版社 2010 年版，第355—359 页。

④ 叶必丰：《行政行为原理》，商务印书馆 2014 年版，第 334 页。

⑤ 即行政主体之间（包括平行关系的行政主体之间和隶属关系的行政主体之间）以及行政主体与其内部工作人员之间为了实现一定的行政管理目标而签订的协议。

⑥ 黄学贤主编：《中国行政法学专题研究述评（2000—2010）》，苏州大学出版社 2010 年版，第360—362 页。

都是行政主体与行政相对人之间签订的协议，基本未发现行政协定被诉至人民法院的案例。从现有立法及立法草案的规定来看，《湖南省行政程序规定》对行政合同的定义和范围列举基本上是限于行政主体和行政相对人之间的；① 姜明安教授和马怀德教授各自主持起草的《行政程序法》专家建议稿也都不约而同地将行政合同的范围限定在行政主体与行政相对人之间，后者更是明确规定："行政机关与其他行政机关、下属机构以及公务员之间签订的协议，不属于本法调整的行政合同范围"②，但应松年教授主持起草的《行政程序法（试拟稿）》中的行政合同则涵盖了行政主体之间缔结的协议。③ 从国外的理论与实践来看，也存在着很大的差异：在法国，行政合同是为公共事务缔结的、由行政法调整、属于行政法院管辖的契约；在德国，行政合同是指行政机关为执行行政职务而与其他行政机关、社会组织或者公民缔结的合同；在日本，行政合同中虽然也有行政主体之间缔结的契约，但多数是行政主体和私人之间缔结的契约。追根溯源，各国（尤其是大陆法系国家或者受其影响的国家）行政合同的产生都是在公私法二元划分的理论背景下，基于其与民事合同之间的本质区别而将其独立出来的，正如日本学者田中二郎教授所总结的，行政合同的产生与发展经历了完全否定（认为意思自治与公法的本质相矛盾）——部分肯定（只在法律特别认可时方允行政合同的存在）——普遍肯定（在没有反对规定的场合，基于行政上的必要而缔结的公法契约是有效的）三个阶段。④ 因此，从与民事合同相区分的角度而言，有必要将包括行政协议在内的以行政主体为一方，为实现特定行政目标而与公民、法人、其他社会组织及行政机关等基于意思表示一致而达成的所有协议都集中到行政合同的麾下。然而，行政主体之间达成的协议与行政主体同相对人达成的协议在各方面

① 详见《湖南省行政程序规定》（湖南省人民政府令第 222 号）第 93 条。

② 详见姜明安主持起草的《中华人民共和国行政程序法（试拟稿）》第 3 条第 1 款第 17 项和第 83 条，2018 年 5 月 9 日（http：//article. chinalawinfo. com/ArticleHtml/Article_ 26210. shtml）；马怀德主持起草的《中华人民共和国行政程序法（草案建议稿）》第 163 条和第 164 条，详见马怀德主编《行政程序立法研究：〈行政程序法〉草案建议稿及理由说明书》，法律出版社 2005 年版，第 405 页。

③ 全国人大法工委行政立法研究组：《行政程序法（专家意见稿第 11 稿）》第 161 条和第 162 条第 1 款，详见中国人民大学宪政与行政法治研究中心编《宪政与行政法治评论》（第 1 卷），中国人民大学出版社 2004 年版，第 242 页。

④ ［日］田中二郎：《公法契约的可能性》，肖军译，《行政法学研究》2002 年第 1 期。

还是存在着诸多显著的差别，有学者已创设一种新的类型化行政行为——行政协议①对前者予以类型化。

　　就本书而言，为了集中力量，便于深入研究，笔者倾向于将研究重点放在行政主体与行政相对人及利害关系人、公众、第三方组织等其他主体之间为特定的行政目的而达成的协议，而将行政组织内部的、行政机关之间达成的协议留待将来另辟课题予以研究。

　　鉴于此，笔者将行政合同的概念初步厘定如下：行政合同是指行政主体基于其行政职责，为了实现特定的行政目标，在其职权范围内与公民、法人、其他社会组织相互协商，基于相反方向上的意思表示一致而签订的确立、变更或者消灭双方权利义务关系的协议。基于这一定义，不难发现，行政合同具有以下要素和特质：一是主体要素的特定性与不平等性。行政合同的缔结主体限于行政主体与行政相对人之间，尽管合同是二者基于意思表示一致而达成的，但二者在行政法律关系中的地位是不平等的，行政主体一方基于其行政职权为了公共利益的需要而享有优益权。二是目的要素的公共性（行政性）。行政主体签订行政合同以其行政职权和职责为前提，目的是实现一定的行政目标，即为了公共利益的需要，如仅为行政机关自身的利益而签订的行政合同只能被认为是私法合同。三是意思要素的自愿性和相反性与一致性。行政主体与行政相对人缔结行政契约是双方出于自愿而作出的真实的意思表示，其各自意思表示的内容是相反方向的（即互负债权债务，互为权利义务主体——这是行政合同区别于双方主体同向意思表示一致的行政协议的一个重要因素），且最后必须形成合意（这是行政合同"能够被称为'合同'的唯一实质性理由"②）。四是内容要素的权利义务对应性与不平衡性。行政合同一经生效即在行政主体与行政相对人之间形成行政法上的

---

① 在我国的行政实践中，行政协议不仅仅是区域政府间开展合作的法律机制，而且也是各级各类没有隶属关系的行政机关之间开展合作的法律机制。行政协议是行政机关在平等、自愿和协商的基础上运用公权力缔结的，它涉及中央与地方、地方与地方、政府与公众、公权力与私权利的界限与关系。随着法治建设的深入，政府组织内部的、行政机关之间的合作将日益增多，行政协议也将有更广泛的发展空间。详见叶必丰《我国区域经济一体化背景下的行政协议》，《法学研究》2006年第2期；叶必丰《行政行为原理》，商务印书馆2014年版，第307—329页。

② 孙笑侠：《契约下的行政——从行政合同本质到现代行政法功能的再解释》，《比较法研究》1997年第3期。

权利义务关系，双方依协议各自享有相应的权利，也必须履行一定的义务，且这种权利义务通常一一对应，即行政主体的权利便意味着行政相对人的义务，反之，行政主体的义务也表示行政相对人享有相应的权利。但是，由于公权力因素的存在，基于公共利益的需要，行政主体可行使其行政优益权，而这是行政相对人所不具有的。五是法规要素的公法性与容许性。虽然行政合同与私法合同具有某些方面的共性，可参照适用私法的部分规则，但其总体上是一种行政行为，是行政权作用的一种方式，形成的是行政法律关系，因此，其权利义务的分配与争议的解决应以公法规则为主要依据。现代行政法既赋予行政主体缔结行政合同的较大自由度，即除法律、行政法规禁止或者拟建立的行政法律关系的性质不适宜订立契约之外，原则上行政主体得为了实现行政任务而在其职权范围内订立行政合同，又从缔约形式、程序、行政优益权的行使要件等方面对之加以控制。

　　根据行政合同的上述要素和特质及其在类型化行政行为体系中的定位，我们不难对其性质作出以下初步判断：行政合同是行政主体与行政相对人之间的双方行为（有别于单方行政行为），是行政主体的特殊行政行为（有协商、合意因素的存在）、弱权力行政行为（相对于高权行政行为）、弱强制性行政行为（相对于强制性行政行为）、弹性行政方式（相对于法规命令式行政行为的刻板）。[①] 总之，行政合同就是合同与行政法的结合，其缔结、履行、救济等一系列行为均应遵循相应的行政程序，其自生效之日起就具有一般行政行为的公定力、确定力、拘束力等法律效力，行政主体享有要求协助权、监督权、指导权、解释权及一定条件下的单方面变更和解约权、强制履约权、制裁权、强制执行权等特权；同时，在不对公共利益造成损害或者有造成损害之虞的前提下，私法合同中的自愿、平等、意思自治、诚实信用等规则亦得适用。

---

① 黄学贤主编：《中国行政法学专题研究述评（2000—2010）》，苏州大学出版社2010年版，第366—367页。

第三节 环境行政合同：自愿性
环境协议的类型化

一 类型化的基础：契约理念

无论是自愿性环境协议还是行政合同，在引入之初都或多或少地遭遇到理论界与实务界的质疑甚至反对。对于前者，日本学者在最初便存在着"可否论"[①]；对于后者，奥托·迈耶（Otto Mayer）在1888年所著的一篇名为《关于公法上契约之理论》的文章中便明确反对在公法领域存在契约的关系，[②] 我国至今仍有学者否定行政合同，认为"那些关于'公法上的契约'、'行政合同''行政法上的契约'等概念的理论是错误的"[③]。而归纳否定论者的理由主要有两个：一是私法上的契约基于平等主体间的合意，而在行政法领域，政府和行政相对人间的关系属权力支配关系，无对等自由合意之可能；二是作为私法上基本原则的"契约自由"和行政法上的"依法行政"在本质上不易调和。[④] 自愿性环境协议和行政合同的理论证成也正是建立在对上述两个否定理由的否定之否定的基础上：否定论者认为，在行政法领域之中，行政主体与行政相对人之间形成的是以命令和强制为特征的权力服从关系，没有地位平等可言，而"地位平等是当事人之间达成合意的前提和基础"[⑤]，由此真正自由的合意也就无从产生；肯定论者则针锋相对地指出，现代行政法的发展为在行政法领域达成合意提供了基础，并通过行政程序的设置保证自由合意的实现，[⑥] 即赋予行政相对人更多的权利，为行政主体设定更多的程序义务，通过程序上的权利保障

---

① ［日］木佐茂男：《公害防止协定的行政法分析》，牟宪魁、张荣红译，《上海政法学院学报》（法治论丛）2013年第4期。

② 陈新民：《行政法学总论》，三民书局1991年版，第261页。

③ 阎磊：《行政契约批判》，知识产权出版社2011年版，第163页。

④ 林明锵：《行政契约法论》，台湾大学《法学论丛》第24卷第1期；张镜影：《行政契约与行政协定》，载刁荣华主编《现代行政法基本论》，汉林出版社1985年版，第96页。

⑤ 阎磊：《行政契约批判》，知识产权出版社2011年版，第118页。

⑥ 余凌云：《论行政契约的救济制度》，《法学研究》1998年第2期。

来提升行政相对人的地位以实现双方的真正平等。① 否定论者认为契约自由与依法行政无法调和，肯定论者则认为，随着政府由消极行政转向积极行政，传统的单纯强调控制行政权的依法行政理念也相应地向实现既防止行政权恣意又维护行政权主动性之间的平衡方向转化，② 越来越广泛的行政自由裁量权为行政主体运用契约提供了合法空间与正当性根据。③ 随着我国行政法学界对行政合同研究的深入，已就契约理念与行政法的共生性、行政合同的容许性等一系列基础性问题初步达成共识："契约与现代行政法的要求吻合，可以弥补权力理念的不足"，"作为一种弹性化手段、一种制度、一种精神，契约理念具有可接受性和普适性，完全可以融入行政法之中"④。需要特别指出的是，"行政合同""行政契约"等概念只是从正式行政合同制度来界定的，现实行政过程中除正式的"行政合同""行政契约""自愿性环境协议"之外，尚有非正式的上述概念的实践形式，它们也是笔者感兴趣和本书研究的对象，因此，借用杨解君教授提出的"契约理念"一词作为涵括行政法中契约概念、契约方式、契约原则、契约精神、契约观念等的上位概念，或许更为准确一点。⑤

如杨解君教授所言，作为与"权力理念"相对应的"契约理念"（要素）表现在六个方面：其一，契约意味着平等性和独立性；其二，契约意味着双方合意性；其三，契约意味着自愿服从性；其四，契约意味着合作与互惠；其五，契约意味着自由或约定性；其六，契约意味着权利义务的对等性。⑥ 契约理念并非行政法理念的全部，只是其组成部分之一，行政法理念应是权力理念与契约理念的整合。⑦ 因而，上述契约要素在行政合同或者自愿性环境协议中的表现并不纯粹，而是打上了深深的行政权的烙印。

---

① 杨解君：《中国行政法的变革之道——契约理念的确立及其展开》，清华大学出版社 2011 年版，第 39 页。
② 余凌云：《论行政契约的救济制度》，《法学研究》1998 年第 2 期。
③ 杨小君：《契约对依法行政的影响》，《法学研究》2007 年第 2 期。
④ 杨解君：《论行政法理念的塑造——契约理念与权力理念的整合》，《法学评论》2003 年第 1 期。
⑤ 杨解君：《中国行政法的变革之道——契约理念的确立及其展开》，清华大学出版社 2011 年版，第 25 页。
⑥ 同上书，第 36—37 页。
⑦ 同上书，第 39 页。

就行政合同而言，这些要素的表现在上文关于其特质的分析中已有所阐发：其一，行政合同的缔结主体行政主体与行政相对人之间的地位是独立、平等的，尽管为了公共利益的需要，行政主体需要保留诸如单方解除权等特权，但这些权力的行使受到严格的限制，须对行政相对人基于信赖而受到的损害给予合理补偿，且即便由此形成行政主体与行政相对人在契约关系中的权利义务不对等，也不能说明其法律地位不平等，地位平等既可以是权利义务对等的法律义务的平等，也可以是权利义务不对等的平等。① 其二，行政主体与行政相对人缔结行政合同是双方基于自愿而作出的真实的相反方向上的意思表示而达成合意，但行政主体的意思表示受到其行政职权和裁量权的限制，并非完全"自由"。其三，契约包含允诺的要素，既是对他方当事人意思的尊重，也是对自己真实意思的表达，因而契约的履行主要靠自觉自愿，行政合同亦然，但为防止行政相对人违约而可能对社会公共利益造成的损失，又允许作为行政主体的一方保留监督权、检查权等，以便在相对人违约且有给公共利益带来损失之虞时，迫使相对人履约。其四，契约自由在对方的配合下才能实现，而要取得对方的配合，己方也必须以相应的对价作为交换。行政合同的公共性决定了它的首要目的是实现公共利益，但这并不妨碍行政相对人合法地获得属于自己的那一份私利，因为公共利益与个人利益在某些情况下是一致的。其五，契约自由意味着是否订立契约、与谁订立、订立什么样的契约等均由当事人出于自由意志决定，但是，现代社会即便在私法领域契约自由也受到限制，没有绝对的自由，在行政法范围内，契约的自由无疑将受到更多的限制，因为作为缔约一方当事人的行政主体其"自由"受到职权和职责的限制，充其量只是裁量范围内的自由。其六，行政合同双方当事人依协议各自享有相应的权利，负担一定的义务，且这种权利、义务通常是对等的，行政相对人的权利意味着行政主体的义务，反之，行政相对人的义务也表示行政主体享有相应的权利。但是，为了公共利益的实现，行政主体可行使其行政优益权，要求行政相对人履行特别的义务。

自愿性环境协议中也存在着类似的情况：其一，缔结协议的各方，包括政府（部门）、地方团体、企业、行业工会（工业部门）、属地居民等在理论上都是有着自身利益诉求的各自独立的主体，在平等基础上自愿协

---

① 姜明安：《行政程序研究》，北京大学出版社 2006 年版，第 305—306 页。

商，尽管政府（部门）的规制主体与企业的被规制对象之间的关系仍然存在，但这并不妨碍双方为各自的利益寻求合作而在缔结协议时处于法律上的平等地位。其二，自愿性环境协议均是双方或者多方主体意思表示一致的结果，尽管德国等国有不少企业单方承诺的协议，但这种所谓的"单方"承诺，通常是之前与政府（部门）正式或者非正式沟通的结果，企业通过这种沟通探明了政府（部门）的态度和底线，进而作出自己的决定，因此，从实质上看，仍是某种形式的合意。其三，协议中，企业自愿作出高于法规标准的承诺或者其他减排承诺是自愿选择的，可以看作一种自我规制，但是企业通常是在政府规制、市场竞争以及社会舆论和属地居民抗争等多重压力下作出的选择，拒绝签订协议的后果很可能面临更严格的法令规制，或者在竞争中处于不利地位，或者品牌形象的损失，等等。这种自愿服从性以美国的自愿性环境协议最为典型，其是绝对的自愿性质，不附带具拘束力之法律义务或契约上义务。其四，各方缔结协议均是基于自身目标与利益的考虑，协议之所以能达成便是因为各方均能从中获得自己的利益，如政府从中取得了企业的配合，完成了减污任务；企业从中获得了政府的信任（替代了法规）以及可能的经济激励、市场竞争中的领先位置、环保形象与品牌的树立等，公众与居民则得以减轻污染，享有改善后的自然环境，这个过程中各方摒弃成见和分歧，互相协作与配合。其五，各国的自愿性环境协议至少表面上是自由的或约定性的，虽然缔约对象的选择程度不大，但企业是否签订协议、缔结什么内容的协议在理论上都是出于自身意志，而非受强制命令，尽管企业签订协议背后的动机各不相同，如受政府经济激励的诱导，避免更严格的规制法令的出台，建立环保形象，赢得绿色消费者群体的青睐等，各国的激励措施、规制威胁程度、市场完善程度等各不相同，企业实际上享有的自由度也大相径庭。其六，通常情况下，自愿性环境协议的各方都是互享权利、互负义务的，如企业必须达到一定的排污标准或者减污绩效，政府负责提供税收减免、经济补贴、标志认证等激励，公众与属地居民如加入进来，通常是对政府和企业双方进行监督，但同时也承担有诸如一定期间内环境质量欠佳的忍受义务等。但是，如德国等国的企业单方承诺的协议，从表面上看只有一方主体，权利义务对等似无从谈起，政府最多负有一定时期内暂缓出台更严格的管制法规的不作为义务。

综上所述，行政合同和自愿性环境协议均不同程度地具有契约理念所

.

包含的平等独立、双方合意、自愿服从、合作互惠、自由选择、权利义务对等因素，这为二者的融合提供了前提与基础。

二　类型化的结果：环境行政合同

正因为自愿性环境协议与行政合同具有共同的契约理念作为基础，将自愿性环境协议作为行政合同在环境行政领域应用的结果，以环境行政合同称之，便是顺理成章的事情了。事实上，有不少学者正是这样做的。有学者认为，环境行政合同有不同的名称："公害防止协定""环境自愿协议""环境协议""环境合同"等，行政合同最早是发达国家在20世纪60年代导入环境规制领域的，随后作为"规制革新"的先进手法而被引入发展中国家。① 有学者将环境协议（合同）作为一种重要的以合同形式实现环境保护目标的环境政策手段来使用，包括日本的公害防止协定、欧盟和美国的自愿性环境协议等。② 有学者认为，环境契约是一种重要的规制手段和合作规制的主体形式，认同环境契约为行政合同的基本判断。③ 也有学者指出，环境合同，又称为"环境协议"或者"自愿协议"，目前尚无统一的概念，从环境政策的视角来界定环境协议，它不仅指双方的协议，而且包含了单方的自我承诺；但是，我国学者更多的是从行政合同的属性对环境行政合同进行定义，认为行政机关与行政管理相对人签订的环境合同都是环境行政合同。④ 还有学者借用我国台湾地区关于环境行政合同的定义："政府或行使环境监督管理职权的行政机关依据环境法和政府组织法的规定，在行政自由裁量权的范围内与行政管理相对人就各自的环境权利（力）、权益和义务及相应的法律后果作出约定的协议"，并认为"环境保护行政合同的实质是各级政府及其所属的环境职能部门为了执行环境保护法的规定和完成流域或行政区域环境保护的目标，在法律规定的自由

---

① 吴卫星：《行政契约在环境规制领域的展开》，《江苏社会科学》2013年第1期。
② 李挚萍：《环境法的新发展——管制与民主的互动》，人民法院出版社2006年版，第139页以下。
③ 李永林：《环境风险的合作规制——行政法视角的分析》，中国政法大学出版社2014年版，第174页以下。
④ 叶知年、陈秀瑜：《我国环境合同社会化发展探讨》，《西南农业大学学报》（社会科学版）2010年第4期。

裁量权范围内和环境法精神的指导下，按照环境保护的现状和行政管理的要求，灵活地与行政管理相对人约定相互的行政法律权利（力）与义务"。① 这一定义已经非常接近笔者设想中的作为行政合同与自愿性环境协议融合的环境行政合同的定义了。

　　基于前述行政合同的定义，以行政合同在环境行政领域应用的实际范围为基础，并最大限度地吸纳自愿性环境协议，可以将环境行政合同界定为：行政主体为了实现特定的环境保护目标或任务，依据法律法规和法定职权（责），在行政自由裁量权的范围内，与公民、法人或其他组织就各自的权利（力）、权益和义务及相应的法律后果平等协商，自主作出意思表示，并达成一致，以设立、变更或者终止行政法律关系而成立的协议。

　　根据该定义，环境行政合同具有以下特点：一是合同主体限于行政主体和行政相对人。使用行政主体②这一学理概念的目的是尽可能扩大有资格订立环境行政合同的主体范围，不限于地方政府及其环境保护行政主管部门，而是囊括所有具有环境保护行政职权（责）的行政机关③和法律法规授权的具有管理公共环境事务职能的组织等，但是，基于内部行政合同与外部行政合同区别对待的原理，排除了行政主体之间或者行政主体与其内设机构及雇员等之间签订的协议；基于合同的相对性理论，排除了污染性或生态破坏性设施厂址地或行为涉及地的居民（团体）等第三方成为契约当事人的可能性。

　　二是较大的合同容许性。环境行政合同的缔结，只要是为了实现环境保护的公共利益，有法律法规规定的依据法律法规；没有的，行政主体可以依据其职权（责）自行决定是否选择行政合同作为实现行政目标的方式，当然这种选择应符合行政法上的比例原则，且不违反法律法规的强制性规定和公序良俗，拟建立的行政法律关系的性质也非不得订立行政合同者。我国环境行政实践中除了大量的显性的正式行政合同之外，尚有为数

---

① 常纪文、黎菊云：《环境保护行政合同基本问题研究（上）》，《河南公安高等专科学校学报》2004 年第 1 期。

② 指依法拥有独立的行政职权，能代表国家，以自己的名义行使行政职权以及独立参加行政诉讼，并能独立承受行政行为效果与行政诉讼效果的组织。其角色主要由国家行政机关充任，但行政机关以外的组织，包括某些行政机关内设机构和外部得到行政授权的社会组织也可以作为行政主体。参见胡建淼《行政法学》（第二版），法律出版社 2003 年版，第 69—71 页。

③ 《中华人民共和国环境保护法》（2014 年修订）第 9 条第 2 款规定："县级以上人民政府有关部门和军队环境保护部门，依照有关法律的规定对资源保护和环境污染防治实施监督管理。"

不少的隐性的或者非正式的行政合同，其中很大一部分就受制于缔结合同的法律依据不明，以致行政主体畏首畏尾或者"名不正言不顺"。① 这样的规定便于最大限度地扩大环境行政合同的适用范围。

三是突出合同的平等性与自愿性，淡化行政主体的行政优益权。平等、自愿是合同的题中应有之义，只有在平等自愿的基础上，才能有后面的协商与合作。平等、自愿被引入环境领域后，因行政权和公共利益因素的存在受到一定的限制，不少行政法学者强调行政合同中行政主体的特权，认为行政主体为了实现公共利益之目的享有单方面的以公权力为基础的强制性权力，且不受合同合意的约束。② 笔者则认为，在行政主体与行政相对人缔结环境行政合同过程中，双方的地位是平等的，不应过分强调行政主体的优益权。行政优益权至多只是环境行政合同衍生出来的一种"备而不用"的权力，先有环境行政合同，后有缔约行政主体的优益权，优益权只有在满足严格的条件后才有行使的可能和必要，其并非环境行政合同的必要因素，也非其区别于民事合同的标准。既然行政主体选择采用环境行政合同作为达成环境行政目标的方式，即应遵循基本的契约规则，以平等姿态与行政相对人协商，尊重行政相对人的自愿选择，在确保目标实现的前提下给予行政相对人充足的自主空间，便于其选择自身利益最大化的实施方案。

四是摒弃单方性，注重协商与合作。现代社会，秩序行政趋于稳定，单纯高权行政活动的空间已被大大压缩，给付行政和福利行政大行其道，此类行政必须取得行政相对人的支持与配合，行政主体只有与行政相对人通力合作，才能实现行政的目标。环境行政合同相较于传统行政方式的一大优点便在于其通过行政主体与行政相对人在自愿、平等基础上的充分协

---

① 中国当下的行政实践之中广泛存在着符合行政合同的定性，却未表现为书面形式的"口头行政契约"，因其非书面的特征，而游离于学界的视域之外。例如，为加快黄标车淘汰步伐，北京市环保局和市财政局特别制定了淘汰黄标车鼓励政策，有效期为1年，分两阶段执行，奖励金额根据黄标车淘汰时间、车型、使用年限等设定。这实际上就是行政主体以公布政策的方式向黄标车的车主表达了在某一期限内愿意支付特定补贴金额的要约；黄标车车主可以选择按照公告的内容履行相应义务，从而取得向行政主体请求"发放特定补贴金额"的权利。由于公告发布当时尚未出台相应的法律法规，双方当事人的合意就成为设定公法法律关系的直接依据。详见郑春燕《诱导型下的口头行政契约》，《中外法学》2010年第4期。

② 张弘：《行政合同特权与法律控制》，《辽宁司法管理干部学院学报》2002年第2期；朱晓青、李晓光：《行政合同特权探析》，《盐城工学院学报》（社会科学版）2003年第1期。

商，交流污染治理的意见，交换污染治理信息，寻求使各方利益最大化的最佳治污方案，从而使方案一经产生便受到各方的认可与接受，并逐步内化为各自的实际行动。

五是合同的法律效果是设定、变更或者终止行政法律关系。这里的关键是在"行政法律关系"①。言外之意在于，行政法律关系以外的法律关系，诸如民事法律关系②以及不构成行政法律关系的社会关系等均不在考量的范围之内，或者至少不作为考虑的重点。这是由行政合同作为类型化行政行为的体系性和严谨性所决定的。但是，事实上行政合同与民事契约在很多情况下是难以分辨的，行政法律关系与民事法律关系更是互相交织而又错综复杂。不管是否纳入环境行政合同之中，它们都客观存在。

仅仅从定义及特征的简单分析还不足以认识环境行政合同的全貌，以下就从法律性质、法律效果、法律程序、法律救济等方面，对其做些补充说明。

首先，就法律性质而言，环境行政合同属于行政合同，行政合同又属于类型化行政行为的一种（行政合同＜双方行政行为＜行政法律行为＜行政行为），因此，环境行政合同属于行政法律行为之一种，具有行政法律行为的一些基本特征（如主体特定性、公务性、行政权作用性、表意性）和效力（如公定力、确定力、拘束力、执行力），行政主体仍然保有行政优益权，同时必须遵循行政权运行的一些基本程序规则，如告知、说明理由、平等对待、避免偏私等。

其次，就法律效果而言，环境行政合同旨在为行政主体和行政相对人设定环境行政法上的权利与义务。就权利（力）而言，择其要者而论，行政主体一方主要有：法律规定和合同约定的指导权、监督权、检查权、单方变更与终止合同权、单方解除权、单方面的合同强制履行权、合同解释

① 所谓行政法律关系，是指经行政法规范调整的，因实施国家行政权而发生的行政主体之间、行政主体与行政人之间、行政主体与行政相对人之间的权利与义务关系。参见胡建淼《行政法学》（第二版），法律出版社 2003 年版，第 25 页。

② 同前引姜明安教授主持起草之《中华人民共和国行政程序法（试拟稿）》第 82 条第 3 款。该款规定："行政机关为实施民事行为，可与其他民事主体签订民事合同。行政机关的民事合同行为适用《民法通则》与《合同法》。"

权、合同履行的检查权、对违约当事人的行政制裁权等;① 行政相对人一方当事人则相应地享有获得通知、要求说明理由的权利,协商变更或解除行政合同的权利,对于行政主体违反合同义务的行为要求予以改正和赔偿损失、承担违约责任的权利,行政主体不自动履行违约责任时申请人民法院强制执行的权利,对行政主体错误解释造成的损失要求承担赔偿责任的权利,对行政主体单方行使变更权、解除权造成的损失要求给予合理的补偿的权利,对于合同产生的纠纷依法申请仲裁、行政复议和提起行政诉讼的权利。② 就义务而言,除了特别约定之外,则基本上可以从对方的权利推知,在此不赘述。

最后,就法律程序而言,就我国已有的几部行政程序法试拟稿中关于行政合同的规定来看,主要有如下几项:一是缔约主体选择制度。合同订立人的选择应当遵循竞争原则和公开原则,一般采用公开招标的方式确定,法律、行政法规规定采用直接磋商,或者符合特殊条件的才可以采用直接磋商的方式确定。③ 二是合同的形式。原则上应该以书面形式签订。④ 三是参与保留。行政合同依法必须征得其他行政机关的核准、同意或者会同办理的,应当依法办理;没有依法办理上述手续的,行政合同无效。⑤ 四是告知及说明理由。如行政主体单方解除行政合同,应及时通知当事人,说明理由。⑥ 关于环境行政合同的救济,司法救济途径为行政诉讼当无疑义;司法外解决途径则有仲裁和行政复议,非正式的解决途径包括协商和政府或者行政机关上级部门调解也不可忽视,因为"由双方当事人通过非正式的谈判与意见交流来消弥彼此对条款理解的差异以及有关纷争,是诸种解决方法中成本最低且效益最高的解决方式,在我国传统文化背景

---

① 全国人大法工委行政立法研究组起草《行政程序法(专家意见稿第 11 稿)》第 158—170 条,详见中国人民大学宪政与行政法治研究中心编《宪政与行政法治评论》第 1 卷,中国人民大学出版社 2004 年版,第 242 页;姜明安主持起草《中华人民共和国行政程序法(试拟稿)》第 82—86 条,2018 年 5 月 9 日(http://article.chinalawinfo.com/ArticleHtml/Article_26210.shtml);马怀德主持起草《中华人民共和国行政程序法(草案建议稿)》第 163—175 条,详见马怀德主编《行政程序立法研究:〈行政程序法〉草案建议稿及理由说明书》,法律出版社 2005 年版,第 405—407 页。
② 同上。
③ 同上。
④ 同上。
⑤ 同上。
⑥ 同上。

下对于处理当事人彼此间存在隶属关系的契约争议极具价值"①。

　　笔者认为，按照上述概念和特征构建的环境行政合同应该是现有的作为类型化行政行为的行政合同理论下能够最大限度地吸纳和包容自愿性环境协议的选择。然而，即便果真按此方案进行环境行政合同的制度设计，仍无法全面回应环境行政实践中自愿性环境协议发展的要求，其根源在于以行政行为形式论为基础的类型化行政行为具有自身的局限，其局限性在面对自愿性环境协议时暴露无遗。本章第四节即围绕此一基本观点展开阐述。

第四节　环境行政合同与自愿性环境协议的不兼容

一　环境行政合同难以兼容协议的多元性

　　作为行政合同原型的民事契约是以合同关系的相对性（包括主体、内容和责任的相对性）为基础和前提而建立的。② 行政合同在很大程度上承袭了契约相对性的要求。就契约主体而言，我们发现，虽然有内部行政合同是否纳入的争议，但无论是内部行政合同还是外部行政合同，其主体均为双方，即行政主体与行政主体（内设机构、工作人员）、行政主体与行政相对人，不曾发现有二者之外的第三方主体。即便是随着对与行政行为有利害关系的第三人权利保护的重视，赋予了第三人越来越广泛的参与权，但也绝不会将其作为合同的一方主体。遍观我国当下应用比较广泛的行政合同类型，如城镇污水处理厂等公共环保工程外包合同、污染源限期治理合同、排污许可权交易合同等，合同主体均为双方，双方以外的主体，如环境监理单位等，即便地位再重要也不可能被列为合同当事人，而只能在合同之外发挥作用。就契约内容而言，通常都是约定双方当事人的权利和义务，如以合同约定第三人的义务或者可能侵害第三人利益，即便

---

① 余凌云：《行政契约论》（第二版），中国人民大学出版社 2006 年版，第 121 页。
② 王利民：《论合同的相对性》，《中国法学》1996 年第 4 期。

是行政主体一方提出，也必须事先征得第三人的同意，对此我国行政程序法立法草案中已有所反映；① 以合同约定第三人的权利，固然不违反公序良俗和法律之禁止性规定，但问题是，合同当事人不履行其约定之义务时，第三人原则上是不能向合同双方当事人主张权利的，因为合同约定的效力只及于双方当事人。就合同责任而观，行政合同与民事合同一样，其违约责任只能在特定的当事人之间即合同关系的当事人之间发生，合同关系以外的人不负违约责任，合同当事人也不对其承担违约责任。姜明安教授主持起草的《行政程序法（试拟稿）》的相关规定为这一点提供了注脚。②

反观自愿性环境协议，无论就主体、内容还是责任而言都突破了契约相对性的限制。首先，协议主体多元。欧盟将自愿性环境协议分为三种主要的类型：单边承诺、公开志愿方案和谈判的协议。除谈判的协议是"公共当局与工业界之间的真正合同"③ 外，其他两类很难以典型的行政合同论之。单边承诺从形式上看是私有部门单方面作出的要开展一系列活动或履行旨在保护环境的指导准则或行为规范，其承诺的对象可以是政府（环境保护行政主管部门），也可以是社会，还可以看作二者兼而有之，即以自我环境规制的积极努力换取政府的放松规制和公众对企业形象、品牌的认同。公开志愿方案类似于一个关于某一环境保护项目的"公开要约"，但严格说来，它又不完全符合"要约"的条件，因为诸如美国等国家的公共志愿方案中，政府（公共当局）是不提供任何对价的，完全依靠成熟的市场力量，由企业绝对自愿地选择是否加入；即便加入，也很难说在加入的企业与发起方案的公共当局之间就形成了合同关系，因为即便企业不按照方案实施，当局亦不会采取任何措施追究企业一方的责任，政府在整个

---

① 全国人大法工委行政立法研究组起草《行政程序法（专家意见稿第 11 稿）》第 167 条第 2 款，详见中国人民大学宪政与行政法治研究中心编《宪政与行政法治评论》第 1 卷，中国人民大学出版社 2004 年版，第 242 页；马怀德主持起草《中华人民共和国行政程序法（草案建议稿）》第 173 条第 2 款，详见马怀德主编《行政程序立法研究：〈行政程序法〉草案建议稿及理由说明书》，法律出版社 2005 年版，第 406 页。

② 姜明安教授主持起草之《行政程序法（试拟稿）》第 87 条规定：行政机关和合同对方当事人违反合同义务，均应依法承担违约责任，行政机关不自动履行违约责任，对方当事人可以申请人民法院强制执行；对方当事人不自动履行违约责任，行政机关可依法强制执行或申请人民法院强制执行。

③ Jean - Philippe Barde：《经合组织关于志愿思路在环境政策中的作用的工作》，《UNEP 产业与环境（中文版）》1999 年第 1—2 期。

志愿方案中扮演的角色似乎仅限于发起者，之后就完全是企业唱主角，技术部门予以配合，政府似乎消失了。在这种状态下，非要说发起公开方案的政府当局与参加的企业之间是构成合同双方当事人的关系，实在太过牵强。日本的情况则恰恰相反，其公害防止协定，经过多年发展遇到许多新的课题，首当其冲的便是涉及的当事人范围不断扩大，以前公害防止协定主要是双方（两个当事人），而现在则呈现多元化，即都道府县、市町村、各种居民团体（组织）、企业都作为主体出现。①

其次，协议内容扩展。自愿性环境协议约定的内容除涉及双方共同努力达到环境保护目标之外，还常常及于双方之外的居民、地方公共团体，为其创设权利和利益，也有少数情况下课予义务。例如我国台湾地区苗栗县头份镇芦竹里办公处与中国石油化学工业开发股份有限公司头份厂签订之《汽电共生睦邻环境保护协定》中，除约定企业采取一定的环境保护措施、信息公开、现场检查、紧急应变计划等条款之外，还约定有睦邻回馈、损害赔偿等及于双方当事人之外的芦竹里居民的内容。

再次，协议责任延伸。由于环境问题往往涉及多重主体，因果关系查证困难，责任认定与分配更为棘手，实践中会出现很多传统契约理论预设不到的复杂情况，自愿性环境协议为求得问题的解决，抛开各种理论和制度框框的束缚而灵活务实地应对，出现协议约定之责任向第三方延伸，或者在当事人与第三方之间互为交织的现象。如我国台湾地区高雄县大寮乡公所与社团法人高雄县大发工业区厂商协进会"敦亲睦邻备忘录"中，缔约当事人形式上为高雄县大寮乡公所与社团法人，但协议主要条款之敦亲睦邻费用则由大发工业区前30家大厂商提供，除缔约的双方当事人外，实质上还有其他关系人存在，协议约定厂商协进会仅提供代收代付作业平台，未收齐部分由相关单位协助催缴，可解释为乡公所对相关厂商有给付请求权；厂商未给付时，由厂商协进会负责损害赔偿。② 此案例中，协议当事人为第三人设定了义务，而第三人违约时，又由协议当事人中的一方向另一方负损害赔偿责任。虽然并非典型，但自愿性环境协议责任认定与分配的复杂性可见一斑。

---

① ［日］木佐茂男：《公害防止协定的行政法分析》，牟宪魁、张荣红译，《上海政法学院学报》（法治论丛）2013年第4期。

② 刘宗德主持：《99年度"环境保护协定推广及辅导签订"专案工作计画成果报告》，2010年印制，第150—152页。

二 环境行政合同难以兼容协议的过程性

环境行政合同作为一种类型化行政行为具有行政行为形式理论赋予的优点，它从错综复杂、千丝万缕的行政事实中分离出行政合同这类法律行为，进而探讨其法律上的构成要件和效力，设定其实施的程序，并预设其引发纠纷的司法救济途径，如此行政法律关系主体之间法律关系、权利义务清晰明确，于行政主体，便于依法行政，形成稳定的行政法律关系；于行政相对人，则具有较强的可预见性；于司法机关，也利于适用法律、定纷止争。然而，问题也潜藏在这种"类型化"之中：为了达到类型化、模式化的目的，只能截取相关行政事实中的某个时点的法律关系片段，而不能把握行政行为过程的整体，不能覆盖此过程中多边交错的法律关系，不能对行政过程给予事前、事中、事后的持续性关注，更不能顾及其背后的政治、经济、社会等背景因素。一个成功的行政合同往往以行政主体与相对人之间达成合意，通过书面之契约条款明确双方之权利义务为追求，而对于缔约前行政主体之政策目标与手段策略之考量，行政相对人之动机、目的与顾虑等事实缺乏关注；缔约中亦仅仅重点对缔约当事人之选择、行政主体单方面行为之告知与说明理由要求等若干主要环节予以程序规范；缔约后，虽有履行过程中行政主体之监督、指导、检查权等确保契约完全履行之制度设置，有情势变更之应对及违约责任之追究，但这些已然超出了行政合同之范围，而构成其他的行政行为或者事实，不属行政合同关注的重心，如行政主体对行政相对人履约情况进行监督、检查，如果未发现违约情况，无须采取措施，则仅仅构成事实行为，如果发现行政相对人违约，依法采取强制措施促使行政相对人履行，则可能产生一个新的行政行为——行政强制，无论是前者还是后者，对于行政合同而言都是另一回事了。为了解决复杂行政行为过程中的多个行政行为之衔接问题，理论上提出了分节型行政行为（即可划分为若干环节的行政行为)[①]、

[①] 又称为分阶段行政行为、双阶行政行为。传统的双阶理论系德国行政法学者于20世纪50年代提出。我国台湾地区行政法院针对ETC运营模式，提出"修正式的双阶理论"模式，即将第一阶段之"甄审决定"定性为行政处分，将第二阶段缔结之ETC建置及营运契约定性为行政契约。详见盛子龙《行政契约违法之法律效果——兼论ETC建置及营运契约违法之法律效果》，载台湾行政法学会主编《行政契约之法理/各国行政法学之发展方向（台湾行政法学会研讨会论文集〔2009〕)》，元照出版公司2009年版，第80页。

复合性行政行为（即虽为一个行政行为却又综合了各种法律中所规定的多种许可认可的概括性行为）①。但是，无论是分节型行政行为还是复合性行政行为本身都只是类型化行政行为的进一步组合，只是从关注一个片段转向重视多个片段，片段与片段之间的缝隙和连接仍无法得到缝合和弥补。这种片段性会造成一些难以克服的困难：一是将整体的行政行为事实割裂开来，使人无法了解行政行为事实的全貌，更无法窥知行为背后的各作用因素，如从环境行政合同中，我们可以直接了解到企业承诺采取的污染防治措施和行政主体承诺的指导、帮助、激励等，却无从知晓合意的达成过程中二者分别作出了哪些妥协，为何作出这些妥协，以及最为重要的双方有无动力和实力履行契约之义务以实现环境行政目标。二是将动态的公共行政实践简单化为一个静态的片段，对公共行政实践中呈现动态性、多层次性的法律关系无从回应。例如，在上述我国台湾地区《汽电共生睦邻环境保护协定》一例中，有大量的关于损害赔偿、睦邻回馈（包括回馈金之对象与计算、发放方式及金钱以外其他回馈方式等）等民事约定，② 如果是在环境行政合同中，对此类事项做如此详细的约定，几乎是不可想象的。三是以程序和诉讼为面向，重视契约的合法性，忽视环境行政的实际需要和环境规制过程中的实体问题。行政机关在订立环境行政合同之前，首先考虑的不是如何更好地实现环境行政的目标，而是自己是否有权签订，签订的程序如何不违反法律的强制性规定，如何在今后可能面临的行政诉讼或者行政责任追究中保护自己，只有在符合上述基本条件的情况下，才会进一步去考虑如何更有效率地完成行政任务，如何解决各个棘手的实体性问题。

自愿性环境协议与环境行政合同的一大区别就在于，其不是根据从行政事实和法律关系片段抽象、提炼出来的法律规则被动行事，而是在充斥着形成性、预防性、给付性的现代环境行政中，以完成行政任务、实现环境保护目标为导向，面对动态的、多层次的行政法律关系和事实关系，全面考察行政活动的整体和全过程，以灵活的、富有弹性的、不拘一格的方式应对现实需求。

---

① ［日］大桥洋一：《行政法学的结构性变革》，吕艳滨译，中国人民大学出版社2008年版，第8页。
② 刘宗德主持：《99年度"环境保护协定推广及辅导签订"专案工作计画成果报告》，2010年印制，第146—147页。

因而，它必然要突破环境行政合同理论划定的框架：首先，它要将环境行政活动的政治、经济、社会、文化背景和行政主体、行政相对人、社会公众、NGO组织等各个团体的政策或者策略考虑纳入考察的范围，因为没有无缘无故的自愿，只有深入了解当事人、利害关系人、公众等各自的背景，才能有发现他们相互之间协商、合意的可能基础以及协议达成的必要性和履行的可行性。其次，它不对行政活动中各种复杂的法律关系和事实关系做分割和剥离，而是针对其中的具体问题，从整体上分析，探索运用各种法律手段和资源解决问题的方法，在协议里几乎看不到纯粹的行政法律关系和行政手段，它们往往是与民事法律关系、行政事实关系和民事方式、行政事实手段结合在一起形成一个浑然天成的整体。再次，它对行政目标的追求和行政活动的关注是长期的、持续性的。例如，荷兰的"环境与工业目标组政策"把国家环境目标转变成各个工业部门的准确排放削减数字，指出该部门必须在什么时限内达到该排放量削减量，由单个企业根据工业部门和政府达成的合同与政府签订具体的合同，各参加公司必须每4年制订一份"公司环境计划"（CEP），详细列出未来4年为实现协议约定的环境目标所采取的环境管理措施，每年将自己采取的环境措施以及取得的环境绩效报告提供给政府和公众，一个由各相关方参与的咨询组以合约任务为基础对行业任务的实施问题进行评估，评估的结果形成下一轮CEP的输入。① 如此循环往复，确保企业的环境绩效不断提高，国家环境质量持续改善。最后，它将重心放在行政过程上，力求通过良好的过程设计，实现各方利益的最大化，在过程中预防纠纷，即便发生了纠纷，也尽力在过程中通过协商、和解等方式解决问题、化解矛盾，因为这样是成本最低而效果最好的。事实上，绝大多数纠纷都是在行政过程中解决的，进入最后一道司法防线的纠纷少之又少，日本公害防止协定的实践证明了这一点。②

---

① ［荷］马顿·德洪：《荷兰环境协议：分担可持续工业发展的责任》，《UNEP产业与环境》（中文版）1999年第1—2期；郑亚南：《自愿性环境管理理论与实践研究》，武汉理工大学2004年博士学位论文，第81—84页。

② 如前所述，日本的公害防止协定数量巨大，但绝大部分协议都能得到良好的履行，极少发生因协定之纠纷而诉至法院的情形。

三　环境行政合同难以兼容协议的包容性

环境行政合同作为类型化行政行为，由于必须从复杂的行政行为和行政事实中选取具有共同特征的一类——行政主体与行政相对人围绕环境行政目标基于意思表示一致而达成的契约，抽象出其行为模式和法律规则，其思维是收敛性或者说闭合性的，表现为凡不符合该固定模式的一律排除在外。它适合于法律关系较为稳定和法技术与框架架构较为成熟的行政行为，却无法承载处于发展和变革之中的环境行政手法所包含的丰富的内容。

详解如下：首先，对环境行政所面临的时代问题（环境规制背景的先天不足、规制手段的后天失调、环境规制的结构倾斜失衡等致使规制效果上低效、失效与无效，环境问题集中爆发①）缺乏有力的回应。环境行政合同也想将环境规制变革过程中涌现的新兴的卓有成效的手段、方式、方法皆纳入其模式之中，但囿于模式本身的框架，为了维持自身的稳定性和体系性，又不能不对其中的大部分忍痛割爱。其次，对环境行政活动中各主体的利益诉求和相互之间的各种关系不能兼容并蓄、统筹兼顾。举两个简单的例子加以说明。在日本，最初的公害防止协定多是在建设污染较为严重的工厂时，企业（多为民营企业）和当地居民单独缔结，② 政府和地方公共团体都不是协议的当事人，按照传统的行政行为理论，这样的协议当然不属于行政合同，只能视为"君子协定"，根本无从以行政合同理论加以解释。我国台湾地区《行政程序法》和大陆地区《行政程序法（专家意见稿、草案建议稿）》中均规定了行政合同约定内容可能侵害第三人权利或利益的应事先征得其书面同意，③ 对第三人利益之保护已有考虑。但是，这种保护充其量只是消极的保护，而且本身存在着悖论：试想，哪一

---

① 王勇：《政府规制视角下我国环境信访成因解析》，《中国环境管理干部学院学报》2014 年第6 期。
② ［日］木佐茂男：《公害防止协定的行政法分析》，牟宪魁、张荣红译，《上海政法学院学报》（法治论丛）2013 年第 4 期。
③ 我国台湾地区《行政程序法》（2005 年）第 140 条第 1 款；全国人大法工委行政立法研究组：《行政程序法（专家意见稿第 11 稿）》第 167 条第 2 款；马怀德主持起草之《行政程序法（草案建议稿）》第 173 条第 2 款，详见马怀德主编《行政程序立法研究：〈行政程序法〉草案建议稿及理由说明书》，法律出版社 2005 年版，第 406 页。

个理性的人会真正自愿地书面同意对自己权利造成侵害的他人契约？现行行政合同理论对第三人利益的保护只能使其具有消极地位，① 即防止不法的侵害，但是，现代社会行政活动充斥着国家形成性、预防性、给付性的活动，若无权从中获益，则对第三人权益的保护肯定是残缺的、不完整的。如欲真正实现对第三人权利的全面保护，则必须赋予其受益权和参与权，使之得以法律关系主体地位参与合意形成。这是环境行政合同所无法做到的。最后，相对封闭的行政合同理论无法包容自愿性环境协议不断变化、发展的需要，不能对自愿性环境协议的新变化、新发展提供令人信服的理论解释。仍以日本为例。日本的公害防止协定自 20 世纪 60 年代诞生以来直到今天都是不断演变的，对于形式多样（如契约书、协定书、备忘录、往返文书、口头约定等）、内容多变（如最初为企业与当地居民缔结到后来多为企业与政府缔结，应用范围从工业扩展到农业、服务业，目标从公害防止演变为环境保全）的公害防止协定的法律性质的认定，日本法学界一直在随着实践的变化而给出不同的理论解释，从最初的"君子协定"说到行政指导说、民事契约说、行政合同说、特殊契约说（认为公害防止协定无法在现有的公法或私法的一般理论框架内得到确切定位，受保护居民环境权的特殊法即公害法的法理的支配）、"传统行政法所未知的新的规制手段"说，以至一种不能单纯地定位为"规制行政"的、具有复杂内容的"公害防止协定体制"等，② 不一而足。显然，单纯的行政合同理论无法解释如此复杂的行政法现象，而其相对固定、稳定和封闭的特点决定了它无法赶上行政实践活动的步伐。

相比较而言，自愿性环境协议更具有包容性，对上述环境行政合同制度无法包容的部分有着较强的消化能力。因为，协议的思路本身是发散的，它不是先有一个模式或者框架，然后按此模式或者框架去对应环境行政，而是对复杂环境行政实践中各种困难与问题作出积极的、主动的应对，并吸收政治学、经济学、管理学、社会学、公共行政学等各相关学科

---

① 依耶利内克之"地位理论"，个人相对于国家的地位有四种：被动地位（passiver status）、消极地位（negahver status）、积极地位（positiver status）、主动地位（aktiver status）。参见［德］格奥尔格·耶利内克《主观公法权利体系》，曾韬、赵天书译，中国政法大学出版社 2012 年版，第 74 页以下。笔者在此借鉴这一理论运用于第三人与行政契约当事人关系之研究。

② ［日］木佐茂男：《公害防止协定的行政法分析》，牟宪魁、张荣红译，《上海政法学院学报》（法治论丛）2013 年第 4 期。

的知识资源为实践提供理论解释、正当性证成（证伪）以及前瞻性指导。

这主要表现在四个方面：首先，从行政活动的主体来看，它根据达成环境行政目标的需要，广泛吸纳包括行政主体（其中又包含中央政府与地方政府、政府与环境保护行政主管部门及其他具有环境保护职权、职责的机构和组织）、行政相对人（主要是缔结协议的企业，但企业内部也涉及大企业与小企业、企业与行业协会等多重主体）、污染企业或者设施所在地的居民和基层群众性自治组织、区域性或者全国性的环保 NGO 组织、第三方监督监测或者技术支撑机构等，所有这些主体都能不同程度、不同方式地参与协商、发表意见，在合意形成中发挥作用，并在协议条款中固定下来，在协议达成之后的履行过程中也能各司其职，监督协议顺利地履行，实现各方和公共利益的最大化。其次，从主体间的关系来看，它能包容各种类型和层次的主体间关系，包括行政法律关系、行政事实关系、民事法律关系，正式的法律关系和非正式的法律关系，行政主体与企业之间的当事人关系、行政主体与缔约企业之外的其他主体之间的关系、缔约企业与行政主体以外的其他主体之间的关系等。再次，从行政作用手段和方式来看，它能充分利用各种类型和层次的政策工具、手段、方式、方法等为实现环境行政目标服务，包括法律手段、经济手段、政治手段和文化手段，行政法上的和民法上的手段，正式手段和非正式手段等。最后，它本身是一个发展中的不断完善的动态体系，对于实践中的问题能及时作出反应和应对，对实践中的变化能及时关注和解释，对实践中好的做法能及时总结和吸收，对实践中违背法律基本原理和原则的越界与过火现象及时予以抑制和矫正。

四 环境行政合同难以兼容协议的灵活性

行政行为类型化利用法技术概念对每一类行政行为建立类型化行为规范架构（一般包括权限、程序、法律效果以及救济方式等），行政通过对在该规范框架基础上的具体法律规定（权限和程序）的遵守来获得其合法性。[1] 其根本目的还是在于对行政权的控制和行政相对人合法权益的保障。环境行政合同仍须遵守依法行政的原则，按照法律赋予的权限和程序而

---

① 姜明安主编：《公法理论研究与公法教学》，北京大学出版社 2009 年版，第 369 页。

为。为此，各国（地区）行政程序法或者行政合同法均规定了严格乃至烦琐的程序。

以我国台湾地区对行政合同缔结程序的规定为例，其至少包含以下几个相互连接的环节：事先公告契约当事人之资格和决定程序——甄选（或其他竞争方式）——给予参与竞争者表示意见之机会——决定——签约（原则上须为书面形式）。① 从行政合同演变历史来看，其之所以由被否认到被肯定，以至成为现代西方国家行政改革和政府治理的一大特色，② 很重要的一点即为希冀"以契约方式的灵活性来解放传统官僚制的僵硬性"③。

如此严格的程序对于控制行政权、保障公民合法权益功不可没，但同时也无异于给追求灵活性的行政合同戴上了一副枷锁。其消极影响表现在：其一，抬高了行政合同适用的门槛。严格的程序将许多本望与行政主体缔结契约的潜在行政相对人挡在门外，其中尤以对中小企业影响最大。因为大企业实力雄厚，本就设有专门的机构或者人员与行政机关交涉，对行政程序的掌握和适用娴熟自如，而中小企业限于人力和财力等，在这方面处于明显的劣势。结果是，行政合同的程序限制可能在中小企业与大型企业之间造成实质上的不公平，也不利于行政任务的完成，对于我国这样中小企业数量众多且占总体经济比重巨大的国家来说更是如此。其二，增加了成本。无论是行政主体还是行政相对人，履行如此复杂烦琐的程序，都将耗费大量的时间、精力和财力。以通过招标等公开竞争方式选择缔约方的程序为例，就主体而言，通过组织招标等公开竞争方式选择缔约方，从公告资格和决定程序到接受投标、初步决定、听取参加竞标者陈述意见、决定，每一个环节都需要专门的行政机关工作人员操作，要预留足够的时间，还可能遭遇参与人和利害关系人的不同意见而延误，一旦发生纠纷，更有可能引发行政诉讼等各类纠纷解决程序，更是耗时费力，行政成本大增；就参与竞标的相对人而言，准备标书，陈述意见，等待开标和决定，以及可能的与行政主体及其他竞标人之间的纠纷都需要时间、人员和经费支持，竞标者数量越多，意味着中标的概率越小，一旦竞标失败，不

---

① 参见我国台湾地区《行政程序法》（2005 年）第 138 条和第 139 条。
② 杨解君：《中国行政法的变革之道——契约理念的确立及其展开》，清华大学出版社 2011 年版，第 67—69 页。
③ 周志忍：《当代国外行政改革比较研究》，国家行政学院出版社 1999 年版，第 113 页。

仅意味着前期投入的无回报，更可能增加难以估量的机会成本。其三，降低了效率。相同的产出之下，成本越高表明效率越低；同样的成本耗费下，产出越少效率越低。契约的烦琐程序不仅增加了行政主体和行政相对人双方的成本，还可能减少契约本可产生的效益。因为程序越烦琐、环节越多，行政主体一方寻租和行政相对人一方俘获的机会越多，一旦企业与少数政府人员结成同盟，最后损害的只能是大部分其他企业和社会公共利益。因此，总体而言，环境行政合同的严格程序也许适合于大型公共环保工程 BOT 项目以及大批量政府公共采购和购买公共服务等领域，而并不是治疗所有官僚体制僵化病的灵丹妙药。

相对而言，自愿性环境协议的灵活性更为显著，对于现阶段我国数量庞大且总体技术落后、实力不足的中小企业而言或许更有用武之地。自愿性环境协议的灵活性，笔者以为表现在如下几个方面。

首先，手法灵活。自愿性环境协议从缔结（发起—加入、承诺）到履行、监督、评估、反馈、修正等整个过程中，可以综合运用经济的和法律的、行政的和民事的、柔性的和硬性的、正式的和非正式的各种手段，只要不违反法律的强制性规定，不违背法律的基本原则和精神即可。

其次，程序灵活。自愿性环境协议除可借用各种正式程序之外，更可根据实践的需要选择适用各种非正式程序。① 而单方承诺、公共志愿方案等类型的自愿性协议，其程序本就灵活、简洁。

再次，结果灵活。我们只要看一下日本公害防止协定书的名称和形式就可略窥一斑，其名称有契约书、协定书、备忘录、往返文书、口头约定等，且已发展到一份协定书由协定书以及作为其附属文书（下位协定）的备忘录、公害防止规划书及细则等一系列文书构成，而下位协定约定的内

---

① 非正式程序本质就是非正式，没有精确的定义。从其各种技巧观之，可分为三种程序类型：（1）预先程序（preformal procedure）：意在早于行政程序之前解决问题，并避免导致进入正式程序阶段；（2）过滤程序（filtering procedure）：旨在透过完整的谈判过程减少不必要的正式程序，而若有案件即将进入正式程序，可以先减少争议，达成初步的共识，以为将来之准备；（3）退出程序（opting-out procedure）：正式程序已经开始进行，但是碰到困难无法完成时应用之技巧。其主要优点在于：加快速度（speed）；解决问题的低成本（low-cost）；比起正式程序僵化的气氛，显得友善，而且议程也较具弹性；较能达成"非零和博弈"（non-zero game）。详见纪振清《公平会与台湾微软行政和解契约之定性与检讨》，载台湾行政法学会主编《行政契约之法理/各国行政法学之发展方向（台湾行政法学会研讨会论文集〔2009〕）》，元照出版公司 2009 年版，第 37—40 页。

容十分灵活，如可能约定对企业的受益性措施，但约定事项的法律意义尚不明确。①

最后，执行灵活。自愿性环境协议在履行过程中也是非常灵活的，如我国台湾地区的环境保护协定范本中就载有紧急应变计划条款、损害填补条款、协议条款之变更或调整条款、协议效力延长或更新等，对于应对协议履行过程中的突发情况或者根据变化了的政治经济社会文化背景做相应的调适可做到游刃有余。对于发生当事人不履行协议情况的处置，也是灵活而务实的：如果是行政相对人一方不履行，可以是双方或多方协商寻求解决方案，也可以根据协议的事先约定要求承担违约责任、损害赔偿责任等民事手段，也可以是给予行政处罚，申请法院强制执行（又分为民事诉讼执行和行政诉讼执行）抑或事先已在法院备案而得直接强制执行（如我国台湾地区的环境保护协定）或者直接依职权强制执行等；如果是行政主体一方不履行，则可以与之协商，要求承担违约责任，合理补偿或者依法赔偿，申请仲裁或者行政复议，提起行政诉讼等。

第五节　小结：类型化的例外

在自由法治国阶段，法律不是形塑社会的工具，而是建构与维系平等之自由的秩序手段，确保人民免受高权行政侵害的安全，其行政法学关注的是节制行政高权的行使，主要着力于建构高权行政行为之法律形式体系。这一行政法体系关注的中心是法律，其设计的主要不足之处是对高权侵害行为以外的领域欠缺掌握。② 在行政事实逐渐充斥国家形成性、预防性、给付性的活动，简言之，远远超越市民法治国的国家行政目标之后，

---

① ［日］木佐茂男：《公害防止协定的行政法分析》，牟宪魁、张荣红译，《上海政法学院学报》（法治论丛）2013 年第 4 期。

② Wolfgang Meyer – Hesemann, Methodenwandel in der Verwaltungsrechts – wissenschaft, 1981. S. 20 – 31, 32 – 35. 转引自陈爱娥《德国行政法学的新发展》，载台湾行政法学会主编《行政契约之法理/各国行政法学之发展方向（台湾行政法学会研讨会论文集〔2009〕）》，元照出版公司2009 年版，第 166 页。

这种体系建构的缺陷自然日益明显且严重。[①] 就具体操作层面而言，法律形式理论主要是根据行为类型的角度来安排行政法；换言之，由复杂的行政事实里区分出诸如行政处分、行政合同、事实行为等个别要素，进而探讨其法律上的前提要件和后果。这种操作方式具有下述缺点：法释义学的处理未能及于行政行为的整体；国民对行政决定的参与不足；未能适当考量时间的因素；未能充分考量多边的法律关系。[②] 虽然，环境行政合同的应用本意在发挥其灵活性的优势，矫正官僚体制的僵化弊病，但被类型化（模式化）以后，行政行为形式理论的上述缺点也都被其承袭，以环境行政合同为基础吸纳自愿性环境协议的尝试，因为不能摆脱上述行政行为形式论的缺陷，而可能束缚自愿性环境协议功能的发挥。因此，将自愿性环境协议类型化为现有的某一种类型化行政行为似乎并不是最佳的选择。

就类型化的第二条路径——创设新的类型化行政行为而言，笔者认为并不可取：首先，如前所述，类型化是建立在该行政行为已经广受学说、实务所讨论而已固定化，其概念、体系已大体完备，也就是说，"一方面它本身就是一个行为体系或系统，另一方面它又是大系统中的子系统"[③]。自愿性环境协议是一种新兴的环境行政活动方式，尚处于发展变化之中，其未来的前景尚难以预料，其理论基础还十分薄弱，学界对其研究刚刚起步，实务界对其应用也处于试点和探索的阶段，显然不具备新设类型化行政行为的条件。其次，未类型化、未模式化、未型式化既是自愿性环境协议的实然状态，从某种意义而言，也是其相对于类型化、模式化、型式化行政行为的优势，一旦类型化、模式化或者型式化了，自愿性环境协议将在很大程度上丧失其灵活性和弹性，在激发行政相对人的积极性、便于行政相对人对行政的接受和行政成本的降低等方面不如以前。自愿性环境协议不是不需要制度化或者制度规范，而是要以发挥其功能优势和防范其潜在风险为旨归，且鉴于自愿性环境协议的"非正式"属性，我们尤其应避

① Meyer - Hesemann, *Methodenwandel in der Verwaltungsrechts - wissenschaft*, 1981. S. 47 - 51. 转引自陈爱娥《德国行政法学的新发展》，载台湾行政法学会主编《行政契约之法理/各国行政法学之发展方向（台湾行政法学会研讨会论文集〔2009〕》，元照出版公司 2009 年版，第 166 页。

② 陈爱娥：《德国行政法学的新发展》，载台湾行政法学会主编《行政契约之法理/各国行政法学之发展方向（台湾行政法学会研讨会论文集〔2009〕)》，元照出版公司 2009 年版，第 171 页。

③ 姜明安主编：《行政法与行政诉讼法》（第六版），北京大学出版社、高等教育出版社 2015 年版，第 155 页。

免盲目地对其制度化。最后，对于刚刚兴起、尚处于发展上升期的自愿性环境协议而言，类型化意味着相对的封闭性和排外性，这既不利于发挥其多元性、包容性的优势，也不利于其实践发展和理论创新，就目前阶段而言，一个多元、开放、包容的自愿性环境协议体系更有利于其发展。

如果说未类型化行政行为具有向类型化行政行为的过渡性，只有经过实践中的反复运用，逐渐定型化，最终以法律的形式固定下来，才能成为类型化的行政行为，① 那么，这一过渡将是一个漫长而又反复的过程。就自愿性环境协议而言，当前阶段，与其尝试将自愿性环境协议类型化，毋宁视其为现有行政行为形式论体系的一个例外，给予充分的关注。

自愿性环境协议所具有的多元性、过程性、包容性和灵活性既是对环境行政合同及其背后的以行政行为形式论为基础的行政合同所固有的相对性、片段性、收敛性和程式性等局限的克服与超脱，也是顺应现代环境行政实践变化发展的需求而不断演化的结果。社会法治国之行政的典型现象是行政主体成为给付的担当者。不同于自由法治国下的侵害行政取向于法律形式，给付行政则取向于行政的内容，因此，行政的理论应以危险防卫、公课征收、给付与诱导等不能再细分的行政目的为基础；相对于此，行政行为的法律形式应取向于其应实现之行政目的来建构。② 此外，法律行为形式其实只是一个广泛开展的法律关系的片段，更重要的可能是其所设立、变更或废止之法律关系，而法律关系通常是由当事人彼此关联的权利义务所构成，个别权利义务不应被区分为个别的法律地位，而应该致力于掌握相互的作用关系，尤其是持续性关系更值得留意。现代行政必须面对多边的利益关系结构。③ 在现代社会，公共行政早已从政府单方的管理向政府、市场、社会等多元主体共同参与的治理转变。治理意味着政府并不是国家唯一的权力中心，各种公共的和私人的机构只要其行使的权力得到了公众的认可，就都可能成为各个不同层面上的权力中心；在为社会和

---

① 李傲：《未型式化行政行为初探》，《法学评论》1999 年第 3 期。

② P. Badura, Verwaltungsrecht im liberalen und im sozialen rechtsstaat, 1966, Vorwort, S. 22 – 23. 转引自陈爱娥《德国行政法学的新发展》，载台湾行政法学会主编《行政契约之法理/各国行政法学之发展方向（台湾行政法学会研讨会论文集〔2009〕）》，元照出版公司 2009 年版，第 168 页。

③ 陈爱娥：《德国行政法学的新发展》，载台湾行政法学会主编《行政契约之法理/各国行政法学之发展方向（台湾行政法学会研讨会论文集〔2009〕）》，元照出版公司 2009 年版，第 171 页。

经济问题寻求解决方案的过程中，存在着界限和责任上的模糊性，国家与社会之间、公共部门与私人部门之间的界限和责任亦日益变得模糊不清。[①]而参与式民主理论为行政的合法性提供了新的来源，行政的合法性不只来源于立法执行中的传输，而且可以通过行政过程本身生成价值。行政过程也不再是简单的执行法律的过程，而是一个行政主体与相对人双向互动的过程，例如，通过行政主体与当事人的协商、当事人参与、听证、公私合作等方式进行公共行政的治理。这种过程价值现象已然成为公共行政治理的重要特征。[②] 其同时提高了对行政的要求。自愿性环境协议以不拘一格的方式和务实的态度顺应了现代环境行政实践的要求，以极富弹性的方式面对日益增长且日趋复杂的环境行政任务，锻炼出多元性、过程性、包容性和灵活性的特质。要发挥自愿性环境协议的上述特性的作用，必须为其找到量身定制的理论框架。自愿性环境协议来源于公共行政实践，适合其生长的理论也只能从现代公共行政实践催生的新兴理论中去寻找。

---

① 俞可平：《治理与善治引论》，2015 年 3 月 5 日（http：//www. chinareform. net/2010/0116/9805. html）。

② 姜明安主编：《公法理论研究与公法教学》，北京大学出版社 2009 年版，第 374 页。

第四章 基于协商行政的理论证成与实践选择

第一节 理论证成:基于协商行政的自愿性环境协议何以成立

一 关于协商行政

翁岳生先生曾指出,行政法的学科旨趣在于检讨行政应如何受到法律的拘束,并认为,传统行政法所理解的行政并未认真处理行政的政策形成部分,也不处理行政外部经济社会条件的变迁以及行政应有的回应性变革。[①] 但不容否认的是,行政法的发展与作为其研究对象的行政的变迁息息相关,而行政的变迁肇因于国家任务的变迁,任务的变迁使得为达成该任务而采取的治理(调控、管理)必须相应地调整。[②] 我国在20世纪70年代末80年代初开始重构行政法时,选择形式法治作为理论基石,侧重于法律对权力的制约,强调彰显法律客观性的依法行政;90年代中后期以来,经济发展、社会转型日新月异,一味强调法律的客观性,僵硬地遵循依法行政原则,反而抑制了回应公共行政变化的新举措。[③] 易言之,面对行政制度和行政生活的范式、功能和手段的全方位的、多元复杂的变革和扩展,面对无数新型的行政现象和问题,传统行政法学体系在确保行政系统及其运作之正当性方面已独木难支。有学者提出了"新概念行政法",指出"行政法学要继续发挥确保行政和公务系统的整体正当性的功能、要

---

① 翁岳生编:《行政法》(上册),中国法制出版社2009年版,第10—11页。
② 同上书,第78页。
③ 郑春燕:《程序主义行政法治》,《法学研究》2012年第6期。

不辜负社会的期待、要更进一步地扩张和壮大，就必须首先找到或建构一个新的核心理念，并以之为据，从整体上重构中国行政法①。对于究竟应以何者作为行政法学新的核心理念，则可谓仁者见仁智者见智。"协商行政"便是其中的一种声音。如绪论部分所述，目前学界对于协商行政的研究虽然已有百花齐放百家争鸣之势，但也略显庞杂与凌乱。以下，笔者将尝试从产生背景、理论基础、体系定位、概念界定等方面对协商行政作一简要的梳理。

（一）产生背景与理论基础

日本著名行政法学者大桥洋一先生曾指出，为了使行政行为适合现代行政的需要，人们正不断改变着其功能。在德国行政实务中，即使是采用单方性的手法，行政机关在作出行政行为之前，也经常与私人交换意见。在日本，经常可以看到行政机关为了使私人能够遵守命令而在决定作出行政行为之前同私人进行协商的现象。为了把握这一点，所谓"基于协商的行政行为"的概念被广为提及。②笔者无法考证，这是否是最早的有关协商行政的论述，但可以肯定的是，"协商"始终存在于行政活动之中，并且无处不在。不仅是德国和日本，我国行政实务中类似的现象也比比皆是。

但是，这种"协商"在以往并不为研究行政法的学者所重视，甚至根本就没有进入他们的研究视野，其原因是多方面的：一方面，国家行政以秩序行政为主，侧重的是对公权力运行的控制和公民权利的保障，高权性、单方性、程式性的行政行为可以大行其道；另一方面，相应的传统行政法以行政行为形式论为核心，强调严格遵循依法行政，绝大部分学者将其目光聚焦于"行政决定（行政处分）"等行政法律行为，尤其是行为的法律效果，对行政活动中的非法律行为或者不具有法律效果的行为缺乏关注。行政法学研究本应关注社会现实，同时注意从人文社会学科的研究中发现问题并借鉴和吸收相关学科的观念和方法，③然而，法的安定性要求

---

① 罗豪才、王锡锌等：《"新概念行政法"研讨》，载姜明安主编《行政法论丛》（第11卷），法律出版社2008年版，第15页。

② ［日］大桥洋一：《行政法学的结构性变革》，吕艳滨译，中国人民大学出版社2008年版，第6页以下。

③ 王卫明：《超越管制的治理模式》，载罗豪才主编《行政法论丛》（第9卷），法律出版社2006年版，第470页。

和释义学的研究方法决定了法学研究的滞后性和相对封闭性，好在这并不妨碍法学研究的后来居上与特色优势。关于协商行政的研究也是循着上述的一般线路演进的，即先实践后理论、先邻近学科后法学。在这一过程中，真正使协商行政进入人们视野的，还是公共行政的变革，尤其是新公共管理运动的兴起，协商民主更是起到了直接的推动作用。

20 世纪中后期在西方世界诞生的新公共管理运动以政府和其他公共部门管理问题的解决为核心，融合行政学、经济学、政策分析、组织与管理理论（管理学）等各种学科相关的知识和方法，以"顾客"理念、绩效控制理念和公共服务私营化理念为核心，创造了一种新的政府管理理论和管理模式，由此带来的是公共管理主体的广泛化与行政主体概念的重构、公务员职业道德的提升与行政合理性原则的变革以及积极行政理念的推行和政府行政责任的新发展。[1]

与此相应的是，行政管理手段也发生了较大的变革，美、日、英等国开展了放松管制（Deregulation）改革，政府通过收缩管制的界域，给市场与社会以较大的自由活动的空间，不再只通过命令与强制的方式来达到目的，而是在合法范围内，发挥主观能动性，以弹性、柔和、便捷的方式完成任务，一些权力色彩较淡和强制功能较弱的新的管制方式，如指导、合同、激励、扶持等便应运而生，逐渐成为公共事务管理的主流方式。[2]

与此同时，我国经过多年的改革开放，初步建立了社会主义市场经济体制，确立了发展社会主义民主政治和实施依法治国的治国方针，政府逐步退出并还权于市场和社会中介组织，政府单极独大的一元化社会结构趋于瓦解，国家—社会—市场三足鼎立的多中心结构模式初步形成。[3] 公共行政不再是计划经济体制下全能政府的大包大揽：既当舵手又划桨，全面管控市场和社会各领域，以单方性的行政命令和千篇一律的法规强制行政相对人被动服从和遵守，而是向民主化、服务化、民营化、程序化、效率化等方向的转型，以行政法律关系的不平等性、行政权的垄断性、行政过程的单向性、行政行为的单方性为基本特征的传统行政法的根基出现了松

---

[1] 王麟、彭涛：《论新公共管理与中国行政法学的改造——对我国行政法学转型与重构的一种背景分析》，载罗豪才主编《行政法论丛》（第 10 卷），法律出版社 2007 年版，第 124 页以下。
[2] 石佑启：《论公共行政变革与行政行为理论的完善》，《中国法学》2005 年第 2 期。
[3] 同上。

动，以平等、交涉、合意为基本特征的协商行政如雨后春笋般涌现。①

仔细分析这些协商行政现象背后的动因，笔者发现以下几个方面的理论发展起到了推波助澜和智力支持的作用。

第一，协商民主理论。

协商民主并不是法学界的原创，而是从政治学引入的一个概念。据政治学的学者考证，"协商民主"一词是由美国学者约瑟夫·毕塞特较早提出的，但是真正赋予其动力的是伯纳德·曼宁和乔舒亚·科恩。② 协商民主概念的提出、丰富和发展，经历了一个学术研究拓展的过程。当曼宁、科恩等学者将合法性、追求理性自治与公民参与的思想赋予协商民主之后，其就变成了一种为了共同的善而诉诸主体间对话、讨论与沟通的共识形成机制与治理形式，随后更多的学者将其作为一种赋予决策合法性的机制。③

对于我国法学界而言，真正关注协商民主在很大程度上得益于罗尔斯和哈贝马斯两位学者的深入阐述，尤其是后者，被认为"对协商民主论述最深刻"④。哈氏主张的协商民主是宏观的协商民主，它是以交往行为理论为基础而建构的一种民主实现形式，具体采取双轨制模式，即公共领域的非正式协商和决策机构的正式协商，公共领域的协商达成共识后，经过机制或国家"公众信息流"传递给国家，传递的机制主要是选举与媒体，在此过程中必须重视法律在自由平等交往中的特殊作用，重视协商民主的法制化。⑤

我国学者对协商民主的定义较有代表性的是：自由平等的公民基于权利和理性在一种由民主宪法规范的权力相互制约的真实共同体中，通过对话、讨论、辩论等过程，形成合法决策的民主形式。⑥ 据此，协商民主具有多元性、合法性、程序性、公开性、平等性、参与性、责任性和理性等鲜明特征，包含协商参与者、偏好及其转换、讨论与协商、公共利益和共

---

① 相焕伟：《协商行政：一种新的行政法范式》，山东大学 2014 年博士学位论文，摘要。
② 陈家刚：《协商民主与当代中国政治》，中国人民大学出版社 2009 年版，第 4 页。
③ 同上书，第 23 页。
④ 李龙：《论协商民主——从哈贝马斯的"商谈论"谈起》，《中国法学》2007 年第 1 期。
⑤ 同上书，第 32—34 页。
⑥ 陈家刚：《协商民主研究在东西方的兴起与发展》，载陈家刚主编《协商民主与政治发展》，社会科学文献出版社 2011 年版，第 8 页。

识等基本要素。① 无论是对政治学还是法学而言，这些特征和要素都是客观存在的。正因为这些特征和要素的存在，使得协商民主契合了现代公共行政多元性、复杂性、风险性、预防性、全球性的发展趋势，并得以为行政法所吸收、借鉴和包容，形成了一种新的行政法理念与模式——协商行政。

第二，公众参与理论。

现代国家中行政权的行使及其活动始终受到民主政治制度的影响。民主理论及作为政治制度的民主关乎行政权力行使的合法性问题。② 传统行政法使行政权获得合法性的方式是将其设想为一个纯粹的"传送带"：立法机关通过制定控制行政行为的规则向行政机关授权，行政机关通过遵守规则和程序以及接受法院的司法审查保证其给予私人的制裁是得到授权的。③ 这一模式隐含的前提条件是：立法机关制定的规则能够提供行政活动据以进行的准确无误的标准；行政机关在执行这些标准时没有自由裁量的空间；司法审查是普遍可获得的。显然，这些条件在现代行政过程中已经很难得到满足：立法机关对行政机关的"概括性授权"使政机关成为"我们时代的立法者"；自由裁量成为行政过程中最重要的一种权力行使特征；随着行政的复杂化、专业化以及自由裁量的滥觞，司法审查的可得性及有效性都受到越来越明显的限制。质言之，民主理论与现代"行政国"之间现实的紧张关系已经引发了行政过程的"民主合法性危机"，为此，应通过吸纳各方利益主体有效参与行政过程，为行政过程及其结果提供合法性基础。④ 由此，行政法上的公众参与应运而生，它通过搭建各种利益衡平且能充分地表达、交流、协商、妥协的平台，为行政过程注入民主性因素，不仅使行政过程得以"自我合法化"，更使参与者通过与行政主体的协商寻求合意，得以对行政过程的结果产生实质性的影响。这代表了一种新的行政理念——协商行政。协商行政与公众参与可谓相辅相成：一方

① 陈家刚：《协商民主：概念、要素与价值》，《中共天津市委党校学报》2005年第3期。
② 王锡锌：《公众参与和现代行政法治的模式变迁》，《行政法论丛》（第10卷），法律出版社2007年版，第336页。
③ ［美］理查德·斯图尔特：《美国行政法的重构》，沈岿译，商务印书馆2002年版，第5—11页。
④ 王锡锌：《公众参与和现代行政法治的模式变迁》，《行政法论丛》（第10卷），法律出版社2007年版，第338—339页。

面，协商有助于充实公众参与权、生成促进"权利制约权力"的机制，使公众的参与主体得到肯定与张扬，修复失落的民主性；① 另一方面，公众参与要求行政主体作出行政决定时必须广泛听取并吸收参与主体的意见，体现了行政的结果具有行政主体与行政相对人双方意志在博弈、磨合、协调之后的统一性，即形成了一定的合意性，② 实际上促成了协商。

第三，软法与公共治理理论。

一般认为，"软法"（soft law）概念是个舶来品，其产生和发展主要基于世界范围内国家管理的衰落与公共治理的兴起、全球化和国家组织的推动以及欧盟的实践和推行。③ 在学术著述中，它有多种表述形式，诸如"自我规制""志愿规制""合作规制""准规制"等，是指那些效力结构未必完整、无须依靠国家强制保障实施，但能够产生社会实效的法律规范。它具有以下特征：其一，形成主体的多样性，既可能是国家机关、公法人，又可能是社会自治组织或混合组织等；其二，推崇柔性治理，创制方式和制度安排富有弹性；其三，实施方式未必依赖国家强制力，亦非司法中心主义，而需要行为者将规范的要求内部化；其四，制定与实施具有较高程度的民主协商性，开放协商、协调机制是其形成和实施不可或缺的环节。④

而治理，根据全球治理委员会于 1995 年发表的题为《我们的全球伙伴关系》的研究报告的界定，是指各种个人和机构、公共的和私人的实体管理其共同事务的诸多方式的总和，它是使相互冲突的或不同的利益得以调和并且采取联合行动的持续的过程，既包括有权迫使人们服从的正式制度和规则，也包括各种人们同意或以为符合其利益的非正式的制

---

① 肖北庚：《行政决策听证制度之民主性困境及突围》，《广东社会科学》2010 年第 5 期。
② 方世荣、谭冰霖：《"参与式行政"与行政行为理论的发展》，《南京工业大学学报》（社会科学版）2013 年第 1 期。
③ 罗豪才：《公域之治中的软法》，载罗豪才等《软法与公共治理》，北京大学出版社 2006 年版，第 1—2 页。
④ 罗豪才、宋功德：《认真对待软法——公域软法的一般理论及其中国实践》，《中国法学》2006 年第 2 期。

度安排。① 它有四个特征：首先，它不是一整套规则，也不是一种活动，而是一个过程；其次，它的基础不是控制，而是协调；再次，它既涉及公共部门，也包括私人部门；最后，它不是一种正式的制度，而是持续的互动。②

有学者指出，软法因公共治理的兴起而大规模的重生，它是公共治理的主要依据或手段；公共治理则主要是软法之治。③ 二者的关系由此可见一斑。如果把政府依靠其垄断的公权力来垂直地集中干预和控制社会、经济的传统模式称为管制模式，则可以将主要依靠私域的自我治理及公域与私域的合作治理的公共治理称为"自我管制"或"合作管制"。④ 不难看出，无论是软法也好，还是公共治理也罢，实现治理目标的手段已不再是或者说不再全部是命令和控制式的管制方式，而是强调公共主体与私人主体之间的对话、协商并进与协作；不是国家与个人之间的对抗关系，而是多方主体之间的合作，特别是公权力主体、社会组织和利害关系人之间的合作。⑤ 而这些与协商行政所强调的自愿、协商、合意、灵活、包容等有异曲同工之妙。可以预见，软法和公共治理理论的发展和成熟可以为协商行政的发展提供理论上的证成与支持。

第四，非强制行政（行为）理论。

行政权与强制并不存在必然联系，按照是否具有强制性可将行政行为划分为强制性行政行为和非强制性行政行为。一般而言，后者是指行政主体在行政活动中针对行政相对人所实施的不带命令性或强制性的行为。它

---

① Commission on Global Governance, *Our Global Neighbourhood*：*The Report of The Commission on Global Governance*, Oxford University Press, 1995, p. 1. 原文为："Governance is the sum of the many ways individuals and institutions, public and private, manage their common affairs. It is a continuing process through which conflicting or diverse interests may be accommodated and co – operative action may be taken. It includes formal institutions and regimes empowered to enforce compliance, as well as informal arrangements that people and institutions either have agreed to or perceive to be in their interest."
② 俞可平：《治理与善治引论》，2015 年 3 月 5 日（http://www.chinareform.net/2010/0116/9805.html）。
③ 翟小波：《软法概念与公共治理——软法与公共治理之关系和软法概念之证立的初步理论》，载罗豪才等《软法与公共治理》，北京大学出版社 2006 年版，第 132 页。
④ 同上书，第 144 页。
⑤ 罗豪才、毕洪海：《通过软法的治理》，载罗豪才等《软法与公共治理》，北京大学出版社 2006 年版，第 309—310 页。

具有显著的包容性，其本身就是一个表述特征的类型性概念，只要一种行政行为不具备强制性，并且其目的是行政主体主动为行政相对人谋取利益，即可认之为非强制行政行为，易言之，其是一系列同时具有非强制性和授益性的行政行为的总称，其具体方式是开放性的，行政主体在实践中可以创造出无限多样的具体非强制措施，当然，就目前来看主要有行政指导、行政合同、行政奖励、行政调解和非拘束行政计划等。① 非强制行政行为具有行为主体双方权利义务的协商性、非对应性和行为主体意志的双向互动性以及行为的自觉履行性等显著特点。②

基于以上特点，有学者进一步对非强制行政行为的价值进行了分析：首先，非强制行政在行政法领域提倡和运用协商、激励、建议等柔性的更为人性化的行为方式，回应了权利文化弘扬的基本要求，对传统的具有单一性、权力性和管理性等特点的管理方式既是一次突破与创新，也是一次功能补足与补强；其次，非强制行政利用了自由之于个人和社会发展的价值，在内在驱动力上优于强制行政，为行政相对方提供了按照自愿交易转移资源的制度空间，而这种转移本身就是有效率的；最后，提倡和运用非强制行政对于实现我国的行政民主，从而促进行政管理从传统走向现代具有重要意义：它使行政相对方获得的不只是行政过程中某一环节的参与机会，而是分享了整个过程的决策权力，体现为其依行政相对方的同意始得成立，相互之间的具体权利义务依契约或承诺确定，行政行为的实施需行政相对方的配合方能实现管理目的等。③ 此外，还有学者认为，非强制行政行为的理论与实践顺应善治观念的要求，是善治观念的表现形式。④ 非强制行政（行为）的诸多特点、价值与功能与协商行政可谓殊途同归，非强制行政行为的制度化和规范建构可为协商行政的法制化提供参考与借鉴。

（二）体系定位与概念界定

如绪论部分所述，虽然目前行政法学界已有不少学者对"协商行政"

① 崔卓兰、刘福元：《非强制行政行为探微》，《法制与社会发展》2011 年第 3 期。
② 崔卓兰、卢护锋：《契约、服务与诚信——非强制行政之精神理念》，《社会科学战线》2005 年第 4 期。
③ 崔卓兰、卢护锋：《非强制行政的价值分析》，《社会科学战线》2006 年第 3 期。
④ 李宝君：《非强制行政行为制度化研究——寻求政府柔性执法的制度规约》，中国政法大学出版社 2012 年版，第 62—63 页。

抱以不同程度的关注，相关的论著已有不少。但综观我国行政法学界现有的研究成果：首先，"协商行政"的名称就没有统一的说法，还存有"行政协商""行政协调""协商式行政""协商性行政（执法）""参与式行政""柔性行政""非强制行政""合作行政"等概念自觉不自觉地指称同类的含有"协商"因素的行政法现象，或不同程度地涵盖抑或触及"协商行政"的内涵与外延；其次，从使用上述名称或概念的学者所表达的内容来看，其对"协商"行政的定位也大相径庭，有理念、范式、模式、制度、机制、行为乃至行政程序种种，基本上停留在盲人摸象、各执一词的阶段。平心而论，协商行政作为一个重要的行政法现象进入行政法学视界的时间不长，加之其自身的复杂性、开放性、包容性、变化性和模糊性，要对其在行政法学体系中做一个合理的定位，并在此基础上初步厘定其概念内涵与外延，时机也许并不成熟。但是，如果不对协商行政作一个大致的定位，下一个具有标靶意义的定义，一则会给人以理论的抽象、空洞之感，不利于与相关、相近的理论与概念相互比较与借鉴；二则后续的研究也难以继续进行下去。因此，笔者在此不揣冒昧，拟对协商行政在行政法学体系中的坐标作一初步的定位，对其概念内涵与外延作一初步的廓清，同时鉴于类似的行政法现象、概念与理论已有泛滥之势，为进一步准确理解和把握其定位与概念，尝试将其与相近或类似的概念之异同作一粗略的比较。

英国著名公法学者卡罗尔·哈洛、理查德·罗林斯曾这样描述行政法与国家任务变迁的密切关系："每一种行政法背后，皆蕴藏着一种国家理论。"① 无独有偶，德国著名行政法学者哈特穆特·毛雷尔更是直言，行政和行政法主要由其所处时代的宪法决定，是"动态的宪法"；每一个宪法时代都有与之相适应的行政模式，从更根本的层面来看，行政则正如宪法本身那样，是由其所处时代的社会、政治、经济、技术和文化状况决定的。② 因此，要了解协商行政的体系定位，我们必须回到其兴起的社会、政治、经济、文化和社会背景，其中最重要的是国家任务的变迁和公共行政发展这个基本面。因为是公共行政发展的需要催生并塑造了协商行政，

---

① ［英］卡罗尔·哈洛、理查德·罗林斯：《法律与行政》（上卷），杨伟东等译，商务印书馆2004年版，第29页。

② ［德］哈特穆特·毛雷尔：《行政法学总论》，高家伟译，法律出版社2000年版，第13页。

先有协商行政的实践，而后才有理论的跟进，对其予以总结、提炼、抽象、加工和创设。根据制度经济学关于制度变迁的理论，规范人的行为的规则分为正式规则和非正式规则，二者各有不同的特点，但又紧密相连、相互依存。① 在正式规则设立前，社会关系主要由非正式规则来维持。即使在现代社会中，正式规则也只占一小部分，大部分空间仍然是由非正式规则来调整的。② 根据《现代汉语词典》的解释，协商是指共同商量以便取得一致意见。用学术语言表述，协商是指具备不同偏好的双方或多方，通过信息的释放、交换与协调，促使各方的偏好妥协、让步，达到彼此间均能接受之结果的交叉互动过程，其核心要素是主体的平等性、过程的交互性、结果的合意性。③ 就此种意义而言，不仅是诸如行政合同等合意性行政活动中存在协商，即便传统的单方性行政行为中也或多或少地含有协商的因素，且一直存在。可以说，作为非正式规则而存在的协商一直存在于公共行政之中，并发挥着自己的作用，只是过去这种现象和作用被我们所忽视。在现代行政中协商之所以被人们所重视，与法治国家的发展脉络和公共行政任务变迁是密切相关的。如果说，在夜警察国时代，公共行政限于有限的秩序维护，协商无论就数量还是合意性程度均不足以引起人们的注意；在自由法治国，行政法的主要任务在于控制行政权以保障公民权利，严格遵循依法行政原则和形式法治，使得行政机关投鼠忌器，不能发挥主观能动性，协商即便在某些领域存在，也不能堂而皇之地进入主流行政法（学）的殿堂；进入社会法治国，行政作用的范围大幅扩展，行政主体不仅不得消极地不侵害公民权益，更需积极地增进社会公共利益，谋求公民福利之增长，与此相应，行政权日益向立法和司法领域扩张，自由裁量空间无限增大，具备了积极采取行动的能力和开展协商的条件；与此同时，社会问题日益复杂化、综合化，已超出以专家理性为决策基础的行政主体的能力范围，谋求与行政相对人、利害关系人合作互动成为势所必然。

从现代行政的实践状况来看，协商渗透的领域是极为广阔的，不仅有诸如行政合同、行政指导、行政规划等带有合意性的行政行为，即便是传

---

① 樊慧玲：《正式规则·非正式规则·潜规则》，《广西经济管理干部学院学报》2008年第3期。
② 郑亚南：《自愿性环境管理理论与实践研究》，武汉理工大学2004年博士学位论文，第37页。
③ 相焕伟：《协商行政：一种新的行政法范式》，山东大学2014年博士学位论文，第38页。

统行政法学的核心领域——行政处分（具体行政行为），如行政许可、行政处罚、行政强制等亦有协商的影子；不仅是行政程序过程中有协商，行政救济阶段更是受协商影响深重，从行政复议到行政诉讼和行政赔偿无不放弃"不适用调解"的信条，转而有限制甚至全面地接受调解、和解；部门行政法领域，除环境行政的自愿性环境协议之外，诸如税务行政合同、工商行政指导、反垄断执法和解、征地拆迁协议无不彰显了协商的存在。由此观之，协商行政绝不仅仅是一种行政行为，因为没有任何一种行政行为覆盖范围如此之广、影响面如此之大。协商行政可以渗透到几乎所有行政行为之中，但它不是行政行为本身，它可能作用于行政行为作出之前的准备阶段，也可能存在于行政行为的作出之中，还可能存在于行政行为作出之后，当然也可能作用于上述任何阶段，但其作用是通过行政主体和行政相对人、利害关系人等的行为产生的，只是一种间接作用，即通过改变行政活动中各方主体的思想、观念、意识等进而改变其作出行政行为的过程和内容，减少对抗和摩擦，增进利益与和谐，但它无论如何不能代替行政行为。行政行为仍是独立的行政行为，只是经由协商的洗礼后内部结构发生了化学变化，变得成本更低，更为便于相对人接受，更为便于执行，更为有利于增进社会整体利益。

协商行政也不仅仅是一种行政程序。程序者，乃按照一定的顺序、方式和手续来作出决定的相互关系。[1] 它具体表现为主体进行法律行为所必须遵循或履行的法定的时间上与空间上的步骤和形式。任何行政都是实体与程序的统一。协商行政无疑包含了程序的因素，特别是通过建构行政主体与行政相对人、利害关系人以至公众平等、自愿地沟通、交流的平台，充分交流信息、交换意见、讨价还价，最后达成合意，突破了以往的行政程序中虽有行政相对人和公众参与但对行政决定作出不足以形成影响力的尴尬境地，为行政程序的变革注入了新的活力；但是，如果把协商行政仅仅限定为一种行政程序，充其量只是原有的行政听证等程序制度的升级版，将大大降低其作用，因为协商行政更重要的功能在于其对实体行政的贡献。总体而言，协商行政是一种目标导向和结果导向的行政，它以解决真实行政实践中的问题、完成行政任务、实现行政目标为追求，不仅要求行政程序纳入平等、自愿、沟通、交流等因素，更强调通过具有实用性、

---

① 季卫东：《法治秩序的构建》，中国政法大学出版社1999年版，第12页。

有效性、经济性、及时性、灵活性和透明度的程序在最大限度地节约社会成本的同时获致最佳的社会效益。

协商行政也不仅仅是一种行政制度或者机制。通常而言，法律意义上的制度是指运用法律规范来调整各种社会关系时所形成的各种制度，指一个国家或地区一定时期内特定领域的所有法律原则和规则的总称。显然，作为一种长期不为人们所重视，缺乏正式法律规制的新型行政法现象，协商行政的制度化远未完成，实践中大量的协商行政是以非正式行政活动的面貌呈现的。如果将协商行政界定为一种行政制度，则势必将大部分的协商行政实践排除在制度化的范围之外，即便构建开放的协商行政制度，逐步将非正式行政协商活动纳入制度化的轨道，也是不可取的，因为非正式本就是协商行政有别于传统的类型化行政行为的一大特点，正是这种"非正式"赋予了协商行政以灵活性和弹性，更能激发行政相对人的积极性，避免采用单方面的强制性的行政行为，便于行政相对人对行政的接受和行政成本的降低。正如毛雷尔教授所言："如果将非正式行政活动正式化，非正式行政活动即不复存在，其后果是：反过来还是要出现非正式的联系或者协商。"① 当然，这并不是说协商行政不需要制度化或者制度规范，而是指围绕协商行政的制度建构要以发挥其功能优势和防范其潜在风险为旨归。鉴于协商行政的"非正式"属性，我们尤其应避免盲目地对其制度化；即便部分制度化了，未制度化的部分仍是其组成部分，甚至是更重要的那部分。

协商行政也不仅仅是一种行政法理念。的确，"理念"有助于展现协商行政中暗含的自由、民主、公平、正当、合作、和谐等价值追求，避免将协商行政降格为一种单纯的行政活动方式、手段或者工具，而且可以统领和贯穿于行政法各领域、各阶段、各环节，具有较大的覆盖面和较强的包容性，相对于行为、程序、制度等定位具有独特的优势，但是其劣势也非常明显：太过抽象，不易把握，容易流于空泛，与行政实践脱节。协商行政的兴起具有深厚的"社会基础"：国家任务变迁是其兴起的根本原因；对行政裁量权进行恰当规制是其兴起的制度原因；公共行政改革是其兴起的直接诱因。② 它需要抽象理念的提升，更需要回归其社会基础；它不仅

---

① ［德］哈特穆特·毛雷尔：《行政法学总论》，高家伟译，法律出版社2000年版，第401页。
② 相焕伟：《协商行政：一种新的行政法范式》，山东大学博士学位论文，第64—71页。

需要在理念层面上倡导，更需要以实践担当完成行政任务、规制行政裁量权、革新公共行政的重任。

那么，如果将协商行政作为一种新的行政法范式或者模式又如何呢？已有不少学者提出这样的设想，甚至进行了理论建构的尝试。这种勇气无疑是值得钦佩的，但"罗马不是一天建成的"。一种理论"范式"或者"模式"的建立是一个长期的与实践对话交流的过程，绝非一蹴而就。诚然，现代社会以平等、交涉、合意为基本特征的协商行政如雨后春笋般涌现，在一定程度上"晃动"了以行政法律关系的不平等性、行政权的垄断性、行政过程的单向性、行政行为的单方性为基本特征的传统行政法的根基，[①] 但是，总体而言，这种协商行政本身是相对分散的，且仍处于变化发展之中，无论是理论上还是实务中都还不具备与传统行政法理论分庭抗礼的基础和实力。且不论传统的行政法理论仍处于主导和支配地位，单就新的"范式"的建构而言，该理论的倡导者对"协商行政"范式究竟应如何展开仍是模糊和不确定的，其已有的尝试更像是传统行政法理论的翻版，[②] 而非真正令人信服的新范式。如果一定要将协商行政确立为一种范式或者模式，目前阶段仅将其作为传统模式的"补充"[③] 也许更为恰当。

如前所述，笔者写作本书的目的在于为自愿性环境协议这一新型的环境行政方式找到一种适合的理论作为指导，"协商行政"范式的生成或者模式的建构并非笔者研究的重点。协商行政来自行政活动实践之中，广袤的行政活动领域是其植根的基础，也是其定位的起点和根本。虽然行政活动方式的变化会相应地引起行政主体（组织）和行政救济（司法审查）等多方面实践革新和理论的回应，但是，在笔者看来，后两者尚可以通过对现有理论的调整来得以适应，唯行政活动方式领域的变化最为直接，所受冲击更为巨大，变革已势在必行且刻不容缓。因此，相较于上述关于协商行政的定位，笔者更倾向于将其作为一种在现代民主"协商"理念引领下有别于传统高权行政的独特的行政活动方式，即指行政主体与多方相关利益主体就特定的公共事务在法律地位平等的基础上自愿地沟通、交涉，在不违背法律规定和公序良俗的前提下互相妥协、让步，达成合意，以实现

---

① 相焕伟：《协商行政：一种新的行政法范式》，山东大学 2014 年博士学位论文，摘要。
② 关于协商行政范式的具体内容详见相焕伟《协商行政：一种新的行政法范式》，山东大学博士学位论文，第 109—128 页。
③ 章剑生：《现代行政法基本理论（第二版）》（上卷），法律出版社 2013 年版，第 128 页。

各方利益最大化的一种行政活动方式。

当然，这只是对协商行政的理论的一种顶层设计，在具体的行政实践中，在不同的语境下，协商行政的表现是多种多样的，在一定条件下它可以表现为一种行政行为或者仅仅是一个行政程序，也有可能被规范化而形成一种行政法律制度。正如日本公法学者在面对公害防治协定这一"触及传统行政法基本构造和原理的难题"时经过长期反复讨论而最终达成的共识——应当对协定的各个条款进行判断以及不承认缺乏具体性、明确性的条款的法律约束力，我们对协商行政的也不能简单地、武断地认定为某一行为、程序或者制度，而应根据具体的行政实践情境做具体的判断。当协商行政以行政行为的表现形式作出后，其结果就产生一个协商行政行为，这一行为既可以是类型化的行政行为，也可以是未类型化的行政行为；既可以是单方行政行为，也可以是双方行政行为；既可以是行政法律行为，也可以是行政事实行为或非正式行政行为。它只是贯彻了"协商"理念、包含了"协商"要素的各类行政行为的总称，即行政主体与行政相对人和相关利益主体经过充分沟通、交流、协商并达成合意之后作出的相应的行政行为。同理，协商行政程序是贯彻了"协商"理念，包含了"协商"要素的各类行政程序的总称，它多以非正式程序表现，但也可以是正式程序，无论如何，它都是行政主体与相关利益主体之间基于平等、自愿相互沟通、交流、协商并达致合意的程序。至于协商行政制度，则是协商行政行为和协商行政程序等经由法制化后形成的一套规则体系。

（三）与相关概念之比较

以上论述也许还是难以令人对协商行政这一陌生的范畴有具体的理解。常言道，有比较才有鉴别，为了进一步把握其概念内涵与外延，以下笔者将对其与相关或类似的概念做一具体的比较。

1. 协商行政与行政协商

关于行政协商，有学者将之界定为"行政主体为实现特定行政目的，在第三方的参与或监督下，就行政处理的结果与行政相对人进行交流、沟通达成合意后，再作出行政处理决定的行为"，并认为"行政协商是社会管理创新在行政法中的具体创建，是对当下行政纠纷化解难题的有效回应"①。显然，这是将协商作为一种具体行政行为来研究。但即便是仅与笔者所界定的行政行为层面的协商行政相比，也是大相径庭：笔者界定的协商行政行为是各类包含"协商"要素的行政行为的聚合，而此处的行政协商是一种具体的行政行为。从范围上看，前者可以涵盖后者，后者只是前者的一部分，且是比较典型的那一部分。

也有学者认为，行政协商意指行政治理过程中行政主体同公民、法人或其他组织就行政过程中的行政管理、决策事项或由行政管理、决策所引发的其他相关事项进行沟通、对话、妥协，进而达成合意或者形成谅解、协作的行政方式或手法。它是一种注重行政治理过程中公民与行政主体间的交往对话，凸显行政过程的公民参与性，以及行政治理活动之主体间良性互动的行政方式。它的兴起反映了人们对我国传统单方性、命令性和封闭性的行政治理模式之弊病的反思，回应并诠释了合作行政、柔和行政与开放行政等现代行政治理模式的发展诉求。② 这种认识与笔者界定的行政活动方式层面的协商行政的内涵极为相近，都强调行政主体与行政相对方之间的沟通、对话、妥协与合意的达成；都将之定位为一种行政活动方式或手法；都是基于对传统的单方性、命令性高权行政之弊端的反思而提出；都具有促进合作行政、柔性行政等功能。不同的是，行政协商暗含的还是以行政主体为中心和主导，以公共利益之追求为重心，强调协商只是一种行政权力行使的方式或手段，而不是行政目的，③ 协商行政则有意淡化行政主体的强势地位，刻意营造多方利益主体的平等地位，促成自愿基础上的多方沟通和交流；突出公共利益与团体利益、个人利益等多方利益的总体最大化；认为协商并不仅仅是一种手段和方式，这种手段和方式本身蕴含着自愿、平等、合作、和谐等价值追求。

2. 协商行政与合作行政（参与行政）

关于合作行政，有学者认为它是行政机关与公民、法人或其他组织之间共同行动的实践理性活动，是对传统公私法划分理论和管制行政法的超

---

① 王学辉：《行政协商的兴起与治理逻辑》，2015 年 2 月 8 日（http：//www. aisixiang. com/data/68997. html）。

② 蔡武进：《行政治理视野下的行政协商》，《北方法学》2014 年第 3 期。

③ 蔡武进：《现代行政法治理念下的行政协商——一种诠释现代行政法治理念之行政方式》，《天津行政学院学报》2013 年第 3 期。

越，是一种新的行政法理念和模式。① 有学者进一步指出，这种合作行政模式奉行开放、参与、合作、共赢，致力于提高行政的开放程度和柔性程度，试图通过有效的公众参与来构建一种公私合作伙伴关系。② 关于参与行政，有学者称为"参与式行政"，指在行政活动中，行政相对人平等地参与行政过程，通过表达利益诉求和发表意见，与行政主体进行沟通、交涉、博弈、协商、合作等互动，行政主体在考量参与行政相对人的诉求和建议的基础上作出行政决定的行政模式。③ 有学者针对行政决策过程中的行政参与提出参与式治理模式，主张一种"协商与合作式的公众参与"④。有学者分析，"参与"可能有三种不同意义：一是行政决定之相对人或利害关系人，对于行政主体所为之单方高权行政行为，从保护自己权利和利益角度的参与；二是行政相对人或者利害关系人参与实体法律关系之产生、变更或消灭；三是兼有一、二两种性质之参与。第二、第三两种类型的参与兼有合作的意义在内。因此，参与在很大程度上是为了合作，是为完成与行政主体合作之过程，合作原则上必须通过相对方的参与，二者的意义在一定程度上存在重叠。⑤

综上所述，合作行政、参与行政与协商行政的相同之处主要表现在：都强调突出行政相对人和利害关系人等参与方的地位与作用；都注重行政过程中的沟通、协商、合作与互动；都以柔性行政方式为优先考虑；都追求行政过程中的多方协作和行政结果的多方共赢。其区别主要在于：首先，参与行政中，行政相对方虽也与行政主体进行沟通、交涉、博弈、协商，但并不以达成合意为目的，其对最终的行政决定的影响程度存在较大的差异，最终握有决定权的仍是行政主体，行政主体仅有"考量"而非"采纳"参与行政相对人的诉求和建议的义务，因此，其总体上仍是一种单方性的行政行为；合作行政中行政主体与行政相对人或参与人虽必须达成共识才能形成合作之前提，但通常适用于行政主体与相对方互为同向的

① 贺乐民、高全：《论行政法的合作理念》，《法律科学》2008 年第 4 期。
② 宋功德：《我国公共行政模式之变——从单向管理转向合作行政》，《人民日报》2009 年 6 月 24 日第 15 版。
③ 方世荣、邓佑文：《"参与式行政"视域下行政法理念的反思与重塑》，《理论探讨》2012 年第 2 期。
④ 王锡锌：《我国行政决策模式之转型——从管理主义模式到参与式治理模式》，《法商研究》2010 年第 5 期。
⑤ 陈春生：《行政法之学理与体系（二）》，元照出版有限公司 2007 年版，第 67 页。

意思表示而达成的合意，如双方利益存在冲突，即往往丧失合作之前提，也就不可能发生后续的协商等事宜；协商行政则是行政主体与多方利益主体意思表示一致才能宣告成立，因此，相对方的"参与"必定是能够影响实体关系的产生、变更与消灭，且不仅适用于同向一致，还同样适用于各方利益存在冲突的情况下通过互相妥协、退让而达成合意。其次，参与行政和合作行政都还是以行政主体为中心，突出行政任务的完成和公共利益的实现；而协商行政虽然也关注行政任务的有效达成，但它相较于前两者更重视各方地位的平等和利益的共赢，更强调行政民主和公民权利的保障。最后，就适用范围而言，典型的参与行政侧重于带有决策性质的行政过程中，如环境影响评价、行政规划等，合作行政发挥作用的平台主要在公私协力和民营化等领域，协商行政作用的范围更广，包容性更强，可以适用于上述各领域和行政立法、行政执法和行政救济等各环节。

3. 协商行政与公私协力（民营化）

行政任务的民营化，就其核心而言，是指将原先由公部门所承担的任务改由民间部门（其中包括政府出资掌控者）加以承办。[①] 民营化可依不同的标准作不同的分类，其中最重要的一种是根据民间参与履行行政任务的强度分为实质民营化和功能民营化两种。前者是指某特定的行政事务的国家任务属性虽维持不变，但国家本身不再负责执行，而转由民间负责或提供，多出现在不涉及公权力行使的公共服务、给付行政领域；后者则指某特定事务之履行，不仅其国家任务之属性不变，即国家本身并未放弃自身执行的责任，只是执行阶段选择借助私人力量完成任务，其依私人参与履行的强度可以进一步分为行政助手、专家参与和行政委托等。[②] 公私协力，又称为"公私合伙关系"（Public Private Partnerships），根据德国学者的定义，是指"来自公组织与私主体间所为持续，且具生命周期取向性之合作"[③]。我国台湾学者则更精致地定义为："国家高权主体与私经济主体

---

① 黄锦堂：《行政任务民营化之研究——德国法的观察与我国的省思》，载吴庚大法官荣退论文集编辑委员会编辑《公法学与政治理论（吴庚大法官荣退论文集）》，元照出版有限公司2004年版，第476页。

② 许宗力：《法与国家权力（二）》，元照出版有限公司2007年版，第431页以下。

③ ［德］Jan Ziekow：《从德国宪法与行政法观点论公私协力——挑战与发展》，詹镇荣译，载政治大学法学院公法中心编《全球化下之管制行政法》，元照出版有限公司2011年版，第237页。

间本于自由意愿，透过正式之公法或私法性质双方法律行为，抑或非正式之行政行为形塑合作关系，且彼此为风险与责任分担之行政任务执行模式。"① 各种公私协力经常被理解为功能民营化的形式，或是各种民营化类型之组合。但是需要指出的是，民营化的特征在于将公共任务的履行责任或者执行任务的实现，全部或部分移转到私权利主体；公私协力则着重在行为人及其彼此间经由合作所引发的关系层面上。② 鉴于笔者关注的重点并不在此，对二者的细微差别暂不作区分，仅从二者之联系出发将其作为一个整体与协商行政进行比较。

依笔者对上述议题的粗浅认识，二者与协商行政的共同点在于：都是在传统的单方性的高权行政方式之外，寻求通过沟通、交流等柔性方式达成行政任务；都在不同程度上打破了传统公私法二分的界限，一定程度上造成了公私法责任的模糊性；都能够以富有弹性和灵活的方式对复杂的行政实践作出回应，能降低行政成本，并带来行政效率的提升；都涉及行政相对人或相关主体的参与，也都存在各主体相互之间复杂的关系网络；都不同程度地存在着削弱现行法之拘束力、危及国家活动之法安定性及预测可能性、损及法治国家规制之普遍性而侵害平等主义之风险。③ 不同点在于：首先，民营化和公私协力着眼于行政任务和责任向私方主体的转移，重在行政效率之提升，协商行政基于协商民主理论之要求，谋求行政民主化之实现，在追求效率的同时更要兼顾公平；其次，前者的私方主体通常限定为特定的个人、公司、社会组织等（必须具备承接行政任务转移的能力），后者则无此限制，包括各种各样的参与主体；最后，如同合作行政一般，前者通常系公私部门之间基于共同的目标作同向之意思表示达成合意，后者则既可同向也可在互相冲突的情况下达成合意。

4. 协商行政与非强制行政

"非权力行政行为"的概念最早为日本学者所使用，具体包括行政指

---

① 詹镇荣：《行政合作法之建制与开展——以民间参与公共建设为中心》，载台湾行政法学会编《行政契约之法理/各国行政法学发展方向（2009 年）》，元照出版有限公司 2009 年版，第 109 页。
② ［德］Jan Ziekow：《从德国宪法与行政法观点论公私协力——挑战与发展》，詹镇荣译，载政治大学法学院公法中心编《全球化下之管制行政法》，元照出版有限公司 2011 年版，第 240 页。
③ 刘宗德：《公私协力与自主规制之公法学理论》，《月旦法学杂志》2013 年第 6 期。

导、行政合同以及行政计划、行政协调等。① 在我国，有部分学者提出和使用过"非强制行政行为"和"非正式行政行为"。有学者认为，非强制行政行为是相对于强制行政行为而言的一个类概念，主要包括行政指导、行政合同、行政奖励、行政调解、行政资助、行政信息服务等不具有强制性的一类行政行为。其理论核心是在一定的行政管理领域内，行政机关以行政权力为背景，以法律、政策或法律原则为指导，弱化传统的行政行为理论所强调的强制性，通过指导、协商、鼓励等温和的手段来实现行政管理目标。② 有学者则认为采用"非正式行政行为"概念相较"非强制行政行为"更为合理，并将之界定为：由一定的行政主体，按照非正式的程序，不以强制对方服从、接受为特征的行政行为。③ 即便仅与行政行为层次意义上的协商行政即协商行政行为相比较，二者的异同也较为明显：相同者为二者都包含行政主体与行政相对人沟通、协商的因素，都追求不以高权行政方式为之，都具有较强的可接受性等，区别在于协商行政行为的范围要广得多，不仅包括上述行政指导、行政合同等类型化行政行为，也包括其他的非类型化行政行为；既包括非高权行政行为，也包括以高权行政方式作出但包含"协商"因素的行政行为。

还有学者提出"非权力行政方式"（non-authority form of administrative way）的概念，用以指称行政机关实施的不具有强制命令性质的非权力作用性的行政活动方式。其基本特点包括：它在法律关系上属于公法关系，在性质上属于非权力作用，不以国家权力来单方性地拘束行政相对人；它既包括一部分无固有法律效果的单纯事实行为，也包括一部分较为温和的法律行为或准法律行为；它往往具有诱导性和引导性；它有时以行政权力作为背景，以保障它的实效性；它适用于整个行政领域，但主要是经济领域和部分社会管理领域；它在方式方法上往往采取非强制性、非命令性的手段；等等。④ 这一概念与行政活动方式层面的协商行政具有较高的相似度：覆盖的范围都较广，涵盖了行政事实行为和准法律行为等领域；采用的手段都较灵活和柔性，包括诱导性和引导性的以及以权力作为背景，且

① ［日］室井力：《日本行政法》，吴微译，中国政法大学出版社1995年版，第51页。
② 崔卓兰、卢护锋：《我国行政行为非强制化走向之述评与前瞻》，《北方法学》2007年第2期。
③ 熊樟林：《"非正式行政行为"概念界定——兼"非强制性行政行为"评析》，《行政法学研究》2009年第4期。
④ 莫于川：《非权力行政方式及其法治问题研究》，《中国人民大学学报》2000年第2期。

突出非强制性、非命令性；都少不了与行政相对人的沟通、交流等。但是二者还是存在着以下区别：协商行政强调民主"协商"，非权力行政虽然客观上也有促进行政民主化的效果，但并非其主要追求；协商行政还可以包容非正式行政活动，非权力行政则不能；协商行政追求合意，非权力行政则寻求配合；协商行政的参与主体不仅包括行政主体和行政相对人，还可能包括利害关系人、公众、社会组织等，非权力行政通常仅有行政主体和行政相对人两方。

二　协商行政缘何青睐自愿性环境协议

美国的朱迪·弗里曼教授在论证"契约国家""协商管制""管制化契约""合作治理""协商制定规则""民营化"等与协商行政相关的主题时，主要以环境法实例作为分析对象。[①] 无独有偶，德国学者在论述行政法总论的变革时，也多以环境保护法的内容与方法为例，以期从行政法各论中汲取营养，[②] 因为环境法是当前重要的行政法各论领域，环境保护可以作为一般性理论改革的催化剂。[③] 我国台湾地区学者在研究"行政法与合作国家"时，也主张各论研究取向，即在环境法等出现"合作型态"的行政法各论中积累经验再来考虑总论化的可能；[④] 我国大陆地区虽然在很多部门行政法领域也都出现了诸如工商行政指导、税务行政合同、反垄断执法和解等柔性行政、协商行政现象，但环境行政领域所涌现的协商行政现象无论是在质还是在量上无疑都是最为突出的，自愿性环境协议的兴起和发展正是其中重要的组成部分和典型代表。笔者认为，这绝非偶然，其背后有着深刻的政治、经济、社会、文化背景和值得深入探究的渊薮。

---

① ［美］朱迪·弗里曼：《行政国家的合作治理》，参见氏著《合作治理与新行政法》，毕洪海、陈标冲译，商务印书馆 2010 年版，罗豪才序。

② 环境法中因为经常涉及高度不确定的法律概念以及行政裁量甚至计划裁量的案例，行政法院单纯做合法性审查非常困难，需从组织、程序等方面补强。详见翁岳生编《行政法》（上册），中国法制出版社 2009 年版，第 75—78 页。

③ ［德］Eberhard Schmidt－Aßmann：《行政法总论作为秩序理念——行政法体系建构的基础与任务》，林明锵等译，元照出版有限公司 2009 年版，第 124 页以下。

④ 张桐锐：《合作国家》，载翁岳生教授祝寿论文编辑委员会编《当代公法新论（中）——翁岳生教授七秩诞辰祝寿论文集》，元照出版有限公司 2002 年版，第 580 页。

（一）协商民主与生态文明之契合

在环境、生态之于人类社会发展的意义逐渐为世界各国所认识之后，生态环境保护成为各国主要的国家任务之一。德国学界继警察国家、社会国家之后，提出了"环境国家"，即以环境保护为主要任务的国家。① 日本1959年之后进入因高速经济增长经济政策推行造成公害而达到的一个新阶段——"环境时期"，环境权作为一种权利被提了出来，并且根据"双重包装"理论，环境权的依据不仅仅单从宪法第25条（生存权），同时也应该从第13条所规定的幸福追求权中去追寻，以此更积极地构建起环境权。② 在我国，中国共产党第十九次全国代表大会的报告站在全局和战略的高度，将建设生态文明作为新时代坚持和发展中国特色社会主义的基本方略之一，提出要统筹推进经济建设、政治建设、文化建设、社会建设、生态文明建设。有学者认为，生态文明是人类文明发展的一个新阶段、一种新类型、一种新形态，是未来文明的发展方向，而生态治理则是通向生态文明的路径之一。③ 诚然，生态环境保护是一种典型的公共产品，环境问题具有极强的公共性，政府固然应该竭尽所能为它的公民提供最好的环境保护，但是，现代社会环境问题日益复杂和多变，单纯的政府环境规制，尤其是以命令—控制型的管理工具为主要手段的高权行政方式已被证明陷入"管制疲劳"和"政府失灵"的旋涡，亟须市场、社会等多元主体共同参与的生态治理和新的环境规制工具的引入。生态环境保护既是一项社会公共事务，又是一项复杂的社会系统工程，需要一种公共治理模式，政府、企业（市场）与公民（社会）都不是也不应该是唯一的治理主体，而应是互动合作的共同治理主体，而建立三方互动的最佳机制便是协商民主。④ 前述党的十九大报告也要求加强协商民主制度建设，形成完整的制度程序和参与实践，推动协商民主广泛、多层、制度化发展。正如学者所言，在中国特色社会主义事业"五位一体"的格局中，生态文明建设与社会主义协商民主之间具有深刻的共生性、协同性和系统性：生态文明建设

① 黄俊凯：《环境行政之实效性确保》，台湾政治大学2000年硕士学位论文，第5页。
② ［日］大须贺明：《生存权论》，林浩译，吴新平审校，法律出版社2001年版，第194页以下。
③ 张保伟、樊琳琳：《论生态文明建设与协商民主的协调发展》，《河南师范大学学报》（哲学社会科学版）2018年第2期。
④ 周珂、腾延娟：《论协商民主机制在中国环境法治中的应用》，《浙江大学学报》（人文社会科学版）2014年第6期。

不仅提出了协商民主所需要解决的大量议题及解决框架,也为推进社会主义协商民主的发展提供了实践载体和驱动机制;协商民主既以制度化的设计赋予广大人民群众民主参与的权利和资格,也具有塑造公民责任、提升公民素质、优化决策模式等方面的价值和功能,由此为社会主义生态文明的发展提供了应有的主体条件和制度基础。① 综上可见,我国已从环境行政实践需求、理论支撑和政策导向三个方面为环境行政领域开展协商民主奠定了基础,创造了条件。简言之,生态文明建设需要协商民主,也成就了环境行政领域大量的各种形式的协商民主实践,其中就包括自愿性环境协议的引入和应用。

(二) 环境行政目标之提高与手段之丰富

根据美国学者的实证分析,20 世纪 70 年代以来,政府规制的一个发展趋势是放松经济性规制的同时加强社会性规制,社会性规制自产生以来就不断强化,其规制范围不断扩大、规制机构不断增加、规制力度不断强化,其原因在于,社会性规制涉及环境保护等公众共同关心的问题,拥有广泛而又坚强的社会力量的支持,而且试错成本相对较高。②

这一研究成果与前述国家任务变迁的趋势是相互印证的:现代社会,各国环境行政早已由早先之公害防止转向环境保护,由末端治理转向过程控制,由事后补救转向事先预防,公众的环境保护意识越来越高,对环境品质的追求也越来越高,所谓"环境国家"绝非空穴来风或者仅仅是一个口号,而是很多国家的立国理念和基本方针,如日本于 1993 年制定了《环境基本法》,以环境保护理念取代了旧有的公害防止理念,理论界则由奉行"忍受限度论"转而趋向认同"环境权论",积极地肯定保护良好环境具有第一要义上的重大价值。③ 我国政府和民间对待环境问题的态度也经历了一个从经济发展优先到环境保护与经济社会发展相协调的重大转变。针对当前我国重大环境污染事件频发、社会环境保护意识觉醒、环境保护要求高企的现实,党和政府先后提出了实施可持续发展和建设生态文明的政策,并将之贯彻到政府的各项法律法规和行政任务之中;学者则提

---

① 张保伟、樊琳琳:《论生态文明建设与协商民主的协调发展》,《河南师范大学学报》(哲学社会科学版) 2018 年第 2 期。

② 文学国主编:《政府规制:理论、政策与案例》,中国社会科学出版社 2012 年版,第 303—304 页。

③ 〔日〕大须贺明:《生存权论》,林浩译,吴新平审校,法律出版社 2001 年版,第 194 页以下。

出将协调发展原则变为环境优先的原则，预防为主、防治结合变为风险防范原则，达标合法原则改为不得恶化原则。① 这也从一个侧面反映了我国社会对环境保护的诉求，代表着环境保护政策发展的一种方向。一言以蔽之，无论是从当下还是从长远来看，我国的环境规制只会要求越来越高，执行越来越严，相应地，国家的环境规制任务越来越重。

但是，如前所述，无论是西方发达国家还是我国在以命令—控制为主要手段实施严格的环境规制过程中，都不同程度地遭遇了执行赤字等严峻的问题，表明一味抱持命令—控制方式，追求严格的形式主义法治，已不能有效回应日益复杂和繁重的环境事务，自愿性环境协议等一批新的环境行政手法就此相继涌现。正如学者所总结："可持续发展运动催生了自愿性环境管理，自愿性环境管理又成为实现可持续发展的重要工具。"②

三　自愿性环境协议何以基于协商行政

协商行政作为一种有别于传统高权行政的行政方式显示出了自己的优越性。它可以作用到现代公共行政的各个领域和行政活动的各个环节，为公共行政带来更强的民主正当性、更低的成本、更大的弹性、更强的可接受性和更高的效率。但是，正如批评者所言，它与传统的依法行政原则存在着内在的张力，利益主体的多元化和利益关系的复杂化可能使协商"难产"而难以达成合意，反而降低行政效率、增加行政成本，而各协商主体法律上的平等与实力上的不对等、协商本身成本的耗费、"民意"的主观性和不确定性、协商结果的不可预见性等固有的缺陷更可能使其失去传统行政方式所具有的客观性、稳定性、一致性、可预期性、秩序性等特点，造成所谓"强制的自愿"、无休止的讨价还价、强者恒强弱者愈弱等损害公民正当权益、减损行政公平性的问题。可见，协商行政不是万能的，将其作为行政任务完成工具百宝箱里的一件利器，有着自身的适用范围和界限。正所谓尺有所短寸有所长，只有扬长避短，量身定制，才能发挥其最大效用。而自愿性环境协议所针对的环境行政问题正是适合协商行政发挥的现代环境行政场域，如果把自愿性环境协议比作走出环境规制失灵困境

---

① 王灿发：《重大环境污染事件频发的法律反思》，《环境保护》2009 年第 17 期。
② 郑亚南：《自愿性环境管理理论与实践研究》，武汉理工大学 2004 年博士学位论文，第 98 页。

的那双脚，那么协商行政就是那双最合脚的鞋子。

（一）从自愿性环境协议的兴起看环境行政方式的变化

如前所述，现代社会的环境问题具有公共性、高度的专业性、技术性与风险性、广度的利益冲突性、隔代正义、全球性、预防性等特点，公众环境意识的觉醒、环境诉求的高涨和国家生态文明建设任务的提出，都增加了环境行政任务的艰巨性与复杂性，环境行政手段与工具已经远远不能满足实际的需要，新型的高效的政策工具及其组合成为各方迫切的需求。

自愿性环境协议正是在这样的背景下应运而生。它的诞生给原有的环境行政带来了一系列的突破和冲击，在一定程度上引领了环境行政方式的创新：第一，协议的多元性改变了传统行政关系中行政主体与行政相对人（有利害关系的第三人）的二元对立构造，形成了行政主体（国家）、行政相对人（市场主体，如企业）、社会公众（公民、第三方组织）等多方互动与制约的网络结构。就协议主体来看，不仅行政主体和相对人得为协议的当然主体，利害关系人、地方公共团体、群众性自治组织、行业协会（产业工会）、公益环境机构（ENGO）等都可以成为协议的签约当事人。就协议内容来看，多元主体代表了多元化的利益，其间必然展开多元复杂的利益关系，行政主体与行政相对人之间的关系不再是现代行政唯一考虑的因素，诸如行政主体与第三方机构、行政相对人与属地居民、行政相对人与第三方机构之间的利益关系等，都将纳入考量的范围，其相互之间的权利义务关系相互交织，形成一个复杂的网络。就协议责任的分配来看，多元主体中的各方违反其义务都会产生相应的责任承担问题，行政主体已不再仅仅是对行政相对人和利害关系人负责，而是更为全面地观照到各方主体的利益，行政相对人不仅要履行行政主体设定的义务，同时还必须接受属地居民、第三方机构的监督。

第二，协议的过程性突破了原有环境行政的片段性和静态性，增强了其整体性和动态性。首先，它要将环境行政活动的背景和各方主体的政策或者策略考虑纳入考察的范围。其次，它不对行政活动中各种复杂的法律关系和事实关系作分割和剥离，而是针对其中的具体问题，从整体上分析，运用各种法律手段和资源解决问题。最后，它对行政目标的追求和行政活动的关注是长期的、持续性与动态性的。环境保护需要长期关注、持续投入，环境行政必须适应行政事实的动态变化，及时作出应对。自愿性环境协议各方通常基于长期的目标和计划缔结，签订协议只是环境行政任务实现的第一步,由于协议的各项权利义务分配均来自各方主体之间的合意,各方都将以当事人和主人翁的态度持续关注协议事项的进展,自觉履行协议约定的义务。

第三,协议的包容性突破了传统环境行政的封闭性与收敛性。首先,传统环境行政多为行政主体依靠高权作出的带有强制性的单方行政,协议根据实现环境行政目标的实际需要,容纳各利益主体共同参与行政决定作出的过程,极大地改变了传统行政方式的单方性、强制性和高权性,相对于参与式行政(公众参与)而言,其能够更好地提升参与水平和实效性,更强有力地促成行政的民主化和正当性。其次,传统环境行政通常只关心行政法律关系,对其他法律关系和社会关系缺少关注;协议能够包容各主体之间多种类型的复杂关系,包括行政法律关系、行政事实关系、民事法律关系,正式的法律关系和非正式的法律关系,行政主体与行政相对人、其他当事人之间的多重关系等。再次,传统环境行政关心的重点是法律手段和行政法上的手段;协议能充分利用各种类型和层次的工具、手段、方式、方法等为实现环境行政目标服务,包括法律手段、经济手段、政治手段和文化手段,行政法手段和民法上的手段,正式手段和非正式手段等。最后,传统的环境行政通常只关心静态的法律关系,行政行为一经作出后便宣告了其终结;协议本身是一个发展中的不断完善的动态体系,对实践中的变化能及时关注和解释,对于实践中的问题能及时作出反应和应对。

第四,协议的弹性与灵活性改变了传统环境行政的程式性、机械性、呆板性与形式性。传统环境行政主要依靠命令—控制方式实施,即通过制定法规和标准,并强制性要求所有排污企业一律实施,对违反法规或者标准的企业采取行政处罚、限期治理、停产整顿、关停等高权行政方式予以制裁,迫使其遵守法规和标准,并一般性地预防其他企业的违法违规。对于行政主体而言,由于采取高权行政方式,必须依靠依法行政原则的严格遵守来防止行政主体滥用行政权对企业等相对人造成的不法侵害,严格而烦琐的行政程序就必不可少且必须得到全面遵守,自由裁量权必须控制在最小的范围内,其主动性、积极性受到压制,无法灵活应对实际环境行政中的复杂情况;对企业而言,强制性技术规制没有给排污者任何选择的机会,也不被鼓励去开发能够以最低成本来达到减排目标的技术或方法,而且排污者之间不能进行减污量的交易,因此从灵活性角度来讲,很容易与效率低下联系在一起。① 自愿性环境协议可以综合运用经济的和法律的、行政的和民事的、柔性的和硬性的、正式的和非正式的各种手段；除可借用各种正式程序之外，更可根据实践的需要选择适用各种非正式程序；协议文本可以表现为契约书、协定书、备忘录、往返文书、口头约定等，甚至一份协定书由协定书以及作为其附属文书（下位协定）的备忘录、污染防治规划书及细则等一系列文书构成；协议的履行也非常具有弹性，允许各方进行最大限度地协商。

（二）从传统环境行政到协商环境行政

正如美国的协商制定行政规则、协商颁发许可证、行政职能外包、非政府组织设定标准等新行政方式促成和体现了由传统的权利—服从模式的行政管理（government）演变而来的协商—合作模式的公共治理（governance）这种新行政法模式的制度及其运作，② 自愿性环境协议在环境行政领域的兴起和应用必将推动传统环境行政向协商环境行政的转向。

如果说协商行政是一种内含自由、民主、公平、正当、合作、和谐等价值的理想的行政状态或者目标，自愿性环境协议就是与之相互"匹配"③的手段，它从多个方面体现了传统高权环境行政向现代协商环境行政的转向。

其一，协商是平等主体之间的协商，协商行政是各方利益主体在充分协商基础上达成合意而作出的行政活动。自愿性环境协议具有多元性，吸纳了包括行政主体、行政相对人、利害关系人、地方公共团体、群众性自治组织、行业协会（产业工会）、公益环境机构（ENGO）等多方利益主体，改变了传统高权行政方式下持有高权的行政主体与分散化的公民、法人和其他组织等相对人之间的地位不对等的格局，一方面，淡化了行政主体的高权和强制等色彩；另一方面，促进了分散的个体的组织化，提高了其参与协商的能力，从而为协商行政的开展奠定了前提与基础。

其二，协商不是简单的信息交流，而是复杂的利益衡量，协商行政不是形式法治和规范取向的行政，而是实质法治和功能取向的行政。自愿性

① 马士国：《环境规制机制的设计与实施效应》，复旦大学 2007 年博士学位论文，第 41 页以下。
② ［美］朱迪·弗里曼：《合作治理与新行政法》，毕洪海、陈标冲译，商务印书馆 2010 年版，姜明安序。
③ ［美］史蒂芬·布雷耶：《规制及其改革》，李洪雷、宋华琳、苏苗罕译，北京大学出版社 2008 年版，第 277 页以下。

环境协议契合了现代环境行政面向行政过程的要求，不仅关注行政活动的结果，更关注行政活动的过程，从行政活动作出前所处的政治、经济、社会、文化背景和各方利益主体的政策或策略考量开始，将行政活动作为一个有机的整体，对其产生、变革、消灭等各个阶段给予持续的关注，通过充分的沟通、交流、妥协、让步达成合意，从而统筹兼顾各方主体的利益，以最小的成本解决最实际的问题，这正是协商行政的精髓所在。

其三，协商行政不是封闭的体系，而是开放的系统，它广泛吸收公民、法人、其他组织、第三方机构、ENGO 等主体参与和实质性影响行政决定的作出，推动行政管理向公共治理转变；它容纳各种行政关系，无论其是法律关系还是事实关系、行政关系还是民事关系，而只要其存在于现实行政活动过程中；它借助各种行政资源和手段达成行政目标，而并不在意这些手段或者方式是正式的还是非正式的。从已有的自愿性环境协议的实践来看，如前所述的协议的包容性与协商行政的开放性正可谓相得益彰。

其四，协商行政不是僵化的、呆板的、机械的、程式性的行政，而是弹性的、灵活的、富于变化性和创造性的行政，它以国家行政任务为导向，不拘一格地采用各种手段、各种程序和各种资源，为行政的目标达成服务。自愿性环境协议的兴起本就肇因于传统行政的僵化、保守，作为一种新型的行政方式其较少地受到传统行政行为形式论为基础的规则与制度体系的束缚，能够较为灵活地因应现实行政状况的变化而及时地进行调整，作出有效的调控，这正是协商行政所需要的。

四　小结：基于协商行政的自愿环境协议之内涵与外延

如果我们将目光专注于现代公共行政的过程，分析行政行为产生、变更、消灭前后的各个阶段，便不难发现行政上的协商、合意性手法在行政过程中可能几乎无所不在。[①] 无论是具体行政行为（行政决定）还是抽象行政行为（行政立法和制定行政规范性文件的行为）、单方行政行为（行政处分）还是双方行政行为（行政合同）、类型化行政行为还是未类型化行政行为，其作用过程中或多或少都有协商活动存在的空间。这或许便是

---

① 黄俊凯：《环境行政之实效性确保》，台湾政治大学 2000 年硕士学位论文，第 176 页。

前文所述日本学者大桥洋一先生提出"基于协商的行政行为"所指称的行政现实状况。

在现代社会，"积极行政"兴起，打破了传统上对行政简单执行职能的假定，行政过程必须满足不断出现的需求，在缺乏明确的、权威的立法性规则的情况下，以积极、主动的方式，在更大的裁量空间下，对各种相互竞争、冲突的利益诉求进行权衡和协调。[①] 相对于传统行政事事依法行政，处处法律优先以控制行政权，现代行政则更看重实质法治的实现，即通过行政活动和作用更公正而有效地在社会成员之间分配权利和义务、利益与负担，实现社会福利的最大化，一切行政行为或者其他行政活动都是为着这一总的目标服务，行政只需设定一定的行政目标，至于达成目标的手段则应最大限度地准许行政机关基于行政裁量权根据具体的行政情境和需要进行选择，可供选择的方式和手段越多，说明行政的工具储备越丰富、破解行政难题的武器弹药越充足。

笔者在总体上将协商行政定位为一种在"协商"理念引领下有别于传统高权行政的独特的行政活动方式，并认为在具体的行政实践和不同的语境下，协商行政可以表现为一种行政行为、行政程序抑或一种行政法律制度，便是基于最大限度地实现协商行政的可能性，发挥其功能优势。基于同样的理由，笔者对自愿性环境协议的定位是一种新兴环境行政方式，即行政主体与多方利益主体就特定的环境公共事务在法律地位平等的基础上自愿沟通、交涉，在不违背法律规定和公序良俗的前提下互相妥协、让步，达成合意，以实现各方利益最大化的一种行政活动方式，它具有多元性、过程性、包容性与灵活性等突出优点。从其载体来看，可以表现为行政行为、行政程序、行政制度等；就其性质而言，可以是自愿性环境行政行为（环境行政合同）、行政事实行为乃至民事行为，也可以是非正式行政行为；从作用环节和领域来看，其可以贯穿于行政活动前、中、后的各个环节，在单方行政与双方行政、秩序行政与给付行政等各领域都有适用的空间。

---

① 王锡锌：《公众参与和现代行政法治的模式变迁》，载罗豪才主编《行政法论丛》（第10卷），法律出版社2007年版，第338—339页。

第二节　实践选择:基于协商行政的
自愿性环境协议如何实现

　　基于协商行政的自愿性环境协议如果仅仅停留在理论证成层面,只能是"看上去很美"而已。自愿性环境协议源于环境行政实践,最终也只有回到实践中去才能实现其自身的价值。尤其是鉴于当前我国自愿性环境协议尚处于试点和起步阶段,应用范围较为狭窄,实施效果不甚理想的现实状况,更应该面向实践、回归实践,以协商行政为理论基础,指导自愿性环境协议的推广与应用,使其在环境行政实践中发光发热。鉴于自愿性环境协议本身的多样性、复杂性、包容性,面向实践的自愿性环境协议也必将是一个复杂的体系,这一体系的构建应从主体与动机激励、行为与程序选择、制度与功能优化等方面展开。

一　多元主体的地位保障与动机激励

(一) 多元主体地位的保障

　　在当代治理主义的行动逻辑下,公共事务管理和公共服务与公共产品提供的主体呈现出多元化的状态,除了政府以外,还包括其他各种公共组织、民间组织、非营利组织、私人组织、行业协会、科研学术团体和公民个人等。政府在整个社会中依然充当着非常重要的角色,特别是在合法地使用暴力、决定重大的公共资源分配方向和维护公民基本权利、实现公平价值等方面,发挥着其他组织不可代替的作用,但是,它不再是实施社会管理功能的唯一权力核心;非政府组织、非营利组织、公民自组织等第三部门和私营机构部分地承担了管理公共事务、提供公共服务和公共产品的责任,只要第三部门和私营部门行使的权力得到公众的认可,这些部门就可能成为不同层面上的权力中心。① 自愿性环境协议顺应了公共行政由管理向治理转变的趋势,在实践中也呈现出主体的多元性样态,既可以如典

---

① 魏涛:《公共治理理论研究综述》,《资料通讯》2006 年第 7—8 期。

型的环境行政合同一般以行政主体和作为行政相对人的企业作为两造主体，又可以如公共志愿方案中一样，由企业界作出单方面的承诺，还可以似我国台湾地区的环境保护协定，囊括地方政府、环保部门、基层组织、属地居民、行业协会和相关企业等多方主体共同签订协议。主体的多元性既显示了自愿性环境协议的灵活性与包容性，更体现了通过多样化的路径和构建公私合作伙伴关系将一部分公共物品和服务的生产让渡给社会自主组织和民营组织承担，以其成本、技术和竞争等优势，为公众提供多样化的物品和服务，同时降低政府和公营部门的支出规模，节省纳税人的金钱的环境治理观。①

　　如前所述，我国已经初步建立了较为完备的环境保护法规标准体系，环境执法力度不断加强，形成了对污染源的高压态势；政府、企业和公众三方的环境保护意识都持续增强；市场经济已取得长足的进步，市场配置资源的基础性作用已经确立，长期的高速增长积累了一定的物质和技术基础；"以和为贵"的传统文化也为自愿性协议的适用提供了社会文化基础，在采用传统的命令—控制型方式作为主要措施来遏制环境污染的同时，也需要顺应形势的变化，不断创新环境治理的方式。自愿性环境协议的"新"首先在于其主体的多元，多元主体的参与既是自愿性环境协议成立的前提，又是其发挥功能优势的基础。因此，对自愿性环境协议体系的构建首先应保障其主体的多元性。有鉴于此，笔者认为，首先应明确以下几个问题。

　　1. 自愿性环境协议的法律依据问题

　　如前所述，最早的自愿性环境协议——日本公害防止协定产生的一个重要背景原因是公害管制的法规不完备，地方政府在环境规制方面欠缺行政权限，为避免自行规定较中央立法严格的条例而与中央立法抵触，采取积极和企业缔约的方式来补充公害规制的不足。因此，自愿性环境协议诞生之初就是一个"依据不足"的产物，如果要求缔结自愿性环境协议必须有法律依据——法律的明确规定或者授权，则显然与其自身的特点是相悖反的。事实上，在行政国家的背景下，"无法律则无行政"的传统行政法治观念已经逐渐被"宽泛的法治主义理念"所取代，在很多场合行政不抵

---

①　任志宏、赵细康：《公共治理新模式与环境治理方式的创新》，《学术研究》2006年第9期。

触法律即可满足合法性标准。① 因此，在这一方面，法律应该承认行政机关和民间的能动性与创造性，准许其在不违反法律基本原则和公序良俗的前提下，针对公共行政实际情况灵活地创设协议，创设的依据应尽可能地广泛和多样：既可以依据法律的规定和授权，又可以依据行政机关组织法上的职权；既可以依据规章以上的法律法规，又可以依据行政机关基于行政自制②制定的规范性文件；既可以依据行政机关的职权，又可以依据行政相对人或者第三人的申请或者提议。

2. 自愿性环境协议的适用范围问题

在此一方面，学界之前围绕行政合同的容许性问题已展开了充分的讨论，在很大程度上达成了共识，可以为自愿性环境协议提供借鉴。现代行政法既赋予行政主体缔结行政合同的较大自由度，即除法律、行政法规禁止或者拟建立的行政法律关系的性质不适宜订立契约之外，原则上行政主体得为了实现行政任务而在其职权范围内订立行政合同。自愿性环境协议在这一点上与行政合同并无本质区别，行政合同在行政法上的容许性对于自愿性环境协议应可参照适用。且鉴于自愿性环境协议较之行政合同而言，更具灵活性、弹性、非正式性等特质，其适用的范围应该比行政合同更广。行政合同总体上仍是一种行政法律行为，行政法对行政行为进行程序和实体控制的规则通常都对行政合同适用，在合同领域，不存在无行政主体作为一方当事人的情况，也不存在容纳事实行为的空间，但对自愿性环境协议而言，这应该都不是问题。当然，这并不是说自愿性环境协议的适用是没有边界和限制的，不得违反法律的强制性规定便是一项消极的、最低限度的要求。自愿性环境协议更多时候是行政主体积极行使行政权或者发挥行政权之影响力的方式，须特别防范的是行政主体与相对人相互勾结，借由"合意"的幌子，规避正当的环境规制法规和标准的适用，以至赤裸裸地"出卖公权力"。另外，需要注意的是，命令—控制型的环境行政方式在现实环境行政中仍是主要的部分，协议目前只能作为补充，在实践中更多地出现在作为替代方式填补传统环境规制的空白，解决新出现的

---

① 崔卓兰：《行政自制理论的再探讨》，《当代法学》2014 年第 1 期。
② 行政自制是指行政主体自发地约束其所实施的行政行为，使其行政权在合法合理的范围内运行的一种自主行为，即行政主体对自身违法或不当行为的自我控制。行政主体的多元化和行政方式的多元化为行政自制提供了主体和手段条件。详见崔卓兰、刘福元《行政自制的可能性分析》，《法律科学》2009 年第 6 期。

棘手的复杂环境问题等领域。

3. 自愿性环境协议多元主体的正当性与主体性问题

多元主体的出现都是根据具体的环境行政事实作出的策略性应对，我们应该以一种开放、包容的态度正视和接受这些新类型的行政事实，[①] 分析其功能与缺陷，以比例原则为依据，以成本—效益核算为方法，做一个利弊得失权衡，只要是有利于以更低的成本收获相同的收益，或者以稍高的成本实现超多的收益，且不违反法律的强制性规定和公序良俗，就应当予以认可，或者至少不加以反对。正所谓"存在即合理"，我们不能以现有的理论去教条式地套用在纷繁复杂的现实行政上，而应该是从实际问题出发，以解决问题为目的，去思考理论与实践的差异，并对理论作出调整或者修正。承认协议主体多元的实质是承认其背后的多元利益，赋予各方利益主体以协议当事人资格，目的是使其能与其他当事人一样表达自己的立场、宣示自己的意见，影响协议的最终达成。这一点对于行政民主化和由管理向治理转变至关重要。过去我们的听证会、公听会等公众参与形式之所以实效性不足，很大程度上是因为参与者只有"加入"权，而没有决定权，行政主体只有"参考"的权利（力），而没有"采纳"的义务，甚至连不予采纳时说明理由的义务也没有实际履行；自愿性环境协议的各方主体都是缔结协议的主体，是协议的当事人，对协议的具体内容拥有相同的形成权和一票否决权，真正实现了由"参与"到"决定"。

（二）多元主体的动机激励

上述三个问题的解决只是为自愿性环境协议的多元主体参与提供了前提和基础，接下来要解决的问题是如何吸引地方政府（部门）、企业（行业协会）等主体采用或者加入自愿性环境协议，即如何激发各方主体参与自愿性环境协议的动机。

就自愿性环境协议中的公共部门（中央和地方各级政府及其职能部门、法律法规授权的公共组织等）一方而言，激励其采用自愿性环境协议这一新型的环境行政方式，最重要的是要解除其思想包袱与顾虑。在是否采用自愿性环境协议时，行政机关及其公务人员究竟有哪些包袱和顾虑

---

① 根据库恩的范式理论，由理论事先预期的发现都是常规科学的组成部分，不会产生新类型的事实。新类型的事实是科学发展的重要诱导因子。详见［美］托马斯·库恩《科学革命的结构》，金吾伦、胡新和译，北京大学出版社 2012 年版，第 52 页。

呢？以笔者的了解，主要有如下几个方面：一是对自愿性环境协议的适法性没有充分的把握，担心越过政策红线，受到上级机关的追责；二是对自愿性环境协议的可行性存在疑虑，对其功能优势没有充分的了解，担心采用这一方式不能提高企业的环境绩效，反而延误了其他措施的施行；三是对与企业界的谈判存在顾虑，担心被公众指责为与企业合谋，或者被上级和行政系统内部的监督机关怀疑为与企业共谋或者被企业俘获；四是对协议签订后的实施存有怀疑，担心企业不履行协议的约定，协议最后变成一纸空文。不难看出，行政机关的担心和顾虑很多是制度性或者体制性的，需要自愿性环境协议自身体系建设的努力，本章接下来的讨论主题即在于此。

除了这些因素外，如果从行政机关作为官僚机构本身具有的弊病或者问题分析，则其保守性显露无遗。解除行政机关的保守性，激励其大胆创新、先行先试一向都是一道公共管理学的难题，结合本书的主题，拟从以下几个方面去尝试：一是落实地方政府对本地方环境质量负责的环境保护目标责任制。传统的官僚机构是一种典型的压力型体制，只有在重压之下，依靠自上而下的压力重重传导，才能实现行政任务。新修订的《环境保护法》第十九条第一款明确规定，实行环境保护目标责任制和考核评价制度，中央和地方政府将环境保护目标完成情况作为对本级政府环保部门及其负责人和下级政府及其负责人的考核内容。这就迫使各级政府及其环保部门必须千方百计地改善辖区环境质量，诸如自愿性环境协议等新型的规制工具，只要能实现好的环境治理绩效，就可能被地方政府及其环保部门所采用。

二是理顺中央政府与地方政府的关系，赋予地方因地制宜的灵活性。我国幅员辽阔，各地经济发展与环境保护水平大相径庭，中央只能实行宏观调控，具体的环境保护任务必须由各地方政府去落实，如果中央统得太死，搞"一刀切"，地方政府机械执行中央决策，就不能发挥其熟悉本地实际的优势有针对性地采取措施，自愿性环境协议的灵活性正可为地方政府因地制宜地开展环境保护工作所用，前提是中央给予地方一定的自由度。

三是推行环境保护尽职免责制度。环境保护是一项长期的系统工程，环境质量的改善受到多方面因素的制约，不能单以结果论英雄、定成败，尤其是对于敢于直面问题、采用自愿性环境协议等新型规制手段先行先试的公务人员，应保护其改革创新精神，即便因各种因素，实施结果不甚理想，也不应一棍子打死，而是"扶上马，送一程"，如此，方能真正免除改革者的后顾之忧。

四是直接在考评体系中设置采用自愿性环境协议的激励规则。对于基本条件具备、现实需求迫切的区域，可考虑在考核评价指标中直接规定对采用自愿性环境协议的地方政府或者环保部门给予加分等奖励；反之，则采取扣分等惩戒，或能收到立竿见影的效果。

五是树立先进典型，发挥试点的示范效应。如前所述，自愿性环境协议已在我国有多个试点，且均取得不错的效果。事实胜于雄辩，环境规制者看到了协议规制的优点和效果，采用可能性会大增。

关于企业参与自愿性环境协议的动机，经济学界已有较为成熟的研究成果，可以为我们所借鉴。有学者认为，管制性压力和非管制性压力（消费者、资本市场、非政府组织、社区）都是推动企业参与自愿性环境协议的动因，但是管制压力是企业决定是否参与的关键原因，并且管制压力的持续存在是企业自愿削减排污量的必要条件。[①] 有学者指出，企业参与自愿性环境协议的潜在驱动力是企业管理者追求效用最大化的结果，这种潜在驱动力可以表述为经济的和非经济的、内部和外部四种因素的组合：一是外部的经济的。在市场经济解释中，企业参与自愿性环境协议的动机主要来源于产品市场和金融市场的经济动机。二是内部的经济的。企业参与自愿性环境协议是由内部经济因素驱动的，它能使企业的产品和服务效率得到改进。三是外部的非经济的。企业由于组织和利益相关者之间存在社会交易关系而参与自愿性环境协议，就像"自愿"（voluntary）这个词所指的那样，社会交易不包括直接的外力强迫。社会"回报"包括社会认同、社会接受、社会尊重。四是内部的非经济的。在道德解释中，企业参与自愿性行动是因为企业认为他们的选择是正确的。[②] 要使自愿性环境协议得到推广，并实现其功能价值，必须围绕这些驱动因素，建立配套的制度规则，总的来说，包括正向激励和反向激励（惩戒、威胁）两大方面。

首先，就正向激励而言，我国当前可以采取的主要有以下几项措施。

---

① 王惠娜：《自愿性环境政策工具在中国情境下能否有效?》，《中国人口·资源与环境》2010 年第 9 期。

② 秦颖、王红春：《企业参与自愿环境协议的驱动力探析》，《生态经济》2013 年第 4 期。

第一，政府经济政策激励。

具体可考虑以下政策的配套：一是加强财政补贴政策支持。如在环保、发改、经信等有关部门设置的节能减排专项资金中拿出一部分设立企业实施自愿性环境协议的奖励基金；允许地方财政通过专项预算扶持企业开展自愿性环境协议项目等。二是给予税收减免或者优惠。一方面，可实施排污税减免或者先征后返：对参与自愿性环境协议的企业可以在协议中约定减免部分或者全部环境保护税，用于实施自愿性环境协议的前期投入，或者环境保护税照常征收，但约定企业可根据实施自愿性环境协议的投资和取得的节能减排绩效向政府申请返还；另一方面，可以针对参与自愿性环境协议的企业的不同情况，采取加速折旧、投资抵免、减计收入、加计扣除等多种间接税收优惠形式。三是推行绿色信贷，加大银行信贷对自愿性环境协议项目及其参与企业的支持。对于环保不达标或者存在其他环境问题的企业一律不予信用贷款；对于参与自愿性环境协议，主动追求更高的环境目标的企业则优先给予贷款，以此激励企业自觉加强环保，创建环境友好型企业。四是改进水、电、煤炭、天然气等自然资源价格激励机制：（1）改进供应机制，对于污染治理到位、环境效益好的行业和企业优先供应；对于高耗能、高污染行业限制供应；对于国家明令淘汰的落后产能，则不予供应。（2）改进价格机制，使自然资源的价格水平与其稀缺程度和企业节能状况挂钩，使节约资源的企业获得经济收益。

第二，市场机制的激励。

在一个完善的市场体系中，企业之间的竞争早已不局限于物质领域而是扩展到非物质文化领域，良好的企业形象需要的不仅仅是质量过硬、价廉物美的产品，产品是否绿色清洁、节能环保，企业是否勇于承担环境保护等社会责任，也成为社会评判的重要指标。对于那些实力雄厚、雄心勃勃的企业而言，参与自愿性环境协议或者是为了实现特定的环保目的；或者是为了"宣示"自己已经达成某种程度的污染防治。这无疑有助于其参加自愿性环境协议，甚至自我承诺执行较现行法规更为严格的排放标准。绿色企业与绿色市场和消费者群体是相辅相成的，加强公民环保意识的培养，实际上是向企业施加了非管制性的压力，这种压力在某些条件下较之管制性压力的激励效果更佳。大企业的先行先试，一方面，可以为大量的中小企业树立榜样和目标，激励其向着更高的环境标准和更绿色环保的生产方式奋进；另一方面，对于实力太弱，无心亦无力跟上变革步伐的企业，在优胜劣汰规则的作用下，自行退出市场，腾出环境容量和空间。

第三，社会激励措施。

一是培养绿色消费者，形成消费者用脚投票的绿色环保企业与产品选择意识。二是进一步唤起公民的环保意识，自觉抵制工艺落后、污染严重的企业和项目，压缩其生存空间直至其完全退出市场。三是大力发展环保类非政府组织，将分散的个体组织起来，发出民间的环保呼声，形成对企业的重要监督力量，并为政府与企业之间沟通交流与协商谈判搭建良好的平台。四是改进行业协会组织与功能，行业协会不应仅仅是行业利益的维护者，更不是护短者，应该如温州的制革行业协会那样集中行业内部各企业的力量，解决行业内部的污染治理和产业转型升级等问题。

其次，就反向激励而言，最为关键的还是加强环境执法力度，给予企业持续的管制压力和威胁，保证随时都可动用自愿性环境协议的替代措施。政府环境管制压力的存在是企业决定是否参与的关键原因。而我国现阶段环境管制被以发展经济为主要目标的地方政府弱化，普遍存在的选择性执法致使监管不力，执行赤字，甚至造成违法成本低、守法成本高的局面，形成"劣币驱逐良币"的效应，大量中小规模的、环保技术落后的企业难以进入环境规制的监控范围之内。因此，在我国的环境治理背景下，自愿性环境政策工具要发挥效用需要加强环境执法，加大执法力度，形成执法的特殊预防与普遍预防效应相得益彰的局面，扭转"劣币驱逐良币"的不利状况，给企业施加长期、稳定、高强度、可预期的管制压力。为此，可考虑从以下几个方面着手。

第一，充分利用"史上最严环保法"赋予的法律手段。

众所周知，长期以来，我国环保部门的处罚力度、执法手段都相当有限，相对于其他执法部门而言，环保部门一直都是一个"软衙门"，难以震慑日益猖獗的环境违法行为，这种状况与1989年颁布实施的《中华人民共和国环境保护法》（以下简称《环境保护法》）没有赋予环保部门足够的执法手段以及确保法律措施落地的配套制度滞后有很大的关系。我国的环境法规不少，但由于违法成本低，对违规企业的经济处罚并未取得应有的震慑效果，导致法律法规并未起到真正的约束作用。在实施25年后，这部环境保护领域的基本法终于迎来大修。2014年4月24日，第十二届全国人民代表大会常务委员会第八次会议通过了修订后的《环境保护法》，并规定新法自2015年1月1日起施行。而此次修订的环保法被称为"史上最严环保法"，很重要的一点就在于赋予环保部门在监管方面更大的权力，按日计罚、"记入社会诚信档案，向社会公布违法者名单"（黑名单）、查封扣押、限制生产、停产整治、"责令停业、关闭"、行政拘留等一系列规定授予了环保部门一把又一把斩断污染源的利剑。按日计罚加大了企业违法成本，上不封顶的规定更是提升了企业主的"心理代价值"。黑名单制度将企业事业单位和其他生产经营者的环境违法信息记入社会诚信档案，向社会公布违法者名单，在经济制裁的基础上加上了精神与名誉方面的惩罚。查封、扣押等强制措施是以前的环保机关所不具有的，有了查封、扣押等强制措施权，环保将可能不再是没牙的老虎，不再仅仅靠宣传、劝导等柔性方式执法，执法的权威性和打击力度有望就此加大，不但倒逼企业缩短了主动认罚的时间跨度，也为破解执行难提供了法律途径与保障。限制生产、停产整治较原有的限期治理赋予环保部门更大的权限，使限期治理不再是保护超标企业的护身符，而是真正根除污染源的撒手铜。行政拘留无疑打中了企业主的"七寸"，倒逼其不得不把排污设施的建设、从业流程的规范等提上企业生产的议事日程。这些政策工具如果都能得到充分的利用，我国的环境保护执法水平将迈上一个大的台阶，环保执法对于环境违法行为的一般预防效果将大大加强，企业的守法意识、环保意识也都将相应地大幅提升。因此，政府及其环保部门要借新环保法实施的东风，用足用好这些法律手段和措施，加大环境规制的威慑效应。

第二，深化行政执法与刑事司法联动机制。

行政拘留是最为严厉的行政处罚种类，刑事处罚是最为严厉的惩罚。在环境行政执法领域适用行政拘留和刑事处罚等手段彰显了政府加强环境保护、打击违法排污行为的坚强决心，也丰富了原有的命令—控制规制手段，有效地打击了违法排污行为，震慑了排污者，能够大幅度提高环境规制的威胁水平，在我国当前形势下应该进一步大力推进。自2008年，全国人大法工委《对违法排污行为适用行政拘留处罚问题的意见》（法工委复〔2008〕5号）发布之后，一些地方的环保部门和公安部门就开始了在环境执法领域采用限制人身自由的惩戒机制的尝试，取得了一定的成效，积累了一定的经验。在此基础上，国务院办公厅于2014年印发了《关于加强环境监管执法的通知》（国办发〔2014〕56号），要求各级环保和公安机关要建立联动执法联席会议、常设联络员和重大案件会商督办等制度，完善案件移送、联合调查、信息共享和奖惩机制，克服有案不移、有案难移、以罚代刑现象，实现行政处罚和刑事处罚无缝衔接。环保机关的移送和公安机关的立案工作都要接受人民检察院法律监督。发生重大环境污染事件等紧急情况时，两部门要迅速启动联合调查程序，防止证据灭失。公安机关要明确机构和人员负责查处环境犯罪，对涉嫌构成环境犯罪的，要及时依法立案侦查。人民法院在审理环境资源案件中，需要环境保护技术协助的，各级环境保护部门应给予必要支持。自此，行政拘留、刑事拘留、取保候审乃至有期徒刑等限制人身自由的强制措施和惩戒机制被各地广泛应用于环保执法中。2013 年 6 月 19 日，《最高人民法院、最高人民检察院关于办理环境污染刑事案件适用法律若干问题的解释》颁布施行。施行以来，各级公检法机关和环保部门依法查处环境污染犯罪，加大惩治力度，取得了良好效果。据统计 2013 年 7 月至 2016 年 10 月，全国法院新收污染环境、非法处置进口的固体废物、环境监管失职刑事案件 4636 件，审结 4250 件，生效判决人数 6439 人；年均收案 1400 余件，生效判决人数 1900 余人，[1] 有效地强化了环境司法保护。2016 年 12 月 23 日，最高人民法院会同最高人民检察院，在公安部、环保部等有关部门大力支持下，经深入调查研究、广泛征求意见，制定了新的《关于办理环境污染刑事案件适用法律若干问题的解释》，并于 2016 年 12 月 23 日发布，自 2017 年 1 月 1 日起施行。新解释进一步明确了污染环境罪、非法处置进口的固体废物罪、擅自进口固体废物罪、环境监管失职罪定罪量刑的具体标准，明确了环境污染共同犯罪和犯罪竞合的处理规则，明确了环境影响评价造假的刑事责任追究问题，明确了破坏环境质量监测系统的定性及有关问题，明确了单位实施环境污染相关犯罪的定罪量刑标准，明确了"有毒物质"的范围与认定问题和监测数据的证据资格。这些法规文件的颁布为我们建立和完善行政执法与刑事司法联动机制提供了法律依据。我们可以在此基础上进一步深化，确保对环境违法行为的惩戒和打击全方位覆盖、多层次发力、不间断打击。环保部（现为生态环境部）部长李干杰在 2018 年 3 月 17 日出席十三届全国人大一次会议"打好污染防治攻坚战"主题记者会时答记者问提供的数据，2017 年环保部门向公安部门移送行

---

① 最高人民法院：《"两高"发布办理环境污染刑事案件司法解释》，2016 年 12 月 23 日，最高人民法院官网（http：//www. court. gov. cn/zixun－xiangqing－33681. html）。

政拘留和涉嫌环境污染犯罪的案件分别有 8600 多件和 2700 多件，比 2016 年分别增加了 112.9% 和 35%。① 这说明我国环境行政执法与刑事司法联动机制越发成熟和有效。这有利于提高环境违法的成本、震慑潜在的环境违法行为者，从而打消其违法排污的念头，倒逼其主动寻求污染治理绩效的提升。

第三，推动环境公益诉讼制度的有效实施与功能拓展。

环境公益诉讼是指为了保护环境公益，以损害或可能损害环境公益的行为为对象，以制止损害环境公益行为并追究公益损害人相应法律责任为目的，向法院提出的诉讼。② 虽然环境公益诉讼是个案性质的，但是其影响却是深远的。环境治理的成功既需要面上的推进，也需要点上的突破，而环境公益诉讼则正是那个可以撬动整个环境治理体系的支点。

具体而言，环境公益诉讼具有推动环境法规的执行，促使政府积极守法；促进环境法规的解释与适用，促成新的权利生成；通过对环境公共利益的维护改变现行的环境公共政策或者确立新的政策；借助法院裁判对未来社会变革起到引领作用等功能。③

根据《环境保护法》和《民事诉讼法》《行政诉讼法》及相关司法解释的规定，我国当前的环境公益诉讼主要有环境民事公益诉讼和环境行政公益诉讼两大类，而有资格提起环境公益诉讼的主要有两类主体：一是检察机关；二是环境非政府组织（ENGO）。就前者而言，由于其独特的法律地位，可在很大程度上破解严重制约了环境公益诉讼的发展与环境公共利益的维护的环境公益诉讼"三难"问题：立案难、取证难、胜诉难。详言之，检察机关拥有不受行政机关干扰的独立地位，可以解决环境公益诉讼立案难的问题；检察机关拥有法定证据调查权，可以解决环境公益诉讼取证难问题；检察机关拥有诉讼方面的专业优势，有助于解决环境公益诉讼胜诉难的问题。④ 在环境公益诉讼中，检察机关要充分发挥其公益诉讼人

① 唐靖初：《环保部部长李干杰就"打好污染防治攻坚战"答记者问》，2018 年 3 月 17 日，中国网（http://www.china.com.cn/zhibo/content_50714036.htm）。

② 曹明德、王凤远：《美国和印度 ENGO 环境公益诉讼制度及其借鉴意义》，《河北法学》2009 年第 5 期。

③ 陈虹：《环境公益诉讼功能研究》，《法商研究》2009 年第 1 期。

④ 李艳芳、吴凯杰：《论检察机关在环境公益诉讼中的角色与定位——兼评最高人民检察院〈检察机关提起公益诉讼改革试点方案〉》，《中国人民大学学报》2016 年第 2 期。

和法律监督者的功能，对破坏生态环境和资源保护、侵害社会公共利益的民事主体或负有生态环境和资源保护监督管理职责而违法行使职权或者不作为、致使国家利益或者社会公共利益受到侵害的行政机关实施严格的法律监督，从而倒逼民事主体和行政机关提升自身污染治理和环境监管的绩效。就后者而言，环境公益诉讼的过程其实很大程度上也是 ENGO 为了保护生态环境的目的与相关的利益主体进行协商的过程，很多环境公益诉讼案件最后通过调解或者和解等方式结案其实从侧面证明了这一点。《环境保护法》及相关司法解释已经明确赋予部分 ENGO 以提起环境民事公益诉讼的原告资格，具备条件的 ENGO 要充分利用环境公益诉讼的制度扩散效应，积极主动地提起或者支持提起环境公益诉讼，力求通过个案突破由点及面地推动相关环境治理方式的变革；尚不具备条件的，也要加快发展，尽快加入公益诉讼原告资格的队伍。政府要鼓励、扶持、引导 ENGO 的发展，支持 ENGO 提起环境公益诉讼。而检察机关和 ENGO 在履行环境公益诉讼职能时要注意分工、配合，确保环境司法保护能够弥补行政保护留下的空白，还要注意与行政执法的衔接，确保环境公益诉讼能够解决行政保护、市场机制等难以解决的棘手问题，不断放大司法保护的功效，从而织成一张密不透风的保护网，使违法排污者无处遁形，只能选择与政府、公众协商合作，提升环境治理绩效。

二 开放的行为体系与灵活的程序设置

（一）行为的开放性

如前所述，自愿性环境协议不是根据从行政事实和法律关系片段抽象、提炼出来的法律规则被动行事，而是在充斥着形成性、预防性、给付性的现代环境行政中，以完成环境行政任务、实现环境保护目标为导向，面对动态的、多层次的行政法律关系和事实关系，全面考察行政活动的整体和全过程，以灵活的、富有弹性的、不拘一格的方式应对现实需求。基于协商行政的自愿性环境协议并非单纯的类型化的行政行为，它可以表现为未类型化的行政行为，可能以行政法律行为、行政事实行为、非正式行政行为等多种面貌出现，还可能是民事法律行为。相应地，由此引发的行为主体间的关系也有多种类型，包括行政法律关系、行政事实关系、民事法律关系，正式的法律关系和非正式的法律关系，行政主体与企业之间的当事人关系、行政主体与缔约企业之外的其他主体之间的关系、缔约企业与行政主体以外的其他主体之间的关系等。面对如此复杂的行为体系及行为主体之间的关系，如果没有一个清晰的逻辑把握，很容易混淆。因此，有必要对自愿性环境协议涵盖的各类行为及其行为主体间的关系作一个清晰的梳理。

1. 行政行为与民事行为

自愿性环境协议在总体上是一种行政活动方式，其目的是完成特定的行政任务，其主体通常有一方为公共行政主体，其法律关系中通常包含有行政法律关系。但是，自愿性环境协议具有特殊性，它的具体表现形式灵活多样，上述"行政"的因素并不是其必备的，更不是其唯一，从实践来看，它还包含了大量的民事因素。日本的公害防止协议在早期一度被认定为君子协定或者民事契约，这两者都不属于行政行为的范畴。直到今天，各国的自愿性环境协议有相当一部分采用的仍是可强制执行的民事合同的形式。因此，民事行为是考察自愿性环境协议时不容回避的客观存在。

2. 行政法律行为与行政事实行为和非正式行政行为

通常认为，行政法律行为是行政主体以实现某种特定的法律效果为目的而实施的行为，行政事实行为则是行政机关或者其工作人员在行使行政职权过程中实施的不以发生特定的法律效果为目的，而且行为作出以后对行政相对人没有法律上的拘束力的行为。[①] 非正式行政行为，在德国行政法上又称为非正式行政活动，主要是指行政决定作出时或者作出前，行政机关与公民之间进行协商或者其他形式的接触的行为，这些行为是非正式的，因为它们不采取行政行为的传统法律形式，而是作为一种客观的认识行为，为法律行为做准备或者替代法律行为。[②] 从本质上看，法律行为是一种法律技术，当法律在某些情况下对某些领域无法进行直接调控或者勉强调控又有失正当时，它就被立法者使用以达到间接调控的目的。[③] 从分析实证的角度来看，法律行为和事实行为都是能产生法律效果的法律构成要件事实，二者界分的关键是法律效果与行为主体的意思表示之间是否存

---

① 江必新：《中国行政诉讼制度之发展：行政诉讼司法解释解读》，金城出版社 2001 年版，第 31—32 页。

② ［德］哈特穆特·毛雷尔：《行政法学总论》，高家伟译，法律出版社 2000 年版，第 398 页。

③ 胡建淼主编：《行政行为基本范畴研究》，浙江大学出版社 2005 年版，第 525 页。

在关联关系。① 就自愿性环境协议而言，缔结协议过程中存在着大量的事实行为和非正式行政行为，前者如行政主体一方为缔结协议准备资料，后者如行政主体与企业就相关事项展开非正式的协商。行政法律行为本就是截取自整个行政过程中的一个片段，其在自愿性协议中所占的比重较其他行政活动过程更小，当然，这并不表示其地位或者作用不重要，这一小部分通常表现为环境行政合同，可能正是整个自愿性环境协议的核心。

3. 类型化行政行为和未类型化行政行为

类型化行政行为是指行政行为产生、发展，逐渐固定化、型式化，最终经法律规定得以制度化。除此之外的行政行为都是未类型化的行政行为。后者是行政主体在行使行政权过程中，为适应社会管理的需要而实施的未经类型化或者未完成类型化的各种行为。就自愿性环境协议而言，其类型化的部分大致可归于环境行政合同这一类型化的行政行为。根据本书第三章的定义，环境行政合同是指行政主体为了实现特定的环境保护目标或任务，依据法律法规和法定职权（责），在行政自由裁量权的范围内，与公民、法人或其他组织就各自的权利（力）、权益和义务及相应的法律后果平等协商，自主作出意思表示并达成一致，以设立、变更或者终止行政法律关系而成立的协议。凡是符合该定义的行为都可纳入环境行政合同的范畴，被视为行政法律行为，接受严格的行政行为形式论的规范。该定义的要点是意思表示和法律效果，意思表示必须达成一致，而法律效果则必须是设立、变更或者终止"行政法律关系"。由此，民事法律行为、行政事实行为、非正式行政行为和单方行政行为都被排除在外。上述几组行为基本是按照涵盖范围由大到小排列的，我们在从理论上分析自愿性环境协议时，则正好相反，首先看其是否符合作为类型化行政行为的环境行政合同，符合的部分纳入法律形式，接受现有法律的规范；不符合的部分，再依次分辨是其他行政法律行为还是行政事实行为，抑或非正式行政行为，最后才考虑行政行为以外的其他行为，如民事行为的可能性。对于上述各种行为，我们的态度是基于目标和任务导向的开放式的，只需把握目标导向，即设定行政目标，在不违背法律法规的强制性规定和行政法的一般原则的前提下，只要行政任务能够顺利完成，且较其他方式完成任务成本更低、效果更好，就不去过多干预，如果协议内容的丰富可以带来行政

---

① 胡建淼主编：《行政行为基本范畴研究》，浙江大学出版社 2005 年版，第 528 页。

的高效，就任其内容扩充。

（二）灵活的程序设置

季卫东先生认为，程序从法律学的角度来看主要体现为按照一定的顺序、方式和手续来作出决定的相互关系。其普遍形态是：按照某种标准和条件整理争议点，公平地听取各方意见，在使当事人可以理解或者认可的情况下作出决定。① 卓泽渊教授进一步指出，法律程序是人们进行法律行为所必须遵循或履行的法定的时间与空间上的步骤和形式，是实现实体权利和义务的合法方式和必要条件。它通过抑制、分工、间隔、导向、缓解和感染等方式作用于法律行为。② 虽然自愿性环境协议采用程序的灵活性是其相对于类型化行政行为程式性、机械性的一大优点。为其设定程序，从某种意义上看是束缚了其手脚，有可能降低其弹性和灵活性。但是，法律程序有着其特殊的价值，正当的法律程序是对私权利的保障和公权力的必要限制，且能够弥补实体规则的不足，构成制度设计的基石。鉴于自愿性环境协议的包容性，其表现形式不尽为法律行为，其程序也并非仅为法律程序，但作为一种新兴的环境行政方式，要逐步推广而得到普遍性的适用，还是应该建立一套框架性的程序，为行政主体采用自愿性环境协议、行政相对人和利害关系人等加入协议提供一张明确的路线图。笔者认为，自愿性环境协议的程序大致可参照环境行政合同，但应根据其特点作相应的变通和改进，且不同类型的自愿性环境协议的程序可能迥然不同，如单方承诺的自愿性环境协议与双方协商的自愿性环境协议、法规替代型自愿性环境协议和目标达成型自愿性环境协议等实施程序显然不同。但是，一套通用的框架性程序还是可以搭建的，具体而言，包括以下步骤和形式。

第一，启动程序。

自愿性环境协议主体的多元决定了其启动程序的多样性，除行政主体依职权或者应申请启动、缔约企业主动发起或者申请加入之外，尚有行业协会召集发起、NGO 倡议发起、属地居民或者基层自治组织提议发起等多种形式。行政主体依职权或者应申请启动应当准用并严格遵循行政合同的相关程序，相反，其他主体的发动都必须征得行政主体的同意与配合。行政机关可以建立专门的登记簿，受理和记录其他主体发起自愿性环境协议

---

① 季卫东：《法律程序的意义》（增订版），中国法制出版社 2012 年版，第 18 页。

② 张文显主编：《法理学》，高等教育出版社、北京大学出版社 1999 年版，第 36 页以下。

的申请、倡议等，并在规定时限内给予明确的答复，如作出否定答复，必须说明原因和理由。

第二，缔结程序。

在自愿性环境协议的多种类型中，以地方政府与企业经过协商合意缔结的协议最为典型。对此类协议的缔结应注意以下几个方面的程序设计：一是中央政府与地方政府、上级政府（部门）与下级政府（部门）首先应就协议的应用范围、协议的内容条款等达成基本的共识，对相关公务人员应进行相应的培训，在组织设计上可考虑成立专门拟定、策划及执行协议的人员和机构，如设立于政府或者环保部门法制机构下，由法制审议员兼负相关职责。二是在协议推广的初期阶段，地方政府应该更加积极主动，可以就特定行业、特定环境问题召集一定范围内的企业代表开会、座谈等方式宣传自愿性环境协议，如建议特定行业或一定规模的企业开展清洁生产、ISO14001 环境体系认证等。对于常用的、典型的自愿性环境协议可以制作协议书范本，树立典型，发挥示范作用。在环境信访投诉的处理等复杂、棘手的环境纠纷解决过程中也可考虑采用自愿性环境协议的方式，采用类似我国台湾地区地方政府、企业、属地居民三方协议的方式解决纠纷。三是针对协议中约定的特定事项应有特别的程序。如协议约定企业采用高于法规的环境排放标准，且明确规定了企业违反约定的制裁措施，则必须采用书面形式，且以向法院备案或者公证机关公证为宜。对于有居民代表、行业协会、第三方技术支持机构等作为当事人的协议，则应考虑居民代表的推选程序，行业协会、第三方技术支持机构等组织在协议缔结过程中的地位和作用。

第三，履行程序。

无论何种类型的自愿性环境协议均以双方自觉履行为原则，自愿协议，自觉履行应是常态选择，因为协议本身具有建立政府、企业、居民等各方当事人参与、对话、沟通、协调机制的功能，协议本身是经过充分协商而意思表示一致才缔结的，应能为各方当事人所接受。如果协议履行中出现了执行困难，应分情况建立相应的处置程序：如属情势变更导致履行不能，当事人可协商变更协议或者解除协议或者重新签订协议；如系企业一方不履行或者不完全履行约定之义务，视约定义务之性质而定：该义务本为现行法规的要求，只是借由协议的形式使企业执行，企业不履行约定，实际构成违法，行政机关一方可依法采取强制措施或者制裁措施迫使企业履行，或者申请人民法院强制执行；如企业不履行之义务为高出现有法规的承诺，原则上，行政机关一方并无强制执行权或者制裁权，亦无申请法院为行政强制执行的依据，但可以企业违约为由提起民事诉讼，由法院通过民事判决或者裁定要求企业履行。当然，如果企业一方违约有正当的理由，行政机关一方应不予制裁或者强制执行，但如因企业违约造成居民或者其他当事人利益损失，应责令企业承担违约责任，对受损者给予赔偿或者补偿。反之，如果行政机关一方无正当理由不履行约定或者未向企业作出说明的，企业可以要求行政机关履行，对经催告仍不履行者，可以向其上级机关反映，由上级机关责令其履行；对于行政机关涉嫌滥用职权等行政违法或者不当可以申请行政复议或者提起行政诉讼；对于其中的民事性质的对待给付部分可以提起民事诉讼，由法院判决行政机关履行。当然，如行政机关因公共利益的需要，而终（中）止履行，或者单方面变更或解除协议，并且事先已告知企业，说明理由，并给予相应的补偿，则可以免责。

第四，协议的形式。

综观各国（地区）行政程序法对行政合同形式的规定，几乎无一例外地要求书面形式。[①] 但事实上，我国当下的行政实践中广泛存在着符合行政合同的定性，却未表现为书面形式的"口头行政合同"。[②] 这实质上反映了法律的安定性与社会关系灵活性、变动性之间的矛盾。有学者分析后指出，强调行政合同的书面化，并非其本质属性确定的因素，而主要是出于证据保全、提醒与防止草率、控制等三方面的制度目的，当事人的意思表示是否达成合意才是判断行政合同是否成立及生效的最根本标准，公法领域也应奉行"形式自由"的规则，在承认口头行政合同法律效力的一般情况下，留出部分形式强制的例外规定。[③] 既然作为类型化行政行为的行政合同都不必强求书面形式，更为灵活和非正式的自愿性环境协议自无要求书面形式的必要。至于采用何种形式缔结自愿性环境协议，原则上应该留

---

① 例如，德国 1997 年《行政程序法》第 57 条规定："公法合同须以书面形式，但以法规未规定其他形式为限"；葡萄牙 1991 年《行政程序法典》第 184 条规定："行政合同必须以书面订立，但法律另定其他方式者除外"；我国台湾地区 2005 年《行政程序法》第 139 条规定："行政契约之缔结，应以书面为之。"
② 郑春燕：《诱导型规制下的口头行政契约》，《中外法学》2010 年第 4 期。
③ 同上。

给缔约当事人自行选择。当然，鉴于书面形式具有利于保全证据、防止草率等方面的优点，可以提倡当事人采用书面形式。在真实的行政实践中，自愿性环境协议大多也是以书面形式缔结的。值得注意的是，这些书面协议的名称各不相同，如契约书、协定书、备忘录、往返文书等，而且，已经发展到一份协定书由协定书以及作为其附属文书的备忘录、污染防治规划书及细则等一系列文书构成。此种情况确实给原本相对简单而稳定的法律关系带来了不确定因素，尤其是作为协议附件的文书的地位及效力如何，值得研究。但是，从根本上来看，决定其性质和效力的仍是缔约当事人之间的合意，而非形式。只要把握这一点，则无论多么新颖的形式都不为过。

如果跳出自愿性环境协议实施的具体步骤和环节，对其实施程序作总体上的考察，则可以发现以下几点特色。

第一，行为的程序。

自愿性环境协议包含的各类行为原则上准用该行政行为本身具有之通用程序。如类型化行政行为（环境行政合同）准用行政合同的相关程序；行政事实行为，根据具体的类别，分别参照相应的程序规则，如属于行政检查应遵循行政检查的程序；非正式行政行为虽然以"非正式"为特点，并无一套硬性的程序规则，但灵活实施也可看作一种程序机制；至于民事行为，则当然须遵守民法上的法律原则和规则。问题是所有这些类别的行为与程序是融合在一个自愿性环境协议中的整体，各行为程序之间如何衔接，如出现程序之间的冲突时又如何解决。在此，笔者仅粗略地提出一个指导性的解决方案以期抛砖引玉：一是行政程序与民事程序冲突时，优先适用行政程序；二是行政法律行为的程序与行政事实行为的程序相冲突时，优先适用行政法律行为的程序；三是正式程序与非正式程序相冲突时，优先适用正式程序；四是类型化行政行为程序与未类型化行政行为程序相冲突时，优先适用类型化行政行为的程序。其背后的理由在于，通常而言，行政程序较民事程序、行政法律行为的程序较行政事实行为的程序、行政行为程序较非正式行政行为的程序、类型化行政行为的程序较未类型化行政行为的程序更为成熟、严格，也更能维持法的安定性，更好地保护行政相对人的利益。

第二，正式程序与非正式程序相结合。

自愿性环境协议的包容性和灵活性决定了其实施过程中必然包含各种

非正式程序。王名扬先生在比较美国的正式程序裁决和非正式程序裁决时指出，二者各有利弊，都有存在的理由：正式程序虽然费时费钱，不利于行政效率，但能够充分保障程序的公正和当事人的利益；非正式程序有很大的灵活性和适应性，然而不能假定一切行政人员都能大公无私，不需要任何程序限制，能够按照公共利益作出决定，或者丝毫没有偏见，非正式程序还容易产生仓促不正确的决定。因此，正确的做法不是限制一种程序、扩张另一种程序，而是结合两种程序的优点，避免其缺点。① 就自愿性环境协议而言，正式程序适用的空间相对较为狭小，大量的协商等可能都是借助非正式程序实施。如何防范非正式程序中行政机关一方的恣意和滥权，行之有效的制度安排是每一个非正式程序背后都备有一个正式行政程序，如此，行政公务人员在非正式程序阶段必须谨慎行事，避免正式程序的使用。大量采用非正式行政程序的另外一个问题是非正式程序本就"非正式"，并无现成的程序规则可适用。对此，解决的办法是适用如英美法系国家的所谓"最低限度的正当程序"。在我国的国情下，则应参照相关行政法关于程序规定的基本原则，结合学理解释，参照适用，平等对待、避免偏私、听取陈述与申辩、说明理由等应为其基本组成部分。

第三，适应环境行政的程序。

如前所述，环境行政具有公共性、专业性、科技性、风险性、冲突性、隔代平衡、预防性和全球性等特点，这些特点将导引出加强机关与民众参与、加强协商、资讯强化、资讯公开以期程序正当化实体争议等环境行政程序发展的方向。② 随着环境规制的变迁，原本以专家学者为本位的技术官僚主义已经松动，代之而起的是民主与专业的调和主义；规制机关从以往的公益推送者逐渐往中立的仲裁者方向蜕变；规制手段的多样和规制手段的增加使得程序上的设计不能过度强求定型，环境行政很难完全仰赖共同行政程序法做完整的规范，各个环境法本身的程序规定变得越来越重要。③ 自愿性环境协议是顺应现代环境行政变迁的实践兴起的，上述发展与变迁必然地反映在它身上；相应地，自愿性环境协议的程序设计应更突出公众参与、沟通协商、信息交流与信息公开等，并结合自身实际发展最适合的特色程序。

---

① 王名扬：《美国行政法》（上册），中国法制出版社 1994 年版，第 543 页。
② 叶俊荣：《环境行政的正当法律程序》，翰芦图书出版有限公司 2001 年版，第 163 页。
③ 同上书，第 163—164 页。

三　以协商为中心的制度优化与以行政任务为导向的功能拓展

（一）以协商为中心的制度优化

自愿性环境协议在各国的广泛应用，取得的成效固然可观，但也暴露出了一些潜在的问题，受到理论界和实务界人士的批评与质疑，择其要者如下：其一，协议合意的相对性。自愿性环境协议虽然在形式上全凭企业的自由意志，但有时为了实现特定行政目的，行政主体会对企业提出单方面的要求，并借由其优势地位和各种实力影响企业的选择，在很多情况下强制与合意的界限变得模糊，而这对于缔结协议的企业是十分不利的，存在着行政主体借合意之名侵害企业合法权益的可能性。其二，主管机关或其他组织借由自愿性环境协议免除特定企业的法律责任，有"出卖环境权"、损害公共利益之嫌。某些自愿性环境协议的内容涉及高度发达的现代科学技术，该技术仅为少数行业领先的企业所掌握，部分企业便借此技术优势来提高行业准入的门槛，甚至设定行业准入的障碍，从而发生违反公平竞争的不当结果。其三，"合法性"和"正当性"的对立。企业本来只要符合法律规定的标准便应当认为其"合法地"进行营业活动，但居民却根据自愿性环境协议的一纸约定要求企业遵守法律未明文规定的、实质上确保居民正当生活利益的这种"超法性"的"正当性"。① 其四，协商程序本身也需要巨大的成本。这些成本包括预备制定的成本、协商过程的成本以及当事人不履行协议时需支出的额外成本等。协议是否较传统规制手段更能节省行政成本尚无令人信服的结论。基于协商行政的自愿性环境协议，顾名思义，应围绕着协商为中心来构建，其基本目的是发挥协商的优势，防范协商的潜在风险。自愿性环境协议实施的效果如何，很大程度上取决于此。为此，可从以下几个方面展开初步的探索。

1. 构建平衡结构，实现公平协商

非对等性一直被认为是行政领域的法律关系区别于其他部门法律关系

---

① ［日］木佐茂男：《公害防止协定的行政法分析》，牟宪魁、张荣红译，《上海政法学院学报》（法治论丛）2013 年第 4 期。

的重要特征。在这种非对等的前提下要实现主体之间平等的协商，唯有赋予弱势一方更多的程序性权利，同时提高其自身的组织化程度，增强其实力。自愿性环境协议为政府和私人环境权益的平衡与协调提供了相对自由的空间和场域，它使在传统高权行政关系中处于从属地位的行政相对人（企业）一方获得了与行政机关平等协商，从而形成有益于资源环境保护之共同意志的机会，二者间的直接协商保证了协议从本质上符合基于意思表示一致而成立的合同的根本属性。有鉴于此，有必要从三个方面去努力：一是加强行政自制，以裁量基准等从行政内部制约行政权，减轻其强势性；二是从外部，以立法的形式为行政主体设定更多的程序义务，限制其行政优益权，相应地赋予其他缔约当事人更多的程序性权利；三是加快行业协会、环保公益性组织的发展，提高其协商议价能力。

2. 推进信息公开，构建透明协商机制

掌握必要的信息是双方之间平等协商的重要前提，信息不对称则是增加协商成本、添加协商阻力而必须清除的障碍。就自愿性环境协议而言，参与协商的各方主体中代表政府一方的行政机关无疑掌握着丰富的信息，尤其是公共信息，几乎是为政府所垄断。《政府信息公开条例》明确要求政府信息以公开为原则、不公开为例外，这既可以为作为协议当事人的行政机关公开相关信息提供直接依据，又可为参与协议的企业、居民及处于辅助地位的第三方机构和公众等基于知情权申请公开相关信息提供法律保障，只要严格落实条例的相关规定，政府一方的信息公开在法律层面上就没有大的问题。但是，环境信息的特点决定了诸如生产工艺、能源消耗、污染产生与治理情况等详细信息在很大程度上为企业自身所掌握，越是规模庞大、技术工艺先进的企业，其掌握的不为外界所知的信息就越丰富，政府的信息很大程度上来自企业的直接提供或者政府工作人员对企业及相关方的调查，目前虽有排污申报制度、《企业事业单位环境信息公开办法》《上市公司环境信息披露指南》等少量的制度和规范，但总体而言，监管的盲区和空白仍然普遍存在。如何促使企业环境信息公开将是自愿性环境协议推广应用必须攻克的一个重点和难点。环境监测站等监测机构、环境保护科学研究院等研究机构等第三方机构往往具有特定方面的技术优势，凭借此等优势获取的信息亦应悉数公开，为协议各方主体共享。属地居民则拥有在地信息，他们对自己所居住的社区环境最为熟悉，对周边环境的变化最为敏感，对环境影响的体验最为深刻，这些也是其他各方所不具备的独有信息，也是居民代表向其他协议主体重点反映的信息。只有政府、企业、第三方机构和居民各方主体的信息充分披露，各方意见才能充分交流，各方主体才能开诚布公地广泛协商，最终达成各方综合利益最大化的意思表示一致的协议。协议一经达成，也必须第一时间公布，一方面，接受各方的互相监督；另一方面，通过这种形式也可宣传自愿性环境协议，使更多的人知晓、了解、认同和接受这种新型的环境行政方式。

3. 建立健全第三方介入机制，加强对协议履行过程的监督

现代社会正在经历由管理向治理（善治）的转变，政府不再是公共权力和资源的唯一垄断主体，公共权力和资源日益分散化，并逐步向民间回归，诸如 NGO、科研院所、专家团队以及其他具有提供专业化技术服务能力的独立组织机构在环境公共政策形成中发挥着越来越重要的作用。首先，此类机构身份相对独立，受到政府或者企业的干预较少，所表达的观点较为客观，易为社会公众所认可和接受；其次，相对于普通公众，它们普遍具有专业知识和技术方面的优势，能够克服普通公众监督流于表面和形式化的弊端，从而真正发挥监督的威力；最后，它们组织化程度较高，其发表的意见和建议更可能为政府和企业及公众所重视，对政府和企业的决策也更能产生实际的影响。在政府系统内部监督和社会公众及媒体监督之外，引入第三方机构监督十分必要，可考虑建立类似环保专家库的第三方监督机构资源库，根据不同的自愿性环境协议类型、领域、行业等适时选取相应的第三方监督机构参与协议从缔结到履行的全过程监督。接受监督任务的第三方机构应充分发挥自身优势，通过监测、测算、分析、技术控制等多种方式和手段，确保企业节能、减排等各项承诺兑现到位。

4. 拓展公众参与，大力培育环保公益组织

环境保护是一种典型的公共产品和公共服务。自愿性环境协议所欲达成的环境保护目标的公共性决定了引入公众参与的正当性。公众虽不是协议任何一方当事人，但却是良好环境的受益人和环境污染的受害者，基于这一身份，其对政府和企业等的监督就具有不可辩驳的正当性。如前所述，在自愿性环境协议缔结和履行过程中存在着政府与企业相互勾结，借由"合意"的幌子，规避正当的环境规制和法规标准的适用，以致赤裸裸地"出卖公权力"等风险。作为良好环境的所有者，公众对自愿性环境协议的监督实际上是维护自身的环境权益，离开了公众的监督，协议极有可能从达成环境保护目标这一重大公共利益异化为追求小集团、小团体利益

甚至个人私利的工具。因此，公众的参与十分必要。以协商行政为理论基础的自愿性环境协议本身所具有多元性、开放性、包容性等特征也为公众参与协议的监督提供了空间和机会。公众参与协议监督的形式多样，既可以是委派代表直接参与协议缔结和履行的过程，也可以是借助媒体进行舆论监督，还可以是参加听证会、公听会等。我国普通公众的环保观念正逐步形成，维权意识也在不断成长，但总体而言，仍处于较低的水平，且不同区域、不同群体环保认知水平参差不齐，面对具体问题时，往往只关心自身利益，不注重公共利益；只关心眼前利益，缺乏长远眼光；只盯住局部利益，缺乏大局观；只限于就事论事，缺乏推动制度变革的勇气和担当。即便公众有足够的认知水平、参与能力和意愿，分散的、原子化的个体也很难在与利益集团的博弈中取得优势。在现代社会具有高度科技性和专业性的环境保护领域，这一缺陷更是被无限放大。这一缺陷需要通过环保公益组织（ENGO）予以弥补。而我国现阶段还没有一套行之有效的法律程序督促政府征求 ENGO 的意见，ENGO 在环境知情权、形式决策权及环境诉讼等方面缺乏充分的法律依据，其参与环境保护缺乏制度化的环境和表达意见的制度渠道，[①] 加之，政府规范与培育力度不足，公众认知与支持程度偏低，ENGO 不仅在数量上偏少，而且在质量（尤其是专业化和执行力）上不高，能够发挥的作用还非常有限。因此，大力培育和发展 ENGO 将是推动公众参与乃至自愿性环境协议推广应用的一项基础性工作。

（二）以行政任务为导向的功能拓展

自愿性环境协议的兴起肇因于环境行政任务的变迁，任务的变迁使得为达成该任务所能采取的调控必须相应调整，自愿性环境协议正是其中的一种重要手段。协议自其诞生之日起便显示出具有预防沟通、公众参与、规范填补、经济及效率提升等功能，而其多元性、过程性、包容性和灵活性等鲜明特点更是契合了环境行政由传统的高权行政向协商行政的转变。基于协商行政构建自愿性环境协议体系必能最大限度地发挥其优势，并不断拓展其功能。对此，我们可以从以下几个方面来分析。

1. 自愿性环境协议将考察的视野延伸到行政活动的背景中

它将环境行政活动的政治、经济、社会、文化背景和行政主体、行政

---

① 王拓涵：《环境保护中的政府与公民社会："从主导到合作"——一个研究述评》，《天津行政学院学报》2012 年第 6 期。

相对人、社会公众、NGO 等各个团体的政策或者策略考虑纳入考察的范围，因为没有无缘无故的自愿，只有深入了解当事人、利害关系人、公众等各自的背景，才能发现他们相互之间协商、合意的可能基础以及协议达成的必要性和履行的可行性。

2. 自愿性环境协议将作用的范围扩展至行政活动的整体

它不对行政活动中各种复杂的法律关系和事实关系作分割和剥离，而是针对其中的具体问题，从整体上分析，探索运用各种法律手段和资源解决问题的方法，在协议里几乎看不到纯粹的行政法律关系和行政手段，它们往往是与民事法律关系、行政事实关系和民事方式、行政事实手段结合在一起形成一个浑然天成的整体。

3. 自愿性环境协议将对行政活动的关注持续到过程的终结

它对行政目标的追求和行政活动的关注是长期的、持续性的。例如，荷兰的"环境与工业目标组政策"把国家环境目标转变成各个工业部门的准确排放削减数字，指出该部门必须在什么时限内达到该排放削减量，由单个企业根据工业部门和政府达成的协议与政府签订具体的协议，各参加公司必须每四年制订一份"公司环境计划"（CEP），详细列出未来四年为实现协议约定的环境目标所采取的环境管理措施，每年将自己采取的环境措施以及取得的环境绩效报告提供给政府和公众，一个由各相关方参与的咨询组以合约任务为基础对行业任务的实施问题进行评估，评估的结果形成下一轮 CEP 的输入。[①] 如此循环往复，确保企业的环境绩效不断提高，国家环境质量持续改善。

4. 自愿性环境协议具有的纠纷预防与解决功能通过协商机制不断强化

协议的纠纷源于协议的效力不明。协议的效力与协议的性质和内容密切相关。对于协议的性质，日本学者关于公害防止协定性质的研究可以为我们所借鉴。在日本，学者们很早就已经认识到，不能把公害防止协定单纯地当作规制行政的手段，具有复杂内容的公害防止协定体制已经形成，应当对协定的各个条款进行判断，不承认缺乏具体性、明确性的协议条款

---

① ［荷］马顿·德洪：《荷兰环境协议：分担可持续工业发展的责任》，《UNEP 产业与环境》（中文版）1999 年第 1—2 期；郑亚南：《自愿性环境管理理论与实践研究》，武汉理工大学 2004 年博士学位论文，第 81—84 页。

的法律约束力。① 笔者在前文的分析中也多次提到，作为协商行政的自愿性环境协议的包容性极强，可以容纳行政法律行为、行政事实行为、民事法律行为等各种行为和事实，相应地吸收了行政法律关系、行政事实关系、民事法律关系等各种社会关系，这对协议效力的认定造成了极大的困难。但是，笔者认为，学者们面对自愿性环境协议之所以会感到困惑和迷茫，很大程度上是因为固守传统的相对封闭运行的行政法律关系，不能跳出行政法律关系的框框，简单说，就是想把自愿性环境协议往行政合同、民事合同等现有的行为模式上套，但又发现套不上，或者套上了不合适。只要打破这些条条框框，各种疑难问题都可迎刃而解。总体上，我们只需要明确自愿性环境协议并非一种单纯的行政行为、行政程序或者行政制度，而是一个极富包容性的综合性行政方式即可，至于协议中具体条款的性质和效力，则正如日本学者所言，应具体分析，可以是行政合同等行政（法律）行为，也可以是行政事实行为或者非正式行政活动，还可以是民事行为，相应地产生行政法上的效力，或者事实上的效力，或者产生民法上的效力，或者不产生任何法律效力，仅具有过程的意义。例如，协议约定企业自愿遵守高于法规的标准，这一条款究竟是何性质，又具有何种效力，如若企业违反该约定会产生怎样的法律后果，一直是自愿性环境协议面临的一个重大难题。笔者认为，不能笼统地认定该条款具有行政法上的效力或者民法上的效力抑或仅为不具有法律效力的事实行为，而应结合协议签订的背景、协议上下文条款进行具体分析和认定：如果企业作出上述承诺纯粹自愿，确无任何法规或者政策上的依据对其作此要求，行政主体一方亦未承诺相应的对价，则应认定该条款无任何法律拘束力，仅得依靠企业的社会责任感等道德层面的因素发挥作用；如果企业作出上述承诺，行政主体许诺给予相应的鼓励或者激励作为对价，则可认定为双方之间形成了民事法律关系，任何一方违约，对方可寻求民法上的救济；如果企业作出上述承诺实为面对政府规制压力，作为替代政府规制的措施，可认定为二者之间可能已达成行政合同，产生行政法上的效力。协议性质厘清，效力确定，纠纷自然减少，即便发生纠纷，也可依照现有规则解决。

---

① ［日］木佐茂男：《公害防止协定的行政法分析》，牟宪魁、张荣红译，《上海政法学院学报》（法治论丛）2013 年第 4 期。

四 协议实效性之确保与多元争端解决及权利救济机制

(一) 协议实效性之确保

协议签订之后,如果得不到有效的履行,将变成一纸空文,其设定的环境保护目标也不可能实现。以典型的地方政府或者其主管部门与企业签订的协议为例,保障协议条款内容的落实,不仅是协议双方享有各自权利,履行各自义务的契约关系的应有之义,更事关协议背后的行政目标和公共利益的实现。民事合同义务的履行主要靠双方意思自治,实际上是市场经济背后的利益调节机制这只无形的手在发挥作用。即便如此,仍然设有押金、定金、违约责任等一系列制度来确保双方真实、全面地履行各自的义务。自愿性环境协议虽也是经双方在平等自愿基础上意思表示一致而达成,但与民事合同仍然有着明显的区别,表现在双方权利义务的设置上并非以单纯的经济利益为考量,而是基于保护环境这一共同的公共利益的实现,虽然不排除政府给予税收减免、政策倾斜、荣誉称号、经济奖励等鼓励企业一方的自愿行为,但企业经常是在现有法规标准的要求之上,作出更大的努力,取得优于现有法规标准要求的环境绩效。此时,市场经济的利益调节法则不能完全发生作用;反过来说,正因为企业生产经营过程中造成的环境污染等负的外部性不能靠市场机制本身克服,才产生了政府环境规制的需要。因此,自愿性环境协议的履行,必须有自己独特的规则。当协议一方当事人不履行协议约定的义务时,为避免企业作出的节能减排等利于环境保护的承诺沦为空头支票,可以采取哪些措施、方法、手段促使其履行,是构建自愿性环境协议制度框架不可或缺的一根支柱。

对此,日本通常通过自治条例等明确规定企业一方违反协议约定时,作为协议一方当事人的地方政府可以命令企业一方采取必要的整改措施,企业一方对于政府所要求的整改措施必须接受并迅速地采取行动;也有地方公共团体在其自治条例中规定,企业一方不遵守协议,得经劝告后命其采取整改措施,如果企业未予整改或者违反命令,可对其采取行政处罚;此外,有地方公共团体在自治条例或个别协定中规定,协议缔结后,其内容应予公开,自觉接受第三者监督,这也是保障协议履行的一项重要措施。荷兰在实践中形成了一整套确保协议履行的机制:首先,各企业建立可以信任的自愿性环境管理体系,这是实施自愿性环境协议的基础。其次，对于个别企业与政府签订的协议，内容通常较为具体明确，因而具有法律效力，一方拒绝履行，对方可诉诸民事法院请求履行；但自 1996 年以来尚无请求法院裁判的案例，这主要得益于其第三套保障机制，即主管机关可以对不履行协议的企业导入法规管制方式，或者利用许可制度以更为严格的排放标准促其履行；不仅如此，荷兰政府还吸收社会各界特别是环保组织就其自愿性环境协议实施的公开性、透明度、公众参与、制度协调等方面的问题提出批评和建议，这有利于增加协议的透明度和改善公众参与，借助社会的力量监督协议的履行。我国台湾地区《公害纠纷处理法》第 30 条规定了迳行强制执行制度，即协议内容经公证后未获遵守时，就公证书载明的得为强制执行的事项，迳行取得强制执行之名义。但对于什么是"得为强制执行之事项"似乎并不明确，特别是当协议仅规定了一般性目标时，或者即便规定了明确的排放标准，达不到标准要求，通常亦应给予限期整改的机会，对于高于现行法规标准的，如果直接勒令限产、停产，似乎于法无据，选择以企业违约为由提起民事诉讼，似乎更为合理；当然，对于协议中约定的对居民的赔偿金、补偿金等较为明确且易于执行的标的，又经过公证，几无争议可言，直接申请法院强制执行应无问题。但总体而言，该制度在实务中是否可行是有疑义的，我国台湾地区也还没有迳行强制执行的案例可供佐证。

根据各国家及地区确保协议实效性之制度与经验，结合我国的国情和当前自愿性环境协议的实施状况，笔者认为，构建协议实效性确保制度应着眼于以下几个方面。

第一，赋予地方政府更大的灵活性与自主权。

我国地域辽阔，区域之间经济发展不平衡，企业之间环境支付能力和支付意愿也各有差异，这正是自愿性环境协议得以发挥其功能优势的空间。协议如要推广应用，除激发企业的参与意愿之外，调动地方政府的主动性和积极性亦不容忽视。台湾地区的环境保护协定之所以推广不顺，地方政府参与积极性不高是一个重要原因。要调动地方的积极性，就必须赋予地方更大的自主权，使其能够根据本地情况因地制宜地制定协议推广应用的相应政策。就协议实效的确保而言，无论采用何种方式、手段、措施，特别是涉及企业经营自主权和财产权的行政性强制措施，在没有中央统一立法的前提下，都需要地方人大和政府以地方性法规或规章的形式予以规定，才可依法实施。因此，应允许人大和政府在其立法权限范围内就自愿性环境协议的实施范围、实施手段、救济方式等得以地方性法规或地方政府规章的形式出台相关法律，为自愿性环境协议的实施提供直接的法律依据。

第二，提高企业环境自主管理水平。

在我国现阶段，提高企业环境自主管理水平的最有效的方式莫过于大力推行清洁生产，推广 ISO14001 等系列环境管理标准认证。根据《中华人民共和国清洁生产促进法》（2012 年修订）第 28 条和第 29 条的规定，应当实施强制性清洁生产以外的其他企业可以自愿与清洁生产综合协调部门和环境保护部门签订进一步节约资源、削减污染物排放量的协议；可以根据自愿原则，委托经国务院认证认可监督管理部门认可的认证机构进行认证，提高清洁生产水平。这是我国目前少有的有关自愿性环境协议的法律规定。它不仅为企业与政府部门就实施自愿性清洁生产达成协议提供了直接的法律依据，更大的影响在于借助清洁生产的实施，大幅度提高企业的环境管理水平，培育节约能源、保护环境的企业文化，这将是自愿性环境协议在其他领域深入推广应用的坚实基础。与此相关联的是 ISO14001 等系列环境管理标准，其是以国际标准方式颁布的、全球范围内统一规范、相互接轨的环境管理标准和指南，汇集了各国近年来实施自愿章程管理的成功经验和失败教训，同时弥补了清洁生产实施机制的不足，采取了第三方认证的持续纠偏方式，目标更加明确、内容更加充实、体系更加完善，除具备自愿章程的高于法规的承诺、社会认可、标准化的约束机制、统一的行为模式要求四大共性特征外，遵循 Plan（规划）—Do（实施）—Check（检查）—Action（改进）管理模式，围绕污染预防和持续改进的要求，将管理体系要素分为环境方针、规划（策划）、实施与运行、检查与纠正、管理评审五个部分，形成开放式循环往复的持续改进过程。[①] 在某种意义上，环境管理标准认证可以看作自愿性环境协议的应用，即便不能纳入典型的自愿性环境协议之中，认证在企业的推广，也有助于持续提高我国企业的环境管理水平，为自愿性环境协议吸引更多具备相应环境支付能力和意愿的企业参加奠定基础。在这一方面，政府需要做的是加强对认证机构的管理，保证认证的质量，防止认证的贬值，主管机关应制定针对认证标准的解释规则和指南文件，保证认证让所有当事人（包括雇主组

---

① 郑亚南：《自愿性环境管理理论与实践研究》，武汉理工大学 2004 年博士学位论文，第 33 页以下。

织、环境部门、环境团体组织、认证机构）参与。

第三，建立针对企业违约的民事惩戒和行政处罚制度。

企业不履行自己在协议中承诺的义务，将直接导致协议追求的环境保护目标不能实现。对此，除因作为协议当事人的政府一方先期违约，不兑现相关政策措施，或者客观条件发生变化，导致企业履行不能或者企业履行协议已没有实际意义等情况之外，企业的行为首先肯定构成了违约，对于其中单纯经济利益部分，其他协议当事人自可依法追究违约责任，要求全部履行并赔偿损失、处以惩罚性赔偿金等方式使企业承担相关民事法律责任；但是，这些对于环境保护目标的实现这一公共利益的保障显然是远远不够的。可考虑在民事惩戒的基础上追究企业方的行政责任，具体方式是根据企业不履行协议的具体情况，分别采取相应的行政处罚等手段：如企业不履行的内容是现行法规标准明确要求的，自可依照现行法规标准对企业采取相应的行政制裁措施；如企业承诺的内容是高于现行法规标准要求的，则应首先考虑通过地方性法规和规章提高标准，或者在现行法规标准范围内，收紧企业的排污许可，并责令企业限期整改，企业在规定期限内完成整改，原设定的环境保护目标自可实现，企业未实施整改或者整改不符合要求，再视具体情况，分别给予相应的行政处罚；如上述做法都于法无据或者行不通，则可先考虑给予企业精神罚（申诫罚），即在一定范围内公布企业违约行为，取消其评优评先资格，对企业声誉施予负面影响；精神罚仍不奏效，则再考虑财产罚（行政罚款）、行为罚（吊销排污许可证、责令限产限排、停产等）及至人身罚（对企业相关负责人采取行政拘留等），各类处罚的严厉程度不同，分别对应不同程度的企业违约行为形态，具体设置应遵循法律优先、法律保留和比例原则，且除紧急情况下的临时处置外，通常不能由作为协议一方当事人的主管机关自行实施，而应报经上一级主管部门或本级人民政府法制部门审核通过后方可实施。至于"经公证后迳行强制执行"制度，鉴于其可能赋予行政机关过大的权力，未给予企业陈述、申辩和改正的机会便强制执行，可能对企业造成不可挽回的损害，且"可强制执行的事项"并不明确，操作起来尚有难度，在台湾地区的实施状况不甚理想，大陆地区公证制度和行政强制执行制度与台湾地区有着不小的差别，况且，引入该项制度，在理论上有悖于作为自愿性环境协议基础的协商行政的初衷，在实务中亦可能并不是能取得良好效果的最佳选择，建议暂不考虑设置，仅加强观察和研究。

第四，建立健全相关配套制度。

首先，完善排污许可证制度。如前所述，当企业不履行高于现行法规标准的承诺时，制定新的法规，提高标准，固然是解决问题的方式之一，但是该种方式显然费时耗力，且成本高昂，宜作为长期性政策考虑，不适合应对个别的具体问题；在现有法规标准范围内，通过收紧排污许可，给企业施加减排压力，迫使其履行承诺，相较而言则是一种合规、省时、低成本的解决方法。但是，我国当前的排污许可证内容还过于粗糙，对企业相关排污指标和排放标准的规定不够细致，对排污指标和标准调整的相关制度尚不完善。如能按照《排污许可管理办法（试行）》（环境保护部令第48号）从上述几个方面对排污许可证制度加以完善，对于自愿性环境协议的实施必有助益。

其次，进一步完善协商信息公开和第三方监督制度。协议缔结过程中双方或多方当事人协商过程、协议文本及附件、协议履行过程中双方的沟通与交流等信息除涉及国家秘密、商业秘密等之外原则上应全部向公众公开，接受公众监督；不仅如此，还应建立企业定期向主管机关报告协议履行进展情况和主管机关定期向社会公众报告辖区范围内自愿性环境协议总体履行情况的环境公告制度。公开是监督的前提，在此基础上，进一步推动以环保类公益组织、中立的环境监测机构、科研院所等为代表的第三方专业监督走向深入，同时带动民间的关心和热心于具体环保公益事业的公众的参与和监督，在全社会形成人人关心环保、支持环保的良好氛围，这也是自愿性环境协议能够取得实效的重要条件。

（二）多元争端解决与权利救济机制

如前所述，自愿性环境协议具有多元性、过程性、包容性、灵活性等特点。协议的多元性改变了传统行政关系中行政主体与行政相对人的二元对立构造，形成了行政主体、行政相对人、社会公众（公民、第三方组织）等多方互动与制约的网络结构，多元主体代表了多元化的利益，其间必然展开多元复杂的利益关系；协议的过程性不仅要求不对行政活动中各种复杂的法律关系和事实关系作分割和剥离，而且将环境行政活动的背景和各方主体的政策或者策略考虑纳入考察的范围；协议的包容性则要求根据实现环境行政目标的实际需要，容纳各利益主体共同参与行政决定作出的过程，包容各主体之间多种类型的复杂关系，包括行政法律关系、行政事实关系、民事法律关系，正式的法律关系和非正式的法律关系，行政主体与行政相对人、其他当事人之间的多重关系等;协议的灵活性要求协议的签订、履行等具有弹性,允许各方进行最大限度地协商,并可综合运用经济的和法律的、行政的和民事的、柔性的和硬性的、正式的和非正式的各种手段。可以预见,协议签订和履行过程中,利益主体的多元化和利益关系的复杂化可能使协商"难产"而难以达成合意,反而降低行政效率、增加行政成本,而各协商主体法律上的平等与实力上的不对等、协商本身成本的耗费、"民意"的主观性和不确定性、协商结果的不可预见性等固有的缺陷也可能就此被无限放大,造成所谓"强制的自愿"、无休止的讨价还价、政府与大企业串通损害公共利益等有损行政公平与效益的情况,由此引发的利益冲突与法律争端不可避免。虽然自愿性环境协议自带的协商机制具有一定的纠纷预防与解决功能,但是,协商并不是包治百病的灵丹妙药,协商之外的争端解决机制也必须纳入制度建构的考量范围;唯其如此,受损者的权利救济才有足够多的渠道,而能够得到充分救济的权利才是真正可实现的权利,就此以观,多元争端解决机制背后其实是协议涉及的多元主体的权利救济体系,其是确保自愿性环境协议得以实现的重要保障。

虽然自愿性环境协议具有极大的包容性,协议的当事人除了典型的行政主体与行政相对人二元主体外,尚可能有属地居民、第三方机构等其他主体,协议中除行政法律关系外,尚有民事法律关系、行政事实关系等多种性质的主体间关系,民事救济当然是自愿性环境协议救济体系的重要组成部分,如前所述,荷兰等自愿协议制度发达国家都以提起民事诉讼作为保障协议履行的重要手段,但协议的行政性是其主导属性,由此决定了其救济体系的重心应是行政救济,民事救济只是行政救济的补充。在诸多的行政救济方式中,以其性质区分,大体可以分为诉讼(司法)救济和诉讼(司法)外救济。自愿性环境协议本身具有的双方(多方)性、平等性、自愿性等特性决定了其与司法外救济具有更大程度上的契合度,我们首先将目光聚焦在司法外救济途径,再往回流转于司法救济。

1. 调解

这里的调解仅指诉讼外调解,诉讼中的调解将在下文论述。调解是双方协商之外实施最为简便、成本最为低廉的纠纷解决途径,也是诸如仲裁、复议、诉讼等多种争端解决机制的重要一环。对于协议纠纷的调解,最为棘手的是找到合适的调解人。调解人必须具有一定的中立性、权威性和专业性,如此才能保障调解工作的公正和公平,才能赢得被调解人的信任，调解后达成的协议才能得到各方当事人的遵循。协议的多元性、包容性注定了其本身涉及多方利益主体，作为当事人的行政机关、企业、属地居民等当然不能充任调解人；第三方监督主体较为中立，但其权威性目前尚显不足，特别是在我国当前环保类公益组织（ENGO）发育尚不成熟，真正有影响力、得到各方普遍认可的 ENGO 尚付阙如。在此情况下，目前我国司法外调解得以运用的制度平台主要还是行政复议和诉讼（包括性质诉讼和民事诉讼）。当然，与传统行政复议和诉讼中的调解面对的多为单方行政行为，主要救济方式为撤销或维持不同，对于自愿性环境协议的调解面向的是双方（多方）行政活动，当事人之间达成妥协和谅解的空间更大。关键是调解人不仅要保持中立，而且要公平公正。为此，一个可行的办法是将调解过程和结果公开，接受社会公众的监督，以社会公众的理性批评作为保持调解公平公正的利器。当然，从长远可看，可考虑设立吸纳第三方监督机构和环保类公益组织以及协议各方代表共同组成的专门调解机构——调解委员会，从根本上保证调解的中立性和公平、公正。

2. 仲裁

虽然《中华人民共和国仲裁法》第 3 条第 2 款明确将"依法应当由行政机关处理的行政争议"排除在民事仲裁的范围之外，但自愿性环境协议引发的争议并不限于行政争议，且已有行政机关为解决特定的行政合同纠纷而在内部设立专门的仲裁机构的先例，如人事部门设立的人事争议仲裁。可以预想，将来自愿性环境协议普遍应用，争议数量大幅增加，对简易的仲裁机制的需求将会增加，此时，设立专门的解决协议纠纷的仲裁机构便是题中应有之义了。此类仲裁机构的设置类似调解机构，应保证其一定的独立性、必要的公正性和较高的专业水准。具备该上述条件的合适选择，以笔者目力所及，只有发展中的环保类公益组织。为此，可考虑以各地的环境保护协会为基础，吸纳社会威望和专业水准较高、自身管理和公共服务到位的公益类环保组织内的专业人士参加，搭建自愿性环境协议仲裁机构的班底。协议当事人可在协议中约定一旦发生特定的争议，提交特定的仲裁机构仲裁。仲裁机构作出的裁决具有法律效力，任何一方当事人可据此申请强制执行。如此，争议可望得到及时、有效地解决。

3. 行政复议

行政复议制度的本意在于防止和纠正违法或者不当的具体行政行为，保护行政相对人的合法权益，保障和监督行政机关依法行使职权。现行的行政复议制度是针对"具体行政行为"量身定制的，是一种单向性的救济模式，尚不能涵盖自愿性环境协议这类双方（多方）行政活动。因此，首先应考虑通过实施细则或者司法解释扩大行政复议的受案范围，或者扩大"具体行政行为"的范围，并对相应的复议规则和复议决定类型予以调整。即便如此，复议若要充分发挥对自愿性环境协议的纠纷解决功能，摆脱便捷性与成本上不及其他司法外救济，在权威性和公正性又不如诉讼救济的尴尬境地，应充分利用2007年实施的《行政复议法实施条例》关于行政复议可适用调解且调解书经当事人签字即具有法律效力的规定，最大限度地运用调解手段，以相对独立的第三方的姿态公正地调和争议当事人之间的矛盾，使争议尽量及时、便捷且公平地解决。

4. 行政诉讼

无论司法外救济渠道多么丰富和有效，都不能替代司法救济作为正义最后一道防线的作用。根据2014年修订并颁布的《中华人民共和国行政诉讼法》第12条第1款第10项和第2款的规定，认为行政机关不依法履行、未按照约定履行或者违法变更、解除政府特许经营协议、土地房屋征收补偿协议等协议，或者法律、法规规定可以提起诉讼的其他行政案件，可以提起行政诉讼。这无疑为自愿性环境协议纳入统一行政诉讼范围打开了一个缺口。但是，行政诉讼整体上以行政处分为中心的模式未变，原告恒定、举证责任倒置、审查内容以合法性为主、不适用调解、以撤销诉讼为主要诉讼类型的基本格局没有变，其对协议纠纷的解决能力不能不引发我们的疑虑与思索。对此，最为现实的解决之道是通过司法解释逐步对相关配套制度予以调整和完善。

（1）关于受案范围与原告资格

就受案范围而言，明确除单纯民事争议之外，凡是涉及行政权等公权力的与自愿性环境协议相关的纠纷，均可提起行政诉讼。就原告资格而言，行政相对方的起诉资格当无异议；相对方之外的其他协议当事人也应被赋予起诉资格，因为他们同样因协议而享有权利、承担义务，同样可能面临权利被侵犯，需要获得救济，这与传统行政诉讼原告资格恒定为行政相对人大相径庭，相当于赋予行政机关等起诉权。当然，为提高行政效率，避免诉讼资源的浪费，行政机关的诉权应该受到一定的限制。笔者认为这个限制应以穷尽行政内部救济手段和其他救济手段为宜，即行政机关可通过行使行政权，将协议转换为行政行为（行政处分）等方式使问题得以解决或者通过协商、调解、仲裁、复议等司法外救济渠道获得救济的，原则上不得提起行政诉讼。换言之，行政机关提起诉讼被严格限制在无其他救济渠道，只能通过司法机关判决才能定纷止争的情况下；此外，与协议有关的利害关系人也应被赋予起诉权，因为协议很可能造成并未损害相对方利益却危及利害关系人，相对方无起诉的动力，如不允许利害关系人起诉，将有失公平。

（2）关于举证责任分配

对于行政机关行使行政权（包括行政优益权）作出的行政行为，自应由行政机关承担举证责任，且遵循事先收集证据的规则，但是对于协议当事人之间在平等自愿的基础上就各自的权利义务作出的约定及权利享有和义务履行情况的举证则应适用"谁主张，谁举证"原则。当然，鉴于行政机关事实上的强势地位和行政优益权的存在，如果当事人之间对是否运用了行政权力存在争议，应由行政机关先行举证。

（3）关于审查内容

由于自愿性环境协议兼有行政性和合同性双重属性，法院仅审查行政方面的合法性或者仅审查契约方面的合法性都不能彻底解决纠纷，当协议涉及的争议中违法、违约情形并存时，即便一方仅提起违约赔偿，法院也应一并审查涉及行政权行使的合法性，且鉴于协议中行政机关一方拥有较高权行政行为中更大的自由裁量权，应承认相对方的无瑕疵裁量请求权，[1]同时对行政权行使的合理性进行一定程度的审查。通常而言，应先审查协议中行政权运用的合法性，再审查其合理性，最后审查不涉及行政权的违约赔偿等部分。因为行政权行使合法、适当与否往往是违约赔偿的前提条件，应在对行政部分作出认定后再审是否存在违约的情形并确定违约赔偿的数额；即使行政部分合法性与合理性的审查不构成违约赔偿的前提条件，在全面审查过程中，违约赔偿等问题也可以迎刃而解。

（4）关于是否适用调解

对此，我们的态度是明确的，不仅应适用调解，而且应鼓励适用调解。因为行政权不可处分的原则在自愿性环境协议中的适应性与具体行政性行为（行政处分）中不可同日而语，即便是后者，也已有多突破；调解的简便性与经济性是诉讼无法比拟的，而诉讼中的调解还兼具了司法外调解所不具备的中立性、权威性和法律专业性，没有理由不充分发挥其优势

---

① 王锴：《行政法上请求权的体系及功能研究》，《现代法学》2012年第5期。

作用于争议的解决。

（5）关于诉讼类型

在单方高权行政中，行政相对人被动地接受行政主体的处分或决定，不能参与行政行为的作出过程，即便通过陈述申辩和听证等程序发表意见，也不能对行政决定的作出形成实质性的影响，对其权利救济只需撤销违法行政行为即可，但是在自愿性环境协议中，行政权的作用有限，相对方的平等协商尤为关键，协议便是意思表示一致而达成，行政机关的意志与相对方的意志已经水乳交融、很难分辨，争议的焦点也不限于行政权运用的合法性，而更多地转向协议的实际履行情况及各方权利义务的实现情况，单纯的撤销在很大程度上失去了撤销的对象，且不能对受损的权利作出有效的救济。因此，除行政机关单纯的运用行政权违法或者不当引发纠纷仍主要适用撤销诉讼之外，还应增加一般给付之诉，满足相对方诉求行政机关履行给付义务的需求，而当相对方不履行协议约定的义务又不提起诉讼时，行政机关也可以提起一般给付诉讼，要求其履行；当一方当事人对协议事项反悔或异议时，他方当事人应可提起行政确认诉讼。为实现对行政权力合法性的及时审查，避免不当损失的继续扩大，在审理过程中，如合法性问题比较容易查清，可以就此部分先行判决，至于违约责任如何承担、赔偿数额如何确定等问题留待事实查清后再行判决。① 此外，鉴于协议过程中可能出现的行政机关与企业相互勾结"出卖公权力"、损害公共利益等情况，可借助环保类公益组织等主体依照《民事诉讼法》第五十五条第一款的规定提起环境民事公益诉讼，并充分发挥检察机关的法律监督机关和公益诉讼人功能，由检察机关按照《民事诉讼法》第五十五条第二款、《行政诉讼法》第二十五条第四款和《最高人民法院、最高人民检察院关于检察公益诉讼案件适用法律若干问题的解释》（法释〔2018〕6号），在没有"法律规定的机关和有关组织"或者相应的机关和组织不提起环境民事公益诉讼的情况下提起环境民事公益诉讼，或者针对生态环境和资源保护领域负有监督管理职责的行政机关违法行使职权或者不作为、致使国家利益或者社会公共利益受到侵害的行为提起环境行政公益诉讼，充分发挥公益诉讼在自愿性环境协议纠纷解决中的作用。

---

① 陈泳滨：《行政合同司法救济的模式选择与制度续造——基于三种不同实践样本的考量》，《中共贵州省委党校学报》2014 年第 4 期。

第五章　结论

　　自愿性环境协议作为一种新兴的环境行政方式在我国尚处于试点探索阶段，实施效果不尽理想。但是，这并不代表着我国现阶段不需要这样的环境行政方式，也不能说明我国现阶段不具备实施自愿性环境协议的基础条件。我国经过长时期的以环境破坏和资源消耗为代价的高速经济增长，各种环境问题已进入集中爆发期。环境问题爆发的背后是政府环境规制的失灵。传统的命令—控制型环境规制工具和市场经济条件下基于市场的经济激励工具已被理论和实践证明具有各自的局限性，环境规制实践急切呼唤新的更有效的规制工具。自愿性环境协议正是在这样的需求下应运而生，并显示出其相较其他环境规制工具的独特功能。通过对其他国家和地区自愿性环境协议及相关应用成果和我国已有的自愿性环境协议及相关实践、案例的考察及比较分析，可以发现我国现阶段已经具备实施自愿性环境协议的基础条件，也存在着一些薄弱的环节和系统性的短板，这些薄弱环节和短板可以在生态文明建设的大潮中得以补强，因而，自愿性环境协议在我国总体上是可行的。当前学界应该努力为自愿性环境协议的推广应用寻找合适的理论基础，提供必要的指引。

　　为此，笔者首先基于行政行为形式论，将目光投放于与自愿性环境协议具有共同的契约理念内核，因而具有最大相似性的现有类型化行政行为——行政合同，尝试以环境行政领域的行政合同——环境行政合同吸纳自愿性环境协议，借以实现其类型化。然而，尽管作为一种双方行政行为，环境行政合同较之传统的单方性高权行政行为具有鲜明的特点和卓越的功能，但是，其与自愿性环境协议仍然存在着不容忽视的差异和不可兼容之处，因此，不应将自愿性环境协议简单地认定为环境行政合同。为自愿性环境协议创设一种新的类型化行政行为既无条件，亦无必要，毋宁将其作为现有行政行为形式论体系的例外，给予足够的重视和进一步的观察。鉴于行政行为形式论无法为自愿性环境协议提供适切的理论指导，无法有效回应现代环境行政的变化与需求，笔者将理论探寻的目光转向了一种新的环境行政方式——协商行政，通过分析其产生背景、理论基础、体系定位、概念界定及其与相关概念的异同等，掌握其理论精髓，并通过其与自愿性环境协议的关联对照与理论配型，发现二者之间内在特质的一致性，基于协商行政的自愿性环境协议得以成立。以协商行政为理论基础的自愿性环境协议体系框架应从主体与激励、行为与程序、制度与功能、实效确保与争端解决和权利救济等方面予以建构。

在现代社会，全球范围内的公共行政改革运动呈现民主化、服务化、民营化、程序化和效率化的特点。① 自愿性环境协议正是顺应这一变革趋势的产物，它以不拘一格的方式和务实的态度顺应了现代环境行政实践的要求，以极富弹性的方式面对日益增长且日趋复杂的环境行政任务，展现出多元性、过程性、包容性和灵活性的特质，与内含自由、民主、公平、正当、合作、和谐等价值追求的协商行政相互契合，相辅相成：自愿性环境协议的实践为协商行政理论的发展提供了宝贵的素材和必需的试验，协商行政则为自愿性环境协议的发展提供理论指导与精神支持。二者的产生和发展都是对传统的单方性、强制性、模式性的高权行政方式的突破与超越。放眼整个行政活动，如果从行政过程的角度分析，就会发现行政上的协商、合意性手法的运用绝不仅仅限于行政合同等少量类型化行政行为，而是遍布行政活动的各个领域，连高权行政领域也有渗透，而其表现形式也并非仅为行政法律行为，更非仅为类型化行政行为，更多的也许还是未类型化的行政行为、行政事实行为或者非正式行政行为。现代行政已由规则导向趋于任务取向，只需设定目标，达成行政目标或者任务可以采用多种工具手段及其组合。相应地，行政法学也将考察的重点着眼于行政活动对于问题解决的实效，即针对真实的、具体的行政实践的需要，不单考虑行政活动的合法性，还必须同时考量其可接受性、可实现性。协商行政是实现这一理想化的行政的最佳方式，它借由包括行政主体、行政相对人、利害关系人、第三方独立机构、公益性组织等多方主体之间在法律地位平等基础上的自愿地充分沟通、交流、妥协，寻求各方利益最大化的平衡，并达成合意，能够有效地增强行政行为的民主性，降低行政成本，提高行

---

① 相焕伟：《协商行政：一种新的行政法范式》，山东大学 2014 年博士学位论文，第 2 页以下。

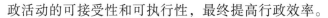

政活动的可接受性和可执行性,最终提高行政效率。

　　作为一种有别于传统高权行政的新兴的行政方式,协商行政的广泛应用将引起行政方式的深刻变革,即如我国台湾学者黄俊凯所总结的:由目标条件式规范到任务式规范、由规范调控到资源调控、由形式化行为形式到非形式化行为形式、由高权命令到合作互动、由固定式手段到选择式手段、由形式的民主正当性到实质的民主正当性。

参考文献

一 中文参考文献

（一）图书文献

[1] 陈春生：《行政法之学理与体系（二）》，元照出版有限公司 2007 年版。

[2] 陈家刚：《协商民主与当代中国政治》，中国人民大学出版社 2009 年版。

[3] 陈家刚主编：《协商民主与政治发展》，社会科学文献出版社 2011 年版。

[4] 陈新民：《行政法学总论》，三民书局 1991 年版。

[5] ［英］卡罗尔·哈洛、理查德·罗林斯：《法律与行政》（上卷），杨伟东等译，商务印书馆 2004 年版。

[6] ［日］大桥洋一：《行政法学的结构性变革》，吕艳滨译，中国人民大学出版社 2008 年版。

[7] 刁荣华主编：《现代行政法基本论》，汉林出版社 1985 年版。

[8] ［日］大须贺明：《生存权论》，林浩译、吴新平审校，法律出版社 2001 年版。

[9] ［德］Eberhard Schmidt - Aßmann：《行政法总论作为秩序理念——行政法体系建构的基础与任务》，林明锵等译，元照出版有限公司 2009 年版。

[10] 葛察忠等编著：《自愿协议：节能减排的制度创新》，中国环境科学出版社 2012 年版。

[11] ［德］格奥尔格·耶利内克：《主观公法权利体系》，曾韬、赵天书译，中国政法大学出版社 2012 年版。

［12］［日］黑川哲志：《环境行政的法理与方法》，肖军译，中国法制出版社 2008 年版。

［13］胡建淼：《行政法学》（第二版），法律出版社 2003 年版。

［14］胡建淼主编：《行政行为基本范畴研究》，浙江大学出版社 2005 年版。

［15］［德］汉斯·J. 沃尔夫、奥托·巴霍夫、罗尔夫·施托贝尔：《行政法》（第二卷），高家伟译，商务印书馆 2007 年版。

［16］［德］哈特穆特·毛雷尔：《行政法学总论》，高家伟译，法律出版社 2000 年版。

［17］黄学贤主编：《中国行政法学专题研究述评（2000—2010)》，苏州大学出版社 2010 年版。

［18］江必新：《中国行政诉讼制度之发展：行政诉讼司法解释解读》，金城出版社 2001 年版。

［19］姜明安：《行政程序研究》，北京大学出版社 2006 年版。

［20］姜明安主编：《行政法论丛》（第 11 卷），法律出版社 2008 年版。

［21］姜明安主编：《公法理论研究与公法教学》，北京大学出版社 2009 年版。

［22］姜明安主编：《行政法与行政诉讼法》（第六版），北京大学出版社、高等教育出版社 2015 年版。

［23］季卫东：《法治秩序的构建》，中国政法大学出版社 1999 年版。

［24］季卫东：《法律程序的意义》（增订版），中国法制出版社 2012 年版。

［25］［德］卡尔·拉伦茨：《法学方法论》，陈爱娥译，商务印书馆 2003 年版。

［26］李宝君：《非强制行政行为制度化研究——寻求政府柔性执法的制度规约》，中国政法大学出版社 2012 年版。

［27］刘武朝、胡云红、徐红新：《自愿式环境协议制度研究》，知识产权出版社 2013 年版。

［28］刘福元：《政府柔性执法的制度规范建构——当代社会管理创新视野下的非强制行政研究》，法律出版社 2012 年版。

［29］刘海滨、张明顺、冯效毅：《自愿协议式环境管理方法与实践》，中国环境科学出版社 2012 年版。

[30] 罗豪才等:《软法与公共治理》,北京大学出版社 2006 年版。

[31] 罗豪才主编:《行政法论丛》(第 9 卷),法律出版社 2006 年版。

[32] 罗豪才主编:《行政法论丛》(第 10 卷),法律出版社 2007 年版。

[33] [日] 铃木义男:《行政法学方法论之变迁》,陈汝德等译,中国政法大学出版社 2004 年版。

[34] 李永林:《环境风险的合作规制——行政法视角的分析》,中国政法大学出版社 2014 年版。

[35] 李挚萍:《环境法的新发展——管制与民主的互动》,人民法院出版社 2006 年版。

[36] 赖恒盈:《行政法律关系之研究——行政法学方法论评析》,元照出版有限公司 2003 年版。

[37] 莫于川等:《法治视野中的行政指导》,中国人民大学出版社 2005 年版。

[38] 莫于川等:《柔性行政方式法制化研究——从建设法治政府、服务型政府的视角》,厦门大学出版社 2011 年版。

[39] [日] 南博方:《行政法》(第六版),杨建顺译,中国人民大学出版社 2009 年版。

[40] 秦颖:《新的环境管理政策工具——自愿协议(VAs)的理论、实践与发展趋势》,经济科学出版社 2011 年版。

[41] [日] 室井力:《日本行政法》,吴微译,中国政法大学出版社 1995 年版。

[42] [美] 史蒂芬·布雷耶:《规制及其改革》,李洪雷、宋华琳、苏苗罕译,北京大学出版社 2008 年版。

[43] [美] 斯蒂芬·布雷耶:《打破恶性循环:政府如何有效规制风险》,宋华琳译,法律出版社 2009 年版。

[44] [美] 托马斯·库恩:《科学革命的结构》,金吾伦、胡新和译,北京大学出版社 2012 年版。

[45] 台湾研究基金会:《环境保护与产业政策》,前卫出版社 1994 年版。

[46] 台湾行政法学会主编:《行政契约之法理/各国行政法学之发展方向(台湾行政法学会研讨会论文集〔2009〕)》,元照出版公司 2009 年版。

[47] 吴庚大法官荣退论文集编辑委员会编辑:《公法学与政治理论(吴

庚大法官荣退论文集)》，元照出版有限公司 2004 年版。

[48] 王俊豪：《政府管制经济学导论》，商务印书馆 2001 年版。

[49] 王俊豪：《政府管制经济学导论——基本理论及其在政府管制实践中的应用》，商务印书馆 2004 年版。

[50] 王名扬：《美国行政法》（上册），中国法制出版社 1994 年版。

[51] 文学国主编：《政府规制：理论、政策与案例》，中国社会科学出版社 2012 年版。

[52] 王锡锌：《公众参与和行政过程——一个理念和制度分析的框架》，中国民主法制出版社 2007 年版。

[53] 翁岳生教授祝寿论文集编辑委员会：《当代公法理论》，月旦出版有限公司 1993 年版。

[54] 翁岳生教授祝寿论文编辑委员会编：《当代公法新论（中）——翁岳生教授七秩诞辰祝寿论文集》，元照出版有限公司 2002 年版。

[55] 翁岳生编：《行政法》（上册），中国法制出版社 2009 年版。

[56] 许宗力：《法与国家权力（二）》，元照出版有限公司 2007 年版。

[57] 叶必丰：《行政法学》（修订版），武汉大学出版社 2003 年版。

[58] 叶必丰：《行政行为原理》，商务印书馆 2014 年版。

[59] 杨解君：《中国行政法的变革之道——契约理念的确立及其展开》，清华大学出版社 2011 年版。

[60] 叶俊荣：《行政法案例分析与研究方法》，三民书局股份有限公司 1999 年版。

[61] 叶俊荣：《环境理性与制度抉择》，翰芦图书出版有限公司 2001 年版。

[62] 叶俊荣：《环境行政的正当法律程序》，翰芦图书出版有限公司 2001 年版。

[63] 叶俊荣：《环境政策与法律》，中国政法大学出版社 2003 年版。

[64] 杨建顺：《行政规制与权利保障》，中国人民大学出版社 2007 年版。

[65] 余凌云：《行政契约论》（第二版），中国人民大学出版社 2006 年版。

[66] 阎磊：《行政契约批判》，知识产权出版社 2011 年版。

[67] 应松年、王成栋主编：《行政法与行政诉讼法案例教程》，中国法制出版社 2003 年版。

［68］［日］原田尚彦：《环境法》，于敏译，法律出版社 1999 年版。

［69］［日］盐野宏：《行政法》，杨建顺译，姜明安审校，法律出版社 1999 年版。

［70］［美］朱迪·弗里曼：《合作治理与新行政法》，毕洪海、陈标冲译，商务印书馆 2010 年版。

［71］中国 21 世纪议程管理中心：《中国 21 世纪议程——中国 21 世纪人口、环境与发展白皮书》，中国环境科学出版社 1994 年版。

［72］中国人民大学宪政与行政法治研究中心编：《宪政与行政法治评论》（第 1 卷），中国人民大学出版社 2004 年版。

［73］张红凤、张细松：《环境规制理论研究》，北京大学出版社 2012 年版。

［74］张剑寒等：《现代行政法基本论》，汉林出版社 1985 年版。

［75］章剑生：《现代行政法基本理论（第二版）》（上卷），法律出版社 2013 年版。

［76］张明顺、张铁寒、冯利利等：《自愿协议式环境管理》，中国环境出版社 2013 年版。

［77］张树义：《行政合同》，中国政法大学出版社 1994 年版。

［78］朱新力、唐明良等：《行政法基础理论改革的基本图谱——"合法性"与"最佳性"二维结构的展开路径》，法律出版社 2013 年版。

［79］周佑勇：《行政法原论》，方正出版社 2005 年版。

［80］张文显主编：《法理学》，高等教育出版社、北京大学出版社 1999 年版。

［81］政治大学法学院公法中心编：《全球化下之管制行政法》，元照出版有限公司 2011 年版。

［82］周志忍：《当代国外行政改革比较研究》，国家行政学院出版社 1999 年版。

（二）期刊文献

［1］陈德湖：《排污权交易理论及其研究综述》，《外国经济与管理》2004 年第 5 期。

［2］陈虹：《环境公益诉讼功能研究》，《法商研究》2009 年第 1 期。

［3］陈家刚：《协商民主：概念、要素与价值》，《中共天津市委党校学报》2005 年第 3 期。

［4］ 常纪文、黎菊云：《环境保护行政合同基本问题研究（上）》，《河南公安高等专科学校学报》2004 年第 1 期。

［5］ 常纪文、黎菊云：《环境保护行政合同基本问题研究（下）》，《河南公安高等专科学校学报》2004 年第 2 期。

［6］ 曹明德、王凤远：《美国和印度 ENGO 环境公益诉讼制度及其借鉴意义》，《河北法学》2009 年第 5 期。

［7］ 蔡武进：《我国行政赔偿程序的协商图景》，《甘肃政法学院学报》2012 年第 5 期。

［8］ 蔡武进：《法治与善治：我国行政信访制度的改革图景——以行政协商为视角》，《甘肃政法学院学报》2012 年第 6 期。

［9］ 蔡武进：《现代行政法治理念下的行政协商——一种诠释现代行政法治理念之行政方式》，《天津行政学院学报》2013 年第 3 期。

［10］蔡武进：《行政治理视野下的行政协商》，《北方法学》2014 年第 3 期。

［11］陈新民：《和为贵——论行政协调的法制改革》，《行政法学研究》2007 年第 3 期。

［12］陈应珍、申浩：《行政执法协商的滥用及其防范》，《三明学院学报》2014 年第 3 期。

［13］陈泳滨：《行政合同司法救济的模式选择与制度续造——基于三种不同实践样本的考量》，《中共贵州省委党校学报》2014 年第 4 期。

［14］崔卓兰、卢护锋：《契约、服务于诚信——非强制行政之精神理念》，《社会科学战线》2005 年第 4 期。

［15］崔卓兰、卢护锋：《非强制行政的价值分析》，《社会科学战线》2006 年第 3 期。

［16］崔卓兰、卢护锋：《我国行政行为非强制化走向之述评与前瞻》，《北方法学》2007 年第 2 期。

［17］崔卓兰、刘福元：《行政自制的可能性分析》，《法律科学》2009 年第 6 期。

［18］崔卓兰、刘福元：《非强制行政行为探微》，《法制与社会发展》2011 年第 3 期。

［19］崔卓兰：《行政自制理论的再探讨》，《当代法学》2014 年第 1 期。

［20］丁航、贾小黎：《中国高耗能企业自愿减排的现状、障碍及实施建

议》，《中国能源》2004 年第 3 期。

[21] 杜群：《中外环境行政管制之比较》，《太平洋学报》1997 年第 3 期。

[22] 杜群飞：《当前排污权交易市场化机制的问题及对策研究》，《生态经济》2015 年第 1 期。

[23] 董艳春：《构建城管执法的协商治理模式》，《北京航空航天大学学报》（社会科学版）2013 年第 6 期。

[24] 杜亚霏：《基于协商民主理论视角的政策制定研究——以"重庆出租车事件"为例》，《云南行政学院学报》2010 年第 5 期。

[25] 董战峰等：《环境自愿协议机制建设中的激励政策创新》，《中国人口·资源与环境》2010 年第 6 期。

[26] 冯昌梅：《论美国环境法执行协商机制的引进——社会管理创新背景下行政执法模式的新选择》，《湖北函授大学学报》2011 年第 2 期。

[27] 傅聪：《试论欧盟环境法律与政策机制的演变》，《欧洲研究》2007 年第 4 期。

[28] 傅聪：《欧盟环境政策中的软性治理：法律推动一体化的退潮？》，《欧洲研究》2009 年第 6 期。

[29] 樊慧玲：《正式规则·非正式规则·潜规则》，《广西经济管理干部学院学报》2008 年第 3 期。

[30] 方世荣、邓佑文：《"参与式行政"视域下行政法理念的反思与重塑》，《理论探讨》2012 年第 2 期。

[31] 方世荣、谭冰霖：《"参与式行政"与行政行为理论的发展》，《南京工业大学学报》（社会科学版）2013 年第 1 期。

[32] 冯效毅等：《在中国尝试自愿协议式环境管理方法的必要性与可行性》，《江苏环境科技》2006 年第 2 期。

[33] 国合会"中国环境保护与社会发展"课题组：《中国环境保护与社会发展》，《环境与可持续发展》2014 年第 4 期。

[34] 郭庆：《中小企业环境规制的困境与对策》，《东岳论丛》2007 年第 2 期。

[35] 郭少青：《环境行政约谈初探》，《西部法学评论》2012 年第 4 期。

[36] 黄爱宝：《生态行政约谈制度：创新价值与完善方向》，《江苏行政学院学报》2013 年第 6 期。

[37] 黄春蕾：《我国生态环境公私合作治理机制创新研究——"协议保

护"的经验与启示》,《理论与改革》2011 年第 5 期。

[38] 胡静:《美国环境执法中的协商机制和自由裁量》,《环境保护》2007 年第 24 期。

[39] 侯佳儒:《论我国环境行政管理体制存在的问题及其完善》,《行政法学研究》2013 年第 2 期。

[40] 贺乐民、高全:《论行政法的合作理念》,《法律科学》2008 年第 4 期。

[41] 龚伟玲:《欧盟推动环境协议的制度分析及借鉴》,《环境保护》2004 年第 5 期。

[42] 胡云红:《日本自愿式环境协议实施评析及对我国环境保护管理的启示》,《河北师范大学学报》(哲学社会科学版)2012 年第 2 期。

[43] 蒋红珍:《治愈行政僵化:美国规制性协商机制及其启示》,《华东政法大学学报》2014 年第 3 期。

[44] 江华、张建民:《行业协会实施自愿性环境治理的温州经验》,《社团管理研究》2010 年第 10 期。

[45] 〔法〕Jean – Philippe Barde:《经合组织关于志愿思路在环境政策中的作用的工作》,《UNEP 产业与环境》(中文版)1999 年第 1—2 期。

[46] 江山:《法律革命:从传统到超现代——兼谈环境资源法的法理问题》,《比较法研究》2000 年第 1 期。

[47]《节能自愿协议国家标准通过审定》,《节能与环保》2010 年第 4 期。

[48] 蒋芸:《节能自愿协议:节能新机制》,《中国科技投资》2006 年第 9 期。

[49] 克劳斯·卡贝兹:《德国志愿协议的作用》,《UNEP 产业与环境》(中文版)1999 年第 1—2 期。

[50] 李傲:《未型式化行政行为初探》,《法学评论》1999 年第 3 期。

[51] 〔美〕L. B. 斯图尔特:《二十一世纪的行政法》,苏苗罕译,毕小青校,《环球法律评论》2004 年夏季号。

[52] 李超:《环境治理与地方政府——以日本公害防止协定为例》,《中国环境管理干部学院学报》2013 年第 5 期。

[53] 赖超超、蔺耀昌:《税务行政中的契约理念及其体现——以平等、协商为中心》,《行政法学研究》2006 年第 1 期。

[54] 李程:《环境管制:从管理到治理的转变》,《经济与管理》2011 年

第 3 期。

［55］李程：《我国适用自愿环境协议的合理性探讨》，《商业时代》2011
年 21 期。

［56］刘桂清：《反垄断执法中的和解制度研究》，《当代法学》2009 年第
2 期。

［57］李鸰：《通过契约实现行政任务：美国环境自愿协议制度研究》，
《行政法学研究》2014 年第 2 期。

［58］罗豪才、宋功德：《认真对待软法——公域软法的一般理论及其中国
实践》，《中国法学》2006 年第 2 期。

［59］廖红、朱坦：《德国环境政策的实施手段研究》，《上海环境科学》
2001 年第 12 期。

［60］李红利：《日本地方政府环境规制的经验与启示》，《上海党史与党
建》2012 年 5 月号。

［61］刘慧、郭怀成、詹歆晔等：《荷兰环境规划及其对中国的借鉴》，
《环境保护》2008 年第 10 期。

［62］卢剑锋：《试论协商性行政执法》，《政治与法律》2010 年笔 4 期。

［63］李龙：《论协商民主——从哈贝马斯的"商谈论"谈起》，《中国法
学》2007 年第 1 期。

［64］林明锵：《行政契约法论》，台湾大学《法学论丛》第 24 卷第 1 期。

［65］卢宁川等：《企业采用自愿协议式环境管理方法的意愿调查》，《污
染与防治》2006 年第 4 期。

［66］廖文升：《民主协商机制在公安执法中的语义、功能及运用》，《中
国人民公安大学学报》（社会科学版）2010 年第 1 期。

［67］李艳芳、吴凯杰：《论检察机关在环境公益诉讼中的角色与定位——
兼评最高人民检察院〈检察机关提起公益诉讼改革试点方案〉》，
《中国人民大学学报》2016 年第 2 期。

［68］刘叶玲：《欧盟竞争法中环境协议的分析与借鉴》，《沈阳工业大学
学报》（社会科学版）2015 年第 2 期。

［69］刘瑛：《我国生态环境保护执法存在的问题及对策》，《商场现代化》
2009 年 1 月（下旬刊）。

［70］罗云方等：《新疆生态环保行政约谈探析》，《法制与经济》2013 年
第 11 期。

[71] 刘宗德：《公私协力与自主规制之公法学理论》，《月旦法学杂志》2013年第6期。

[72] 龙著华：《论环境保护行政合同在广州生态文明建设中的适用》，《区域发展战略》2012年第4期。

[73] 李志明：《国家发展改革委/联合国开发计划署/全球环境基金"中国终端能效项目"正式启动》，《中国经贸导刊》2005年第12期。

[74] 李挚萍：《20世纪政府环境管制的三个演进时代》，《学术研究》2005年第6期。

[75] ［荷］马顿·德洪：《荷兰环境协议：分担可持续工业发展的责任》，《UNEP产业与环境》（中文版）1999年第1—2期。

[76] 马士国：《基于市场的环境规制工具研究述评》，《经济社会体制比较》2009年第2期。

[77] 马小明、赵月炜：《环境管制政策的局限性与变革——自愿性环境政策的兴起》，《中国人口·资源与环境》2005年第6期。

[78] 莫于川：《非权力行政方式及其法治问题研究》，《中国人民大学学报》2000年第2期。

[79] ［日］木佐茂男：《公害防止协定的行政法分析》，牟宪魁、张荣红译，《上海政法学院学报（法治论丛）》2013年第4期。

[80] 《宁波人民政府与同方泰德签署低碳节能战略合作协议》，《智能建筑》2015年第10期。

[81] 钱水苗、巩固：《论环境行政合同》，《法学评论》2004年第5期。

[82] 秦颖、徐光：《环境政策工具的变迁及其发展趋势探讨》，《改革与战略》2007年第12期。

[83] 秦颖、王红春：《企业参与自愿环境协议的驱动力探析》，《生态经济》2013年第4期。

[84] 任红梅：《税务行政合作理念探析》，《广西财经学院学报》2011年第5期。

[85] 任志宏、赵细康：《公共治理新模式与环境治理方式的创新》，《学术研究》2006年第9期。

[86] 孙兵、黎学基：《理念重述与制度重构：行政执法协商研究》，《西南民族大学学报》（人文社会科学版）2012年第3期。

[87] 孙慧洁、陈可石：《荷兰环境规划政策及其对我国的借鉴意义》，

《开发研究》2013 年第 6 期。

[88] 沈岿：《关于美国协商制定规章程序的分析》，《法商研究》1999 年第 2 期。

[89] 孙世春：《日本地方政府行政体制的建立及其管理机制》，《日本研究》1993 年第 4 期。

[90] 苏晓红：《环境管制政策的比较分析》，《生态经济》2008 年第 4 期。

[91] 孙笑侠：《契约下的行政——从行政合同本质到现代行政法功能的再解释》，《比较法研究》1997 年第 3 期。

[92] 孙宇飞等：《日本与德国环境政策的比较》，《环境保护》2009 年1 期。

[93] 石佑启：《论公共行政变革与行政行为理论的完善》，《中国法学》2005 年第 2 期。

[94] ［日］畠山武道：《行政法在环境保护中的作用》，邱昌茂译，《法学思潮》2015 年第 1 期。

[95] ［日］田中二郎：《公法契约的可能性》，肖军译，《行政法学研究》2002 年第 1 期。

[96] 王灿发：《重大环境污染事件频发的法律反思》，《环境保护》2009 年第 17 期。

[97] 温东辉、陈吕军：《美国新环境管理与政策模式：自愿性伙伴合作计划》，《环境保护》2003 年第 7 期。

[98] 王丰、张纯厚：《日本地方政府在环境保护中的作用及启示》，《日本研究》2013 年第 2 期。

[99] 王凤才：《生态文明：生态治理与绿色发展》，《学习与探索》2018 年第 6 期。

[100] 温辉：《论行政和解的理论基础》，《法学杂志》2008 年第 3 期。

[101] 王惠娜：《自愿性环境政策工具在中国情境下能否有效?》，《中国人口·资源与环境》2010 年第 9 期。

[102] 王惠娜：《自愿性环境政策工具与管制压力的关系：来自经济模型的验证》，《经济社会体制比较》2013 年第 5 期。

[103] 王锴：《行政法上请求权的体系及功能研究》，《现代法学》2012 年第 5 期。

[104] ［法］维拉希尔·拉克霍、埃德温·扎卡伊：《法国环境政策40

年：演化、发展及挑战》，郑寰、潘丹译，《国家行政学院学报》2011 年第 5 期。

[105] 乌兰：《论政府环境管理职能的有效发挥》，《学术交流》2006 年第 9 期。

[106] 王利民：《论合同的相对性》，《中国法学》1996 年第 4 期。

[107] 魏涛：《公共治理理论研究综述》，《资料通讯》2006 年第 7—8 期。

[108] 王拓涵：《环境保护中的政府与公民社会："从主导到合作"——一个研究述评》，《天津行政学院学报》2012 年第 6 期。

[109] 吴卫星：《行政契约在环境规制领域的展开》，《江苏社会科学》2013 年第 1 期。

[110] 王锡锌：《我国行政决策模式之转型——从管理主义模式到参与式治理模式》，《法商研究》2010 年第 5 期。

[111] 吴霞：《探析环境行政领域中的契约方式——以日本公害防止协定为进路》，《法制与社会》2007 年第 5 期。

[112] 王笑原、闫海、涂军桥等：《自愿协议式环境管理模式在荆州纺织印染行业的实践研究》，《环境科学与管理》2014 年第 2 期。

[113] 王学辉、邓蔚：《价值的超越：以交往正义的新视角诠释行政诉讼协调和解机制》，《理论与改革》2012 年第 1 期。

[114] 王学辉、张治宇：《迈向可接受性的中国行政法》，《国家检察官学院学报》2014 年第 3 期。

[115] 王勇：《政府规制视角下我国环境信访成因解析》，《中国环境管理干部学院学报》2014 年第 6 期。

[116] 肖北庚：《行政决策听证制度之民主性困境及突围》，《广东社会科学》2010 年第 5 期。

[117] 薛冰、孙录见：《行政决策的功能定位与听证笔录的效力——基于商谈理论的视角》，《北京行政学院学报》2012 年第 4 期。

[118] 薛冰、岳成浩：《行政决策听证议题形成中的公民话语权保障——基于协商民主理论的视角》，《西北大学学报》（哲学社会科学版）2013 年第 5 期。

[119] 徐博嘉：《行政协商制度基本问题分析》，《行政与法》2013 年第 10 期。

[120] 谢晖：《论规范分析方法》，《中国法学》2009 年第 2 期。

［121］熊樟林：《"非正式行政行为"概念界定——兼"非强制性行政行为"评析》，《行政法学研究》2009 年第 4 期。

［122］叶必丰：《我国区域经济一体化背景下的行政协议》，《法学研究》2006 年第 2 期。

［123］叶必丰：《行政和解和调解：基于公众参与和诚实信用》，《政治与法律》2008 年第 5 期。

［124］尹海涛、王峰：《自愿性环保项目：动机和绩效》，《复旦公共行政评论》2009 年第 5 辑。

［125］杨解君：《论行政法理念的塑造——契约理念与权力理念的整合》，《法学评论》2003 年第 1 期。

［126］杨建顺：《行政强制中的和解——三环家具城案的启示》，《南通师范学院学报》（哲学社会科学版）2002 年第 1 期。

［127］于良春、黄进军：《环境管制目标与管制手段分析》，《理论学刊》2005 年第 5 期。

［128］杨临宏、马琼丽：《行政中的协商机制初论》，《思想战线》2013 年第 2 期。

［129］余凌云：《论行政契约的救济制度》，《法学研究》1998 年第 2 期。

［130］杨小君：《契约对依法行政的影响》，《法学研究》2007 年第 2 期。

［131］余湘青：《公安行政法维度内的非权力行政方式》，《江苏警官学院学报》2006 年第 1 期。

［132］应星：《作为特殊行政救济的信访救济》，《法学研究》2004 年第 3 期。

［133］叶知年、陈秀瑜：《我国环境合同社会化发展探讨》，《西南农业大学学报》（社会科学版）2010 年第 4 期。

［134］张保伟、樊琳琳：《论生态文明建设与协商民主的协调发展》，《河南师范大学学报》（哲学社会科学版）2018 年第 2 期。

［135］郑春燕：《诱导型下的口头行政契约》，《中外法学》2010 年第 4 期。

［136］郑春燕：《行政任务取向的行政法学变革》，《法学研究》2012 年第 4 期。

［137］郑春燕：《程序主义行政法治》，《法学研究》2012 年第 6 期。

［138］朱海伦：《环境治理中有效对话协商机制建设——基于嘉兴公众参

与环境共治的经验》，《环境保护》2014 年第 11 期。

[139] 张弘：《行政合同特权与法律控制》，《辽宁司法管理干部学院学报》2002 年第 2 期。

[140] 赵红：《外部性、交易成本与环境管制——环境管制政策工具的演变与发展》，《山东财政学院学报》2004 年第 6 期。

[141] 中国节能协会：《中国终端能效项目中的自愿协议项目全面招标》，《资源节约与环境保护》2005 年第 6 期。

[142] 周建华等：《清洁生产技术、政府责任与行业协会职能——以温州合成革行业为例》，《华东经济管理》2011 年第 7 期。

[143] 章剑生：《作为协商性的行政听证——关于行政听证功能的另一种解读》，《浙江社会科学》2005 年第 4 期。

[144] 周珂、腾延娟：《论协商民主机制在中国环境法治中的应用》，《浙江大学学报》（人文社会科学版）2014 年第 6 期。

[145] 张淑芳：《行政强制执行中的行政让渡》，《社会科学辑刊》2013 年第 5 期。

[146] 郑亚南：《自愿性环境管理：经济与环境协调发展的创新》，《环境经济杂志》2004 年第 5 期。

[147] 朱新力、唐明良：《行政法总论与各论的"分"与"合"》，《当代法学》2011 年第 1 期。

[148] 朱晓青、李晓光：《行政合同特权探析》，《盐城工学院学报》（社会科学版）2003 年第 1 期。

[149] 张玉录：《行政协商：构建和谐社会的行政救济法基础——兼论法律移植与本土资源的对接》，《聊城大学学报》（社会科学版）2005 年第 3 期。

[150] 张元友、叶军：《我国环境保护多中心政府管制结构的构建》，《重庆社会科学》2006 年第 8 期。

[151] 周佑勇：《作为过程的行政调查——以食品卫生领域为观察》，《法商研究》2006 年第 1 期。

[152] 张忠、陈伏淋：《协商执法：行政执法新模式初探》，《宁波大学学报》（人文科学版）2013 年第 5 期。

（三）学位论文

[1] 毕洪海：《合作行政法：现代公共治理的一种法律框架》，北京大学

2009 年博士学位论文。

[2] 程建：《互动性行政行为研究》，苏州大学 2008 年博士学位论文。

[3] 曹景山：《自愿协议式环境管理模式研究》，大连理工大学 2007 年博士学位论文。

[4] 蔡武进：《现代行政法治理念下的行政协商——一种诠释现代行政法治理念之行政方式》，武汉大学 2013 年博士学位论文。

[5] 丁保河：《论协商式行政——一种新行政法治主义理念》，北京大学 2008 年博士毕业论文。

[6] 丁曜：《协商规制视野下的柔性执法方式研究——以上海市水务行政执法为实证对象》，上海交通大学 2010 年硕士学位论文。

[7] 郭红欣：《环境保护协定制度的构建》，武汉大学 2004 年硕士学位论文。

[8] 黄俊凯：《环境行政之实效性确保》，台湾政治大学 2000 年硕士学位论文。

[9] 纪子千：《论自愿式环境协议行政法方向的立法框架》，安徽大学 2014 年硕士学位论文。

[10] 李程：《自愿性环境协议研究》，华东政法大学 2011 年硕士学位论文。

[11] 芦丹：《论协商民主理论下的行政自由裁量权》，河北师范大学 2011 年硕士学位论文。

[12] 李玲：《日本公害防止协定制度研究及其借鉴》，中国政法大学 2007 年硕士学位论文。

[13] 李忠浩：《环境协议制度研究》，中南林业科技大学 2008 年硕士毕业论文。

[14] 马士国：《环境规制机制的设计与实施效应》，复旦大学 2007 年博士学位论文。

[15] 瞿慧：《协商性行政执法在征收拆迁领域的运用研究》，湖南师范大学 2012 年硕士毕业论文。

[16] 宋国：《合作行政的法治化研究》，吉林大学 2009 年博士学位论文。

[17] 邬伊文：《公安行政复议的协商性功能研究——以听证程序为拓展机制》，上海交通大学 2012 年硕士学位论文。

[18] 王正斌：《行政行为类型化研究》，中国政法大学 2006 年博士学位

论文。

[19] 相焕伟：《协商行政：一种新的行政法范式》，山东大学 2014 年博士学位论文。

[20] 许继芳：《建设环境友好型社会中的政府环境责任研究》，苏州大学 2010 年博士学位论文。

[21] 杨帆：《行政立法程序新探——协商民主理论为视角》，华东师范大学 2009 年硕士毕业论文。

[22] 张雪妍：《环境行政自愿协议研究》，山东大学 2009 年硕士学位论文。

[23] 郑亚南：《自愿性环境管理理论与实践研究》，武汉理工大学 2004 年博士学位论文。

（四）报纸文献

[1] 董碧娟：《企业既算经济账又算环境账》，《经济日报》2018 年 5 月 11 日第 5 版。

[2] 方雪萍：《节能"自愿"在我国方兴未艾 钢铁业成为节能自愿协议试点》，《中国冶金报》2006 年 5 月 30 日第 8 版。

[3] 郭丽君：《工信部与中国移动签署〈节能自愿协议〉未来三年中国移动将节电 118 亿度》，《光明日报》2009 年 11 月 22 日第 5 版。

[4] 何振红：《节能自愿协议：步入黄金时代》，《经济日报》2006 年 6 月 3 日第 5 版。

[5] 罗豪才：《公域之治中的软法》，《法制日报》2005 年 12 月 15 日第 9 版。

[6] 金国军：《探索新机制 江西签首个节能自愿协议》，《中国工业报》2010 年 5 月 24 日第 A04 版。

[7] 李禾：《环境保护税不是增负，而是减负》，《科技日报》2017 年 2 月 3 日第 8 版。

[8] 宋功德：《我国公共行政模式之变——从单向管理转向合作行政》，《人民日报》2009 年 6 月 24 日第 15 版。

[9] 唐乐：《南京：十企业签定"节能自愿协议"》，《中华建筑报》2006 年 6 月 10 日第 1 版。

[10] 朱狄敏：《建立环境保护协商民主机制》，《中国社会科学报》2014 年 5 月 28 日第 A07 版。

［11］张华甲：《工信部与中国移动签节能自愿协议》,《中国工业报》
2009 年 11 月 12 日第 A01 版。

［12］张俊：《环境管理引入行政合同能不能管住污染?》,《中国环境报》
2010 年 11 月 29 日第 6 版。

［13］周荣顺、唐念泉：《我市新增 22 家企业签订节能自愿协议》,《淄博
日报》2011 年 5 月 3 日第 1 版。

（五）电子文献

［1］姜明安主持起草：《中华人民共和国行政程序法（试拟稿）》,2018 年
5 月 9 日（http：//article. chinalawinfo. com/ArticleHtml/Article_ 26210.
shtml）。

［2］罗豪才：《为了权利与权力的平衡》,2015 年 2 月 9 日（http：//www.
aisixiang. com/data/76223. html）。

［3］唐靖初：《环保部部长李干杰就"打好污染防治攻坚战"答记者问》,
2018 年 3 月 17 日,中国网（http：//www. china. com. cn/zhibo/content_
50714036. htm）。

［4］王学辉：《行政协商的兴起与治理逻辑》,2015 年 2 月 8 日（http：//
www. aisixiang. com/data/68997. html）。

［5］俞可平：《治理与善治引论》,2015 年 3 月 5 日（http：//www. chin-
areform. net/2010/0116/9805. html）。

［6］最高人民法院：《"两高"发布办理环境污染刑事案件司法解释》,
2016 年 12 月 23 日,最高人民法院官网（http：//www. court. gov. cn/
zixun－xiangqing－33681. html）。

（六）其他

［1］刘宗德：《中华民国环境保护之法制与手法》,1997 年 5 月 3 日于韩
国汉城召开之东亚行政法学会第二届学术大会之报告。

［2］刘宗德主持：《99 年度"环境保护协定推广及辅导签订"专案工作计
画成果报告》,2010 年印制。

二 外文参考文献

（一）图书

［1］Carraro, C., Lévêque, F., *Voluntary Approaches in Environmental Poli-*

cy, Netherlands: Springer, 1999.

[2] Commission on Global Governance, *Our Global Neighbourhood: The Report of The Commission on Global Governance*, Oxford University Press, 1995.

[3] E. Croci (ed.), *The Handbook of Environmental Voluntary Agreements: Design, Implementation and Evaluation Issues*, Netherlands: Springer; Softcover Reprint of Hardcover 1st ed., 2005.

[4] Hoffman, A., *Carbon Strategies: How Leading Companies are Reducing their Climate Change Footprint*, MI: University of Michigan Press, 2007.

（二）论文

[1] Andrews, R. N., Charm, J., Habicht, H., Knowlton, T., Sale, M., Tschinkel, V., "Third – Party Auditing of Environmental Management Systerns: U. S. Registration Practices for ISO 14001", *Retrieved February 25*, 2007, from http://www. ndol. org/documents/emsreport. Pdf.

[2] Darnall, N., & Sides., "Assessing the Performance of Voluntary Environmental Programs: Does Certification Matter?", *The Policy Studies Journal*, Vol. 36, No. 1, 2008.

[3] Gamper – Rabindran, S., "Did the EPA's Voluntary Industrial Toxics Program Reduce Emissions? A GIS Analysis of Distributional Impacts and By – Media Analysis of Substitution", *Journal of Environmental Economics and Management*, Vol. 52, 2006.

[4] Hoffman, A., "If You're Not at the Table, You're on the Menu", *Har Hard Business Review*, October, 2007.

[5] Jiang, R. J., & Bansal, P., "Seeing the Need for ISO14001", *Journal of Management Studies*, Vol. 40, No. 4, 2003.

[6] Khanna, M., & Damon, L. A., "EPA's Voluntary 33/50 Program: Impact on Toxic Releases and Economic Performance of Firms", *Journal of Environmental Economics and Management*, Vol. 37, No. 1, 1999.

[7] Lyon, Thomas P. and Kim, Eun – Hee, "Greenhouse Gas Reductions or Greenwash?: The Doe's 1605b Program", *Retrieved June 18*, 2018, from http://ssrn. com/abstract = 981730.

[8] Matthews, D. H., Lave, L., & Hendrickson, C., "Environmental

Management Systems: Informing Organizational Decisions (Final Report)", *Retrieved June 18*, 2018, from https: //cfpub. epa. gov/ncer_abstracts/index. cfm/fuseaction/display. highlight/abstract/1758/report/F.

[9] Maxwell, J. W. , Lyon, T. P. , Hackett, S. C. , "Self – Regulation and Social Welfare: The Political Economy of Corporate Environmentalism", *Journal of Law & Economics*, Vol. 43, No. 2, 2000.

[10] Philip J. Harter, "Negotiating Regulations: A Cure for Malaise", *Environmental Impact Assessment Review*, Vol. 3, No. 1, 1982.

[11] Vidovic, M. , & Khanna, N. , "Can Voluntary Pollution Prevention Programs Fulfill Their Promises? Further Evidence from the EPA's 33/50 Program ", *Journal of Environmental Economics and Management*, Vol. 53, 2007.

索 引

后 记

呈现在读者面前的这本薄薄的小册子是我的第一本个人专著。与诸多"青椒"一样，它是在我的博士论文的基础上修改而成的。

在本书即将出版之际，再次回想起在浙江大学光华法学院在职攻读博士学位的往日时光，不禁感慨万千。从2009年9月报到至2015年6月毕业，整整六年的时间，我从一个28岁的毛头小伙倏然走到了"35岁"这个对广大"80后"具有特殊意义的年龄数字面前。很多以前看不懂、看不透的事，到了这个年龄都可以看懂、看通、看透、看开了。月轮山那条长长的上坡路见证了我一路攀登的艰辛，钱塘江畔的潮涨潮落如同我的喜怒哀乐，大大的沉沉的背包是我这段人生旅程的真实写照。很难设想，如果没有读博，我这六年会如何度过，但可以肯定的是，读博之前无论做多么充分的思想准备，也绝难预料到攻博的整个过程如此漫长而又艰辛。能够一路坚持下来，得益于诸多师友的鼓励、支持与陪伴，特别是那帮月轮山上结识的同道中人（恕我不能一一列举他们的姓名）。

这本书既是我六年攻博生涯的一个小结，更是我九年环保机关工作经历的一个总结。论文的完成首先要感谢我的博士生导师朱新力教授：朱老师将我招致门下，悉心指导，多方鞭策，不仅授我以知识，更教我以方法。朱老师不但精通行政法理论，更深谙行政实践之道；不但深耕传统行政法，更致力于开拓行政法发展的新疆域。论文从选题到构思，从方法到观点，无不深受朱老师的影响，论文提纲和初稿更是得到朱老师的批评指点与慰勉鼓励。申报"中国社会科学博士后文库"时，朱老师又欣然为我写了推荐信。朱老师于去年履新浙江省高级人民法院副院长、审判委员会委员，工作将更加繁忙，更难聆听到他那敏锐、犀利、富有哲理、饱含智慧的教诲了，弟子唯有加倍努力以求不辜负朱老师的期望。

博士论文提纲曾发给蒋红珍、骆梅英、唐明良、朱狄敏、黄玉寅等学长和同学征求意见，现为台湾行政法学会执行秘书的博士同学孙铭宗兄提供了不少台湾地区的相关研究资料，衷心感谢他们的无私帮助。在论文开题、预答辩过程中，浙江大学光华法学院的章剑生教授、余军教授、郑春燕教授、金承东副教授、郑磊副教授提出了诸多中肯的批评和宝贵的建议；论文盲审阶段，隐姓埋名的校外专家在给予不同程度肯定与鼓励的同时，也提出了非常尖锐甚至一针见血的批评；论文正式答辩时，答辩委员会主席余凌云教授和答辩委员胡建淼、章剑生、余军、郑春燕等老师又面对面为我指出了论文的不足之处和修改完善的建议。所有这些都使我受益匪浅，谨向他们致以最真诚的谢意！在攻读博士学位期间，孙笑侠教授、林来梵教授等讲授的课程、所做的讲演和报告、所写的文章和著作等开阔了笔者的视野，丰富了笔者的法学理论积淀，这些也点点滴滴地体现在论文的字里行间。在此，也对两位老师致以衷心的感谢。

我原工作单位的领导时任杭州市环保局江干环保分局局长沈海峰、杭州经济技术开发区管理委员会环保局生态办主任王罡等对我在职攻读博士学位给予了极大的支持；李光辉、冯甜甜等与我一起奋战在基层环保工作一线的同事带我深入环境行政实践之中，他们的许多看法和观点也深深影响了我的思考与判断；前同事、现供职于环保部政策法规司的闻闽女士不仅提供了不少实证资料，更曾就论文选题的确定给出了中肯的意见。在此，一并向他们送上我的感念。

35岁，我鼓起勇气，从机关回到高校，加盟了中国计量大学法学院。衷心感谢时任院长陶丽琴教授、副院长王斐弘教授和刘义副教授及诸多同事的慷慨接纳与热心帮助，使我很快适应了高校的工作和生活，把这里当成了自己的新家，并尝试用自己还算勤劳的双手与不算太笨的头脑为这个大家庭的未来而打拼。

博士毕业之际，我就动了进入博士后工作站继续深造的念头。基于过往的工作经历和研究积累，我最终决定选择环境行政法作为自己的主要研究方向，理想中的博士后合作导师便是环境法学领域的知名教授。说来也巧，那时蔡守秋教授已从武汉来到上海，受聘为上海财经大学教授、博士生导师。虽然我研究生阶段曾在武汉大学法学院攻读宪法学与行政法学硕士学位，得周佑勇教授言传身教，在珞珈山上留下了美好的回忆，但却未能与蔡老师产生交集。正当我还在迟疑之时，《国务院办公厅关于改革完善博士后制度的意见》（国办发〔2015〕87号）中"博士后申请者一般应为新近毕业的博士毕业生，年龄应在 35 周岁以下"的规定，迫使我加快了步伐，在没有老师推荐的情况下就冒冒失失地于 2016 年的元旦前夕给蔡老师写了一封自荐信，表达了自己希望进入上海财经大学博士后流动站，跟从蔡老师从事环境行政法领域研究工作的愿望。喜出望外的是，蔡老师于元旦当天便回复了我，让我联系办理入站手续。于是，顺利通过面试之后，我于当年元月便正式进入上海财经大学博士后流动站。我至今仍然保留着蔡老师回复我的那封电子邮件。每每想起当时的情景，仍感念不已。犹记得，我入站开题报告的题目是"法治视域下水环境治理河长制的问题与对策"，答辩时各位老师普遍认为这个题目欠缺理论深度。答辩结束后，蔡老师专门对我进行了单独的指导，并建议我从他所倡导的"公众共用物"的视角对河长制问题进行研究。我按照蔡老师的指点，不断地进行修改，并以此为基础申报科研项目，终于在 2017 年以"公众共用物视野下的水环境治理河长制研究"为题的申报书获得教育部人文社科青年项目立项。这是个人主持的第一个正式的省部级科研项目，对于刚刚踏上科研之路，处于困顿中，始终打不开局面的自己而言，其意义之重大不言而喻。每每我在文思枯竭、筋疲力尽、想要放弃的时候，脑海中便浮现出 70 多岁的蔡老师仍然孜孜不倦、皓首穷经、笔耕不辍的画面。蔡老师是我科研道路上的引路人，环境行政法是一片极为广阔和富饶的科研沃土，许多新的理论、观点和制度均诞生于此，我誓将继续在这片土地上辛勤耕耘，竭尽所能回报蔡老师的提携之恩。

虽然得中国社会科学院与全国博士后管理委员会第六批"中国社会科学博士后文库"评审会的抬爱，以博士论文为基础的书稿得以入选文库，并获得资助出版；以毕业论文为原型申报的同名课题也被立项为 2017 年度中国法学会部级法学自选课题；以此为基础进行深化和拓展研究的项目"基于河长制的实证分析与制度设计的环境合作治理中的自愿性环境协议研究"刚刚获得 2018 年国家社会科学基金一般项目立项公示，使我欣喜不已，自信心也增强了不少。但是，理性地看，论文仍然存在非常多的问题，之前各位师友、专家提出的修改意见，我还远远不能一一吸收到位。由于时间、精力等方方面面的限制，从资料的收集与整理、观点的提炼与加工、结构的布局与安排、语言的组织与运用等诸方面来看，论文都没有达到预期的目标。但是，木已成舟，覆水难收，即便有再多的不尽如人意之处，它还是在一定程度上反映了我这些年的所习、所思、所得。我曾经在博士毕业论文后记里写道："限于学识和精力，很多我想记录、表达、呼吁和建构的东西并没有体现或者没有全部展现出来，我自己也并不满意，文章的修改和完善预计将贯穿我未来几年的学习和科研过程。"现在来看，我很想把"几年"二字去掉，因为仅仅几年是远远不够的，或许我将穷尽自己的学术生涯去完成这一艰巨的任务。

书稿最终能够在中国社会科学出版社出版，我要衷心感谢中国社会科学院博士后管委会办公室、"中国社会科学博士后文库"编辑部的大力支持，感谢中国社会科学出版社王琪编辑的辛勤付出。

最后，我要感谢我的父亲和母亲，他们教会我做人的道理，无怨无悔地默默支持着我追寻自己的理想，为了撰写博士毕业论文我曾连续四年春节没回家过年，这篇论文也算是我对二老的一个交代。我还要感谢我的爱人和未出生的孩子：爱人对我生活上无微不至的照顾，使我一直保持着健康的身体状态，修改书稿占用了我大量的时间和精力，甚至产生急躁情绪，她都能一一包容；如果一切顺利的话，书稿出版不久之后，也便是我初为人父之时，想到这一点，我每次都能从梦中笑醒，所有疲倦和烦恼全都一扫而光，这本小书也算是为父给孩子提前准备的一份特殊的礼物。

王　勇

2018 年 6 月

于中国计量大学格致南楼

（对书稿的学术创新、理论价值、现实意义、政治理论倾向及是否达到出版水平等方面做出全面评价，并指出其缺点或不足）

　　自愿性环境协议作为一种新型的环境监管工具，已经引发了经济学、行政学、公共管理学和法学学者的关注。本文的选题具有一定的理论和实践意义。文章通过论述命令—控制型规制工具、基于市场型规制工具的局限，阐明采用自愿性环境协议的必要性；通过比较自愿性环境协议在欧美、日本与中国的实践，阐明在中国实施这类协议的可能性。在此基础上，作者以行政行为形式论为基础，展开对自愿性环境协议类型化的尝试，在明确自愿性环境协议无法完全归入行政契约/环境行政合同这一类型化行政行为项下之后，作者提出将其作为类型化行政行为的一个例外，留待进一步观察。随后，将目光投向新行政法领域。在较为详细地讨论了协商行政的产生、理论基础、体系定位、概念界定及其与相关概念的异同之后，作者分析了协商行政与自愿性环境协议之间的关联，最终基于协商行政理论，从多元主体地位保障与动机激励、开放的行为与灵活的程序、以协商为核心的制度优化与以行政任务为导向的功能拓展等方面，为自愿性环境协议搭建了体系框架。全文思路清晰，逻辑较为顺畅，既有对域外自愿性环境协议类似制度的较为详实的介绍，也有对当下中国相关实践的相关反思，但两相比较，又不忘回归中国语境。正如作者所言，自愿性环境协议可能是一个小问题，但从当前环境行政的发展来看，却是一个不得不关注的问题。本文在一定程度上延伸了当下关于自愿性环境协议的研究，既有知识上的增量，又深化了对自愿性环境协议理论的探究。

　　作者在探讨自愿性环境协议在我国应用之必要性与可能性时，已经明确了自愿性环境协议的产生是现代环境规制对新规制工具的需求使然，这也就注定了作者的结论必然是自愿性环境协议只能作为类型化行政行为的一种例外而存在，实质上，作者放弃了对自愿性环境协议的类型化尝试。作者最后试图通过协商行政理论来搭建自愿性环境协议的理论框架，但总体来看，协商理论与自愿性环境协议理论框架的融合程度有待提高。

　　综上，本文已达到出版水平，特此推荐。

签字：蔡守秋

2017 年 1 月 25 日

第六批《中国社会科学博士后文库》专家推荐表 2

推荐专家姓名	朱新力		行政职务	院长
研究专长	行政法学		电　话	
工作单位	浙江大学光华法学院		邮　编	310008
推荐成果名称	基于协商行政的自愿性环境协议研究			
成果作者姓名	王　勇			

（对书稿的学术创新、理论价值、现实意义、政治理论倾向及是否达到出版水平等方面做出全面评价，并指出其缺点或不足）

　　在当今治理手段和方式多元化的背景下，协商行政作为新型治理方式开始受到关注并在实践中得到运用，环境保护领域是较早使用也是发展较为成熟的领域。论文以此为对象展开研究，选题有现实性和针对性，反映了作者对行政法发展前沿问题的关注。论文基于协商行政的理念对于自愿性环境协议进行了比较系统的研究，这一课题在环境法学科研究中比较多见，但在我国行政法学界则较为少见。可以说，这一研究是行政法学界的一个尝试。论文在梳理、分析了自愿性环境协议发展历程和在我国使用情况的基础上，探讨了在我国引入的必要性和可行性。论文将重点放在了自愿性环境协议的基础是行政契约还是协商行政之上，应当说抓住了问题的关键，这也是论文的意义之所在。论文最后上升到行政法的发展趋势高度，无疑揭示了自愿性环境协议这一小问题所带有的宏观意义。

　　行政以及行政管理，在我国多表现为强制、命令的方式、方法，近年来，行政法学界及实践中越来越强化以柔性的方式、方法，即与当事人协商的方式、方法，达成行政管理的目的。换言之，以放松行政管理的强度，发挥当事人自身的积极作用的方式、方法，达成行政管理的目的。论文基于这一研究趋势及实践探索，对于其中的问题进行了一定深度的研究。论文借鉴了其他国家及国际上的制度经验，结合我国的实践，分析了传统行政管理模式的缺陷，自愿性环境协议的特点、性质、内容，并反思传统行政法对于行政行为的认识。论文的研究有一定的参考价值。行政协商方式是行政行为范式的改革。文章的研究创新了行政法学的内容，对行政行为的模式将可能产生影响。

　　论文相对关注协商行政自身的功能和意义，但对其适用范围、适用规则和运行问题等制度细节问题的探讨有待深化和强化。

　　综上，本文已达到出版水平，特此推荐。

签字：

2017 年 1 月 25 日

说明：该推荐表由具有正高职称的同行专家填写。一旦推荐书稿入选《博士后文库》，推荐专家姓名及推荐意见将印入著作。